YIYUAN QUANMIAN YUSUAN GUANLI CAOZUO ZHINAN：TUJIE YU ANLI

医院全面预算管理操作指南：图解与案例

金　玲　赵卫群　胡格平　蔡战英　编著

中国财经出版传媒集团
中国财政经济出版社

图书在版编目（CIP）数据

医院全面预算管理操作指南：图解与案例 / 金玲等编著. -- 北京：中国财政经济出版社，2019.10
ISBN 978 - 7 - 5095 - 9237 - 3

Ⅰ. ①医…　Ⅱ. ①金…　Ⅲ. ①医院－预算管理－指南
Ⅳ. ①R197.322 - 62

中国版本图书馆 CIP 数据核字（2019）第 195580 号

责任编辑：孙　琛　　　　责任校对：张　凡
封面设计：智点创意

中国财政经济出版社 出版
URL：http：//www.cfeph.cn
E - mail：cfeph@cfemg.cn

社址：北京市海淀区阜成路甲 28 号　邮政编码：100142
营销中心电话：010 - 88191537
北京富生印刷厂印刷　各地新华书店经销
880 × 1230　毫米　32 开　10.875 印张　263 000 字
2019 年 11 月第 1 版　2019 年 11 月北京第 1 次印刷
定价：48.00 元
ISBN 978 - 7 - 5095 - 9237 - 3

《医院全面预算管理操作指南：图解与案例》

参编人员（按姓氏笔画为序）

王阿贞　浙江大学医学院附属儿童医院
卢丽娟　浙江大学医学院附属第一医院
竹丽婧　浙江大学医学院附属第二医院
张春江　浙江大学医学院附属第二医院
金　玲　浙江大学医学院附属第二医院
赵卫群　浙江大学医学院附属邵逸夫医院
胡格平　浙江省人民医院
傅开封　浙江大学医学院附属第一医院
蔡战英　温州医科大学附属第二医院
蔡　悦　浙江大学医学院附属口腔医院
魏　冬　浙江大学医学院附属第二医院

序言

我与本书主编金玲的第一次见面是在一个讲座上，她当时讲的主题是公立医院财务风险防范与危机预警方法。听完以后，我甚感意外，没想到一个实务工作者能把医院面临的财务风险分析得那么透彻，预警的方法和防范措施总结得那么到位。

此后的几年，因为工作的关系，我和金玲之间会有联系，但并不频繁。今年 8 月的一天，金玲打电话告诉我，她和同事写了本关于医院全面预算管理的书，想请我作序。此时，我才知道，金玲已经独著或主编出版了 4 本财会专业书籍。我一下子有点惊讶，但仔细想想，虽在意料之外，却在情理之中，以她的学识能力和精神，出版专著和主编书籍也不足为奇。

翻看《医院全面预算管理操作指南：图解与案例》的书稿，觉得它和市面上的同类书籍相比，有很多值得称道的特点：

一是时代性强。党的十九大报告提出“建立全面规范透明、标准科学、约束有力的预算制度，全面实施绩效管理”。2019年1月1日，公立医院全面实施新政府会计制度。1月31日，国务院办公厅印发《关于加强三级公立医院绩效考核工作的意见》。医院全面预算管理被提升到了前所未有的高度。在这一背景下，本书的出版顺应了时代的趋势，满足了社会的需求。

二是针对性强。本书的参编人员均长期在省级医院或大型医院担任总会计师或财务主管，具有丰富的实务工作经验，能够清晰地掌控医院全面预算管理的重点和难点。全书坚持问题导向，对实务工作中可能遇到的几乎所有问题，均进行了详细的研讨。

三是可读性强。本书从概念到实务，从框架到细节，从问题到对策，均进行了科学的设计，由浅入深，循序渐进，特别是结合医院实务工作，加入了大量的图表，并设计了一个完整系统的案例，为读者快速了解工作要点和深入研究预算管理提供了极大的便利。

四是可操作性强。这也是本书最大的特点。应该说当前有关全面预算的书籍很多，但不少是停留在理论层面，或是粗线条、原则性的，实际操作起来可能会遇到这样那样的问题。而《医院全面预算管理操作指南：图解与案例》则详细到具体操作的每个部门、每个步骤、每个方法等，许多内容读者拿来就可以直接使用，非常实用，称之为一本工具书也不为过。

金玲再三强调，此书为集体智慧的结晶，她只是起到了牵头者的作用。作为一名理论研究者，我希望实务界能有更多这样的牵头者，能有更多这样的集体。

本书已被列为北京国家会计学院审计与风险管理研

究所推荐专业书籍，希望有更多的读者能够看到这本书，能从中得到帮助和启发。

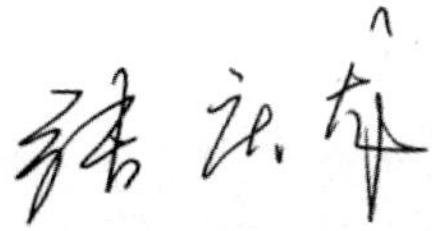

2019 年 9 月 19 日
写于北京国家会计学院

前言

“凡事预则立，不预则废”。全面预算管理作为一种先进的财务管理工具，正在被越来越多的公立医院所认可和应用。

全面预算管理通过业务、资金、信息、人才的整合，明确适度的分权授权，战略驱动的业绩评价等，来实现资源的合理配置并真实地反映单位的实际需求，进而推动单位运营战略目标的实现。全面预算管理在公立医院迎接新挑战，高效整合医疗资源、有效控制医疗成本、提高资金使用绩效、持续完善医疗服务品质、不断提升核心竞争力等方面有着不可估量的作用。

当前，绝大多数医院已认识到全面预算管理的重要性，并在逐步推进预算管理的规范化操作。但仍有一些医院，尤其是基层医院，或还没有树立预算管理的意识，全面预算管理未得到真正普及；或仅局限于完成上级主管部门的预算编报要求，停留在为了获取财政经费支持的层面上；或预算管理能力不足，管理水平待提升，等等。

同时，随着信息技术的快速发展以及大数据时代的来临，财务工作的重心正在从核算转向管理。在这一过程中，财务人员的职责和定位也随之发生改变，即由核算会计向管理会计转变。对医院财务工作者而言，全面预算管理将成为未来工作的重点。但一些医院对预算工作还存在各种误解和偏见，部分财务人员也对如何开展全面预算存在疑惑。

基于此，我们组织了一批长期工作在财务一线的医院总会计师、财务负责人等合力编撰了《医院全面预算管理操作指南：图解与案例》一书，旨在帮助医院预算管理人员精准掌握全面预算管理的知识要点并灵活运用于实际工作中。全书共分十个章节，从理论阐述、预算规划、预算前期准备、调研工作到预算编制、执行与控制、分析与考核，再到信息化建设、内控体系建设、文化建设等，并以案例的形式完整展现了大型综合性医院全面预算管理的全部过程和细节。全书采用理论与实践紧密结合、图解与案例穿插其中的方式，详细讲解整个预算管理的步骤、操作流程和规范化管理方法。

希望本书的出版，能为医院预算管理者掌握并实施全面预算管理提供借鉴和启发，从而推动医院不断提升全面预算管理水平，最终实现高质量可持续发展。

金　玲

2019 年 9 月

目录

第一章　管理控制与医院全面预算管理概述

管理会计的产生是由于管理控制活动需要财务会计信息，管理会计升级为管理控制系统是因为信息化产生了海量的信息。管理控制系统与全面预算管理密切联系，相辅相成。全面预算管理是实现医院资源优化配置、提高运营绩效的科学管理方法。

第一节　管理控制与管理控制系统

管理控制涉及组织的计划、协调、交流、评价等。管理控制系统是由一系列管理控制要素组成，为落实组织战略目标、实现组织运营管理活动效率和效果的有机整体。医院需要设计管理控制系统并构建该框架。

一、管理控制的概念

管理控制是管理者影响组织中其他成员以实现组织战略的过程。管理控制涉及一系列活动，包括：计划组织的行动；协调组织中开展的活动；交流信息；评价信息；决定采取的行动；影响人们去改变其行为。管理控制的目的是使组织能有效地使用其拥有的资源，从而使组织的目标得以实现。因此，管理控制强调的是战略执行，是管理者执行战略、实现目标的工具之一。

二、管理控制的应用现状

长期以来，我国的管理控制主要以管理会计工具尤其是预算控制为核心。从 1999 年开始，我国很多企业开始积极探索和推行全面预算管理，但由于对预算管理的内涵、地位和内容等方面缺乏理论建设和实践经验，最终，全面预算管理不是被当作一个有效的管理控制系统，而是被作为财务科控制费用的一个工具。

对于医院而言，管理控制仍是一个崭新的领域。有关管理控制应用现状的研究表明：我国管理控制主要以预算控制为核心，将组织视为一个封闭的系统，不能对外部环境变化作出灵活、快捷的反应，从而导致预算编制与战略目标相脱节、预算管理实际执行效果不佳等问题。

三、管理控制系统的主要内容

管理控制系统是管理会计研究和应用的重要领域，也是国内外管理会计理论界长期研究的核心内容。管理控制系统的设计、实施都是为了更好地实现组织战略和目标，它的目标是提高运营管理活动的效率和效果，控制主体是管理层，控制对象是战略执行过程。

（一）管理控制系统研究存在的问题

总体上现有管理控制系统的研究方面主要存在以下问题：

1. 偏重于单项管理控制工具的研究。学术界长期以来偏重于单项管理控制工具的研究，如标准成本制度、全面预算管理、业绩评价指标体系等，忽略了各个管理控制工具之间的相互匹配，没有从系统的角度形成一个完整的体系和框架。

2. 将管理控制系统视为封闭的系统。传统的管理控制系统主要指预算控制系统。而传统的预算管理主要为内部运营管理服务，将组织视为一个封闭的系统，不考虑内外部环境因素对管理控制系统的影响，所提供的信息同组织的战略决策失去相关性。

3. 采用单一的反馈控制。传统的管理控制系统偏重于采用简单的反馈控制，而反馈控制存在获取信息滞后的缺陷。随着组织环境不确定性的提高，这种“亡羊补牢”式的控制方式很难满足管理的需要，在现代管理中，迫切需要运用前馈控制提前采取措施，在系统发生偏差之前对系统进行及时的控制和管理。

（二）管理控制系统的设计

管理控制系统设计的一个基本原则是“成本与效益”。组织设计实施管理控制系统是为了更有效地实现组织目标，提高效益。但是，无论采取哪些控制活动，都必然会产生成本。只有当效益大于成本时，控制才是有效的。管理控制系统如同计算机软件一般，不但有着初期投入成本，还存在维护费用和升级费用，设计时应考虑到系统的整个生命周期成本。在实施过程中，必然会出现设计时未考虑到的各种问题和情况，管理者应主动积极地对系统进行调整修补，使系统适应组织的需要。随着组织的发展，原有的管理控制系统可能已无法满足组织的需要。这时，如果原有管理控制系统过于僵硬，升级换代的成本势必很高，且不容易完成，最后导致整个控制手段落后，阻碍组织的发展。所以，管理控制系统必须围绕实现组织战略来设计，且最好保留一定的弹性。

（三）构建管理控制系统框架

医院属于服务性行业，有着服务性行业的一些基本特点，如人员成本高、医疗设备多、服务质量难以测量、劳动密集等，但同时还存在着一些自身独有的特点，这些特点对于管理控制系统的设计有着重大影响。无论医院采用哪种组织架构，在实施管理控制系统时都需将组织划分为不同的责任中心。所谓责任中心，是指承担一定经济责任、享有一定权利的内部单位。为了实现整个组织的目标，有必要将总目标分解落实到各个责任中心。理论上，当每个责任中心都完成各自的目标时，整个组织的目标也就实现了。管理控制系统框架如图 1－1 所示。

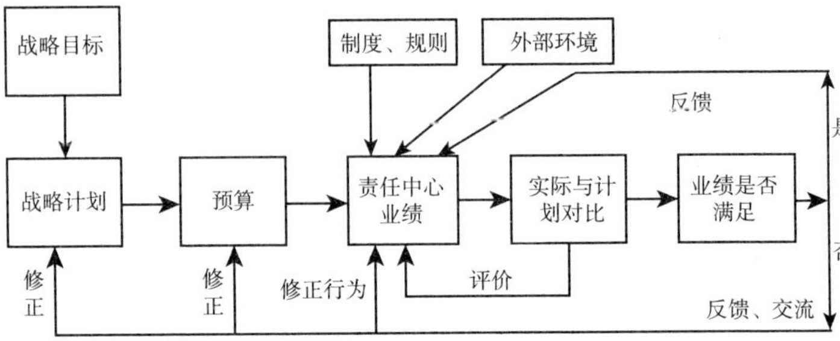

图 1-1 管理控制系统框架

第二节 医院全面预算管理概述

随着国家医药卫生体制改革不断深入，医院规模不断扩张，医院在管理方面有着双重任务：一方面，要提高公益服务，承担部分社会职能；另一方面，要靠自身运营谋取发展。全面预算管理作为医院精细化管理的重要手段，对医院运营与发展至关重要。

一、全面预算管理概念

全面预算是关于医院在一定时期内运营、资本、财务等各方面的总体计划，它将医院全部经济活动用货币形式表示出来。全面预算的最终反映是一整套预设的财务报表和其他附表，主要用来规划计划期内医院的全部经济活动及其相关财务结果。

全面预算管理是基于医院全面预算基础上的管理，在医院战略目标的指引下，通过预算与编制、执行与调整、决算与分析、考核与激励等一系列活动，全面提高医院管理水平和运营效率，实现医院价值最大化的一种管理方法。医院财务制度对医院开展全面预算有统一的要求，但目前，对于很多医院来说，预算管理实际上只是一种“形式”，还没有大量深入的研究，理论体系不完善，编制方法不科学，离真正实用、有效还有一定距离，从而制约了预算在医院管理中发挥的积极作用。

二、全面预算管理的特点

全面预算管理是为了实现医院既定的发展战略目标，经过编制医疗运营活动、投资活动、现金流量等预算，通过医院内部控制来保证决策所确定的最优方案在实际工作中得到贯彻执行。全面预算管理通常以医院结余目标为总体预算目标，以业务收支前景为预算编制基础，综合考虑医疗市场和医院本身的特点，按照相关原则确定各子预算目标，经医院党委会议通过，并报上级主管部门批准。它是反映医院一定时期运营思想、运营目标、运营决策的财务数量和经济责任约束依据，与其他管理方式相比具有以下特点，如图 1－2 所示。

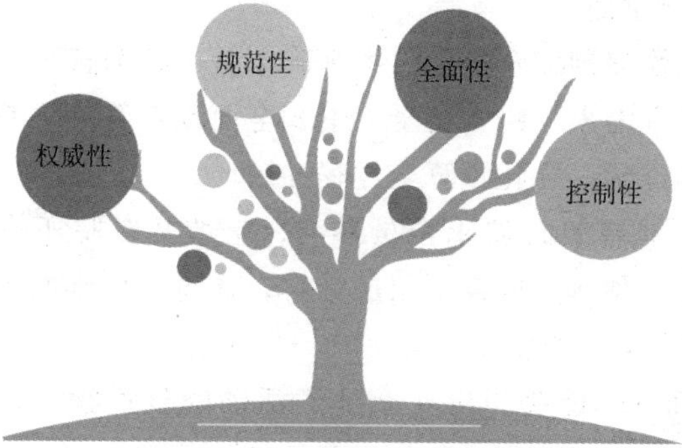

图 1－2　全面预算管理特点

（一）权威性

全面预算管理的权威性来自三个方面：一是全面预算需经过严格的法定程序编制，并报经上级主管部门和同级财政部门批准；二是经过批准的预算上至医院的管理层，下至职工都要严格执行，是日常行动的纲领；三是医院全面预算的编制、执行、控制、考核及奖惩必须严格按照预算管理的要求进行。

（二）规范性

全面预算管理的规范性主要体现在三个方面：

1. 必须按照国家规定的方法来编制。《医院财务制度》第二章第九条规定政府对医院实行“核定收支、定项补助、超支不补、结余按规定使用”的预算管理办法。各地可结合本地实际，对有条件的医院开展“核定收支、以收抵支、超收上缴、差额补助、奖惩分明”等多种预算管理办法。

2. 《医院财务制度》规定，编制收支预算必须坚持“以收定支、收支平衡、统筹兼顾、保证重点”的原则，不得编制赤字预算。

3. 医院应加强预算管理，规范预算编制，维护预算编制的严肃性。预算执行、调整、考核、奖惩也必须按照规范要求执行。

（三）全面性

全面预算编制以全员参与为基础、全过程为标准、全方位为要求，将医院的人、财、物全部纳入全面预算管理体系，统一协调配置内部资源，强化预算全过程控制。

1. 全面预算管理要求全员参与，它涉及医院所有科室的所有工作人员，预算目标需要层层分解，让每一位参与者逐步树立并牢固成本与效益理念。

2. 全面预算管理贯穿医院业务活动的全过程，是以医院的发展战略、中长期规划及年度运营计划为基础的预算管理，涵盖全部的业务活动和管理活动。

3. 全面预算管理要全方位，即预算管理不能仅停留在预算指标的下达、预算编制和汇总上，更重要的是通过预算执行、预算分析和调整、预算考核与评价，真正发挥预算管理对医疗运营活动的指导作用。

（四）控制性

全面预算管理是医院管理控制体系的重要组成部分。它和会计核算系统密切配合，预算执行过程中的任何反常现象都会通过会计核算系统反映出来，通过预算预警方式，及时发现和解决预算执行过程中出现的运营问题或预算目标问题，并通过考核和评价制度的落实，有效地激励运营活动按照预期的计划顺利实施。因此，建立健全医院预算控制制度，可以保证预算编制程序规范、审批程序合法、预算执行合规、预算调整有据可依、预算考核与评价奖惩分明，并将全部的经济活动纳入预算控制体系。

三、全面预算管理的基本职能

全面预算管理体现五种基本职能，即规划未来、沟通协调、强化控制、资源分配与业绩考核，如图 1－3 所示。

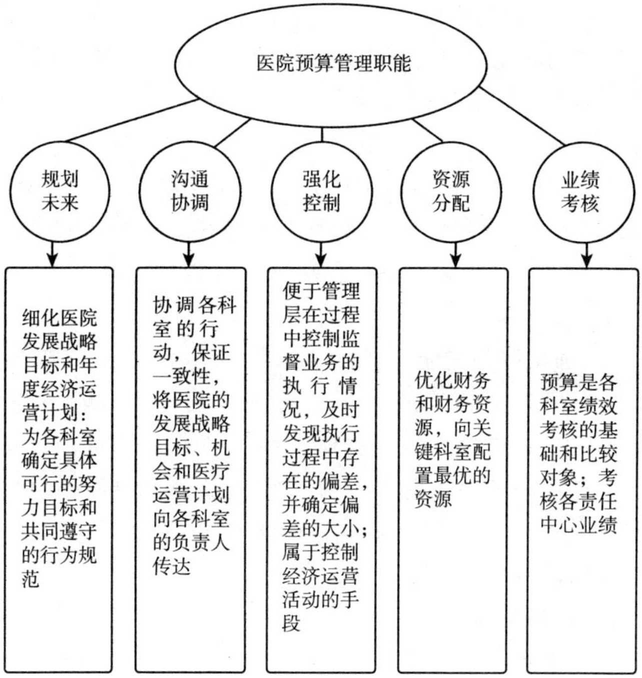

图 1－3　医院预算管理基本职能

（一）规划未来职能

预算的本质是对医院中长期发展战略目标和计划的分解、细化和量化，医院将发展战略分解成关键的绩效指标，形成中长期发展目标，进而确定所需资源以及长期的财务和人力计划，预算便是短期财务和人力计划的货币化结果。与之相适应，规划职能主要体现在两个方面：一是将医院中长期战略在预算管理中进行系统具体的反映；二是将在医院运营环境中有可能发生并与医院关系密切的事项以货币形式反映出来，帮助医院管理层预测各种因素的变化对运营目标的影响以及可能产生的后果，进而选择最有利的预算方案。

（二）沟通协调职能

沟通协调职能主要体现在两个方面：一方面，预算作为一项激励或推动医院下属各科室努力达成目标的工具，高层管理者可以通过它来表达未来的发展战略和经济计划，减少科室之间的隔阂，成为医院内部沟通的工具；另一方面，医院预算反映管理层对成功绩效的具体期望，以及对于下属各科室的期望报酬，下属各科室对于这些因素的了解，有利于激发他们内在的工作意愿，努力达成绩效目标。

（三）强化控制职能

控制职能是指预算通过预定计划及目标与实际绩效的衡量，编制医院各层面及所有责任中心的绩效执行报告，发现预算执行中存在的偏差，尤其针对那些差异较大的例外项目，及时研究偏差形成的原因，采取适当的改正行动，落实责任人，分解任务加以解决。

（四）资源分配职能

预算能够清晰地表达出每个职能科室需要负责的流程或作业范围、每个科室需要完成的工作量、能够调动的人力和财务等资源分配信息。因此，通过合适的预算管理，医院可以优化人力资源和财务资源配置，协调和分配各科室作业活动所需要的资源。

（五）绩效考核职能

参与预算编制的人员对其上级作出的承诺，它构成了评估实际业绩的基础，也是医院下属各科室绩效考核的基础和比较对象。预算也代表了在预算期间内医院对员工和科室行为结果的期望与要求，可以用来评价实际运营业绩，依据结果来激励员工。

四、全面预算管理的作用

全面预算管理是为数不多的几个能把组织的所有关键问题融合于一个体系中的管理控制方法。它作为一项涉及战略管理、组织行为、财务控制等综合管理的方法，在医院战略推进、资源配置、管理控制、业绩改进等各方面都发挥着积极的作用，如图1－4所示。

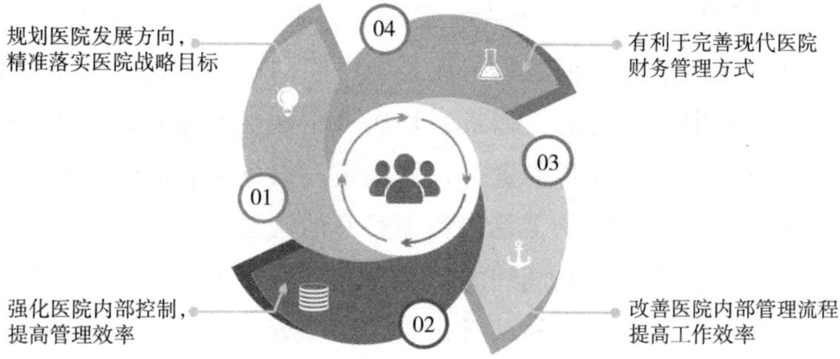

图1－4　全面预算管理的作用

（一）规划医院发展方向，精准落实医院战略目标

全面预算管理是现代医院战略管理的重要形式。通过全面预算管理，可以统一医院的运营理念，明确奋斗目标，激发管理动力和医务人员的积极性。它以量化方式规定医院在一定时期的预算目标和工作方向，并将预算目标按照医院内部各职能科室的职责范围层层分解落实，使预算目标成为各科室的具体责任目标。从而保持医院预算目标和各科室具体责任目标的一致性，使各科

室了解和明确自己在完成医院预算总目标中的职责和努力方向，驱动各科室编制切实可行、具体的工作计划，并积极实施这些计划，最终实现医院整体发展战略目标。

（二）强化医院内部控制，提高管理效率

全面预算管理的整个计划过程和各预算指标，直接体现了医院运营活动对各种资源的需求程度，同时也反映出各项资源的使用效率。全面预算管理工具的应用，必然会深刻影响医院的管理，导致医院内部组织架构的改善、变革，使其朝着更加科学、规范的方向发展。全面预算管理会逐步使医院管理越来越透明化，这对医院内部控制是有利的，可以进一步强化医院内部控制，提高管理效率。

（三）改善医院内部管理流程，提高工作效率

全面预算管理是一个系统工程，它不等于单纯的预测或计划，也不是简单的数据罗列，而是与医院的治理结构相适应。如业务预算是根据医院的工作量、均次费用水平等制定；资本预算是根据医院规划、设备购置等预算制定；财务预算是基于业务预算综合制定的。它涉及医院与各个科室的沟通与协调，每一个环节都是相互影响、相互制约的。全面预算管理工具的应用，会使医院内部各个管理层权利和责任安排、管理流程更加紧密，管理决策更加快速准确。

（四）有利于完善现代医院财务管理方式

全面预算管理通过对医院各职能科室和成员在预算编制、预算执行控制、考核与激励等过程中责权利的全面规范，将医院的管理体系具体化、数量化、明晰化；结合医院内部控制、会计核算系统、资产管理系统，使每个岗位、每个员工的责利权得到有机结合，促使全体员工发挥主观能动性，调动参与管理的积极性，有利于提高工作效率和管理水平，从而为完善现代医院财务管理制度和财务管理模式奠定良好的基础。

第三节　医院全面预算管理的发展

当前，医院管理发展到了内涵延伸阶段，许多医院意识到走规模扩张道路已不适应医疗改革的发展方向，通过提升内部管理，保障医疗质量和安全、强化医院运营管理则显得尤为重要，医院已从“成长时代”跨入“成本时代”。全面预算管理就是在这样的背景下引进并实行的。

一、全面预算管理的发展历程

预算管理的产生和发展源自西方，目前，全面预算管理的理念和方法在国内外许多企业中已经得到广泛的运用并取得显著成效。我国医疗卫生行业引入全面预算管理方法较晚，以前的医院管理制度虽然有所提及，但主要规章制度是自 2006 年陆续颁布的。医院构建全面预算管理体系是大势所趋，其主要发展历程大致可概括为三个时期（见表 1－1）。

表 1－1　　医院全面预算管理相关制度的演变过程

期间	时间	文件	主要内容
萌芽期	1988 年 2 月 2 日	《医院财务管理办法》	对医院实行“全额管理，差额（定额、定项）补助，超支不补，结余留用”的预算管理办法，改变计划经济体制下国家财政对事业单位财务“统收统支”的做法，实行全额预算管理，此时的医院预算基本还未真正发挥管理作用
	1998 年 11 月 17 日	《医院财务制度》	政府对医院实行“核定收支、定额或定项补助、超支不补、结余留用”的预算管理办法，此后预算作为一种管理手段开始受到重视，预算管理理念也开始在医院形成
	2006 年 6 月 21 日	《医疗机构财务会计内部控制规定（试行）》	预算控制是医院内部控制的一部分，建立健全预算编制、审批、执行、调整、分析、考核等管理制度，并提出预算编制要有除财务科以外的相关科室参与

续表

期间	时间	文件	主要内容
发展期	2009年1月	《关于深化医药卫生体制改革的意见》 《2009—2011年深化医药卫生体制改革实施方案》	新医改方案正式出台，对建立高效规范的医药卫生机构运行机制提出明确要求，医院收支应全部纳入预算管理，提高资金使用效益，加强财务监管和运行监督，增强预算执行的时效性和均衡性，提高财政资金使用效益
	2010年1月22日	《关于进一步做好预算执行工作的指导意见》（财预〔2010〕11号）	就进一步做好预算执行工作提出五点意见；进一步完善预算编制，及时批复和下达预算，规范追加预算管理，加强预算资金支付管理，切实做好预算执行基础工作
	2010年2月11日	《关于公立医院改革试点的指导意见》	完善医院财务会计管理制度。严格预算管理和收支管理，加强成本核算与控制。积极推进医院财务制度和会计制度改革，严格财务集中统一管理，加强资产管理，建立健全内部控制，实施内部和外部审计制度。在大型公立医院探索实行总会计师制度
	2010年12月28日	《医院财务制度》	医院要实行全面预算管理，建立健全预算管理制度，包括预算编制、审批、执行、调整、决算、分析和考核等制度。从制度上明确要求医院实施全面预算管理，改变原有财务制度对预算的一般性要求，强化预算约束与管理，提出医院所有收支应全部纳入预算管理，保证预算的真实、完整、准确和及时性 主管部门应会同财政部门制定绩效考核办法，对医院预算执行、成本控制以及业务工作等情况进行综合考核评价，并将考核结果作为对医院决策和管理层综合考核、实行奖惩的重要依据
	2012年11月29日	《行政事业单位内部控制规范（试行）》	规定预算管理相关措施，包括在预算编制过程中单位内部各部门之间沟通协调是否充分，预算编制与资产配置是否结合、与具体工作是否相对应、是否按照批复的额度和开支范围执行预算，进度是否合理，是否存在无预算、超预算支出等问题，决算编报是否真实、完整、准确、及时等

续表

期间	时间	文件	主要内容
成熟期	2014 年 8 月 31 日	《关于修改〈中华人民共和国预算法〉的决定》	全面强化预算管理，为预算公开透明奠定基础
	2014 年 9 月 26 日	《国务院关于深化预算制度改革的决定》	深化预算管理制度改革，实施全面规范、公开透明的预算制度，是深化财税体制改革，建立现代公共财政制度的迫切需要；是完善社会主义市场经济体制，加快转变政府职能的必然要求
	2015 年 2 月 5 日	《关于印发大型医院巡查工作方案（2015—2017 年度）的通知》	提出将全面预算管理列入巡查内容。坚持“统一领导，集中管理”的财务管理原则，实行全面预算管理，一切财务收支活动纳入财务部门统一管理，严禁设立账外账、小金库
	2015 年 4 月 2 日	《公立医院预决算报告制度暂行规定》	进一步强化公立医院预算控制，提高财务决算编制质量，规范各级政府相关部门对所举办公立医院的财务监督
	2015 年 12 月 10 日	《关于加强公立医疗卫生机构绩效评价的指导意见》	建立各层级医疗卫生机构绩效评价指标体系，其中有预算执行率指标；配合《关于控制公立医院医疗费用不合理增长的若干意见》，到 2016 年上半年，各地结合实际合理确定并量化区域医疗费用增长幅度，配合预算指标可以达成的目的
	2015 年 12 月 15 日	《关于加强公立医院财务和预算管理指导意见》	明确在公立医院开展全面预算管理的时间节点，即 2016 年所有公立医院全面开展，2018 年逐步完善
	2016 年 11 月 8 日	《国务院深化医药卫生体制改革领导小组关于进一步推广深化医药卫生体制改革经验的若干意见》	推进政事分开、管办分开、建立现代医院管理制度；加强公立医院精细化管理；实行全面预算管理，开展成本核算，全面分析收支情况、预算执行、成本效益和偿债能力等，作为医院运行管理决策的重要依据

续表

期间	时间	文件	主要内容
成熟期	2017年7月14日	《关于建立现代医院管理制度的指导意见》	财务收支、预算决算、会计核算、成本管理、价格管理、资产管理等必须纳入医院财务部门统一管理。建立健全全面预算管理、成本管理、财务报告、第三方审计和信息公开机制，确保经济活动合法合规，提高资金资产使用效益
	2018年9月1日	《中共中央 国务院关于全面实施预算绩效管理的意见》	按照全面深化改革的要求，建立全面规范透明、标准科学、约束有力的预算制度，以全面实施预算绩效管理为关键点和突破口，解决好绩效管理中存在的突出问题，构建全方位预算绩效管理格局，建立全过程预算绩效管理链条，完善全覆盖预算绩效管理体系，健全预算绩效管理制度
	2019年1月30日	《关于加强三级公立医院绩效考核工作的意见》	三级公立医院绩效考核指标体系由医疗质量、运营效率、持续发展、满意度评价等4个方面的指标构成。其中运营效率指标方面经济管理模块设置全面预算管理和设立总会计师两个定性指标

二、用不断变化的眼光看未来

从全面预算管理的发展历程来看，医院全面预算已日趋成熟，对医院运营发展提供了强有力的支撑。当前，随着项目成本核算和病种成本核算的逐步成熟和完善，有了足够的数据积累和分析，医院管理者可结合病种成本核算，探索创新预算管理模式，将预算管理与绩效管理、成本管理紧密结合。预算管理模式没有唯一或最好的，各家医院的规模、业务构成、预算环境都有所不同，在预算管理模式选择上一定要充分考虑医院的特性、医院的发展以及管理重心，只有将预算管理模式和医院的公益性特点有机结合，才能充分发挥预算管理在医院管理中的作用。

除了预算管理模式的创新外，如何立足于互联网和大数据的时代背景，创新管理思维和工作方法，也是我们未来要迎接的挑战。全面预算管理体系与医院内部已经存在的各项业务应用系统实现紧密互联、数据共享，完成各种业务信息的交互。它所需要的基础数据主要从 HIS 系统中提取：与医院绩效和人员绩效密切相关的医疗、护理、科教等业务数据；与财务系统密切相关的医疗费用数据；与医疗物资相关的药品、医疗消耗品以及医疗设备使用数据。由于各种原因，HIS 中产生的医疗费用数据或其他的业务数据，所存储的格式或许与现在 HRP 中的格式不一致，在数据集成过程中必须做“转结”处理后才能进入全面预算管理体系。基于此，将来的财务工作需着力构建会计—成本—预算—绩效“四位一体”的管理会计体系和全员参与的预算工作平台，开发在线控制预算信息系统和流程可控的预算作业系统，建设集成一致的预算数据仓库。医院要参与全面预算系统的开发，打造个性化、便捷化的预算操作系统，从而实现数据共享，将归集和提取的历史数据、实际业务数据、分析数据与 HIS、病案、会计核算、成本管理等信息系统进行数据对接和交换；并能通过预算执行和预算分析跟踪医院战略目标的实施，实时控制预算执行；减少内部信息传递环节，简化流程，提高预算组织协调能力和沟通效率。

第四节　医院实行全面预算管理的必要性

随着医药卫生体制改革的不断深入，医院已逐步进入成本管理时代，走向内涵式发展道路。实施全面预算管理是医院由粗放型管理向精细化管理转化的表现形式之一，它有利于实现医疗资源优化配置，提高运营效率。

一、国家相关法规的规定

医院实施全面预算管理是国家相关法规的要求，主要是指《中华人民共和国预算法》（以下简称《预算法》）的规定和医院财务制度的要求。

（一）《预算法》的要求

第十二届全国人民代表大会常务委员会第十次会议，在

2014 年 8 月 31 日表决通过了《全国人大常委会关于修改〈预算法〉的决定》，并于 2015 年 1 月 1 日起施行。新修订的《预算法》在完善预算标准体系，健全绩效管理机制，推进预算决算公开等方面提出了新要求，并将行政事业单位内部经济行为管理与预算公开提升至法律高度。随后发布的《国务院关于深化预算管理制度改革的决定》也提出要完善政府预算体系，推进支出定额标准体系建设，健全绩效管理机制，实施预决算公开，细化公开内容。公立医院作为财政拨款的公益性事业单位，应进一步细化落实有关政策要求，提高预算管理水平。

国家卫计委 2015 年 4 月 2 日发布《公立医院预决算报告制度暂行规定》，共 5 章 28 条，提出要建立医院年度预算、决算报告制度，明确医院年度预算、决算报告主要内容、分析方法、报送流程、审核要求、绩效考核等内容，并提出不得将医院收入指标分解到各科室。医院应进一步强化预算控制，提高财务决算编制质量。

（二）《医院财务制度》的规定

2010 年 12 月 28 日，财政部、卫生部联合颁布《医院财务制度》，其中第二章专题编列“单位预算管理”，共 9 条 1160 字。明确指出医院要实行全面预算管理，建立健全预算管理制度，包括预算编制、审批、执行、调整、决算、分析和考核等制度。明确规定经批复的预算是控制医院日常业务、经济活动的依据和衡量其合理性的标准，医院要严格执行，并将预算逐级分解，落实到具体的责任单位或责任人。医院在预算执行过程中应定期将执行情况与预算进行对比分析，及时发现偏差、查找原因，采取必要措施，保证预算整体目标的顺利完成。

二、公立医院改革的必经之路

当前，我国公立医院改革正在不断推进，其改革目标就是构建目标明确、布局合理、规模适当、结构优化、层次分明、功能完善、富有效率的公立医院服务体系。实施全面预算管理可以建立有效的公立医院管理体系，建立统一的绩效考核体系，也有助于完善医院监管机制。2009 年 3 月 17 日《中共中央 国务院关于深化医药卫生体制改革的意见》明确提出，公立医院要进一步完善财务、会计管理制度，严格预算管理，加强财务监管和运行监督。《国务院关于印发“十二五”期间深化医药卫生体制改革规划暨实施方案的通知》也提出，要完善公立医院财务核算制度，加强费用核算和控制。2015 年出台的《国务院办公厅关于城市公立医院综合改革试点的指导意见》进一步强调，要加强公立医院精细化管理、第三方审计和信息公开。由此可见，预算管理已成为公立医院经济管理的核心，实行全面预算管理是公立医院改革的必经之路。

三、等级医院评审和巡查的具体要求

国家卫健委印发的《三级综合医院评审标准实施细则》提出，医院要按照预算管理制度编制年度预算，建立健全预算管理制度。医院所有收支全部纳入预算管理，实现全面预算管理；按规范程序进行预算编制、审批和调整；定期对预算制度执行情况进行监管，提高预算管理水平。严格执行预算，强化预决算管理和监督，加强预算执行结果的分析和考核，并将预算执行结果、成本控制目标实现情况和业务工作效率等一并作为内部业务综合考核的重要内容，逐步建立与年终评比、内部收入分配挂钩的机制。2015 年 2 月 5 日，《关于印发大型医院巡查工作方案（2015—2017 年度）的通知》明确，医院要科学合理编制预算，真实反映财务状况，以收定支，收支平衡，不得编制赤字预算；实行全面预算管理，建立健全预算管理体制；定期召开预算分析会议，查找问题，提出整改措施，落实制度。

四、建立现代医院管理制度的重要任务

建立现代医院管理制度是公立医院综合改革的主要方向，也

是医改的核心目标之一。医改明确提出，要完善医院管理制度、建立健全医院治理体系、加强医院党的建设三个方面20项重点任务，明确必须将财务收支、预算决算、会计核算、成本管理、价格管理、资产管理等纳入医院财务部门统一管理。建立健全全面预算管理、成本管理、财务报告、第三方审计和信息公开机制，确保经济活动合法合规，提高资金资产使用效益。公立医院作为预算单位，所有收支纳入医院预算统一管理，要强化成本核算与控制，逐步实行全成本核算。三级公立医院应设置总会计师岗位，统筹管理医院经济工作，其他有条件的医院结合实际推进总会计师制度建设。加强公立医院内部审计监督，推动注册会计师审计工作。

五、医院实现精细化管理的有效手段

全面预算管理作为一种管理工具和一项管理方法，已成为公立医院的“必修课”。它是医院实现精细化管理的有效手段，是质量持续改进的管理需求，促使医院管理从外延粗放型扩张转向内涵精细化发展。医院需要通过全面预算管理把控整体发展方向，促使职能科室合理调度与分配有限资源，避免由于低效率造成资金浪费和发展滞缓；树立全体员工预算控制意识，自上而下地实现开源节流，提高医院运行效率。预算管理对控制医院运行成本、提升医院运营效益、促进医院持续健康发展有着不可替代的重要作用。进一步加强医院财务和预算管理，既是深化医药卫生体制改革的重要内容和任务，又是推动公立医院改革的重要工具和保障。

2015年12月15日，财政部、国家卫计委、国家中医药管理局颁布《关于加强公立医院财务和预算管理的指导意见》，明确医院开展全面预算管理的时间节点，即2016年所有公立医院全面开展，2018年逐步完善。2019年初，国务院办公厅《关于加强三级公立医院绩效考核工作的意见》中已将全面预算管理提上议事日程，纳入55个考核指标范围。可见，医院实行全面预算管理已迫在眉睫。

第二章　全面预算管理规划工作

医院全面预算管理是一项专业性、技术型很强的管理工作，涉及医院的方方面面。全面预算管理规划工作确定全面预算的行动目标和工作方案，使各科室能围绕预算目标协调一致开展预算工作。因此，为保证全面预算管理工作的顺利实施，首先要做好全面预算管理规划工作。

第一节　全面预算思想的转变

从医院预算管理的发展历程来看，经历了从传统财务预算到现代全面预算的转变过程。传统财务预算曾经在医院管理中发挥一定作用，但随着医院管理要求的提升，这种预算模式越来越不能适应现代医院的管理需求。

一、传统财务预算存在的问题

以医院战略目标为基础的全面预算，在运营管理中起到目标激励、过程控制和有效奖励的重要作用。全面预算管理作为一个管理工具，在医院中实施较晚，全面预算管理思想也经历了逐步树立和转变的过程。

传统预算思想是财务预算的思想，即由财务科根据财务数据进行编制和控制等预算活动，往往只是为了完成上级主管部门的预算报送要求，没有将全面预算目标、编制、控制、考核等工作贯穿到医院运营管理的每个科室和每个环节。传统财务预算虽然也有预算编制、执行、分析等功能，但基本由财务科完成，其他科室参与较少，没有发挥预算作为管理工具应有的作用。因此，传统财务预算普遍存在以下问题，如图 2－1 所示。

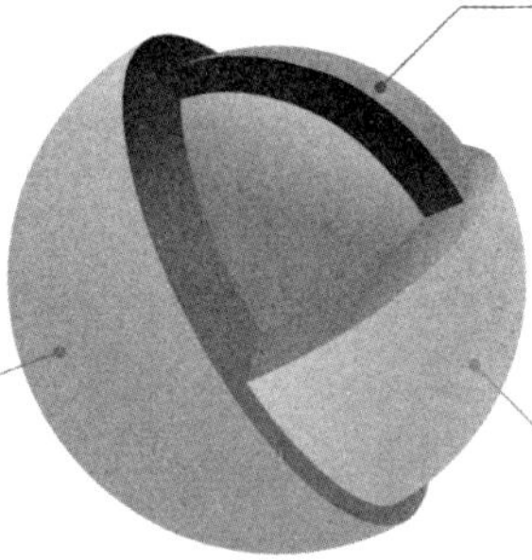

图 2－1　传统财务预算存在的问题

（一）预算与医院战略脱节

没有将医院战略目标体现在预算中，简单加一个收入或支出增长比例就作为下年度预算，预算没有发挥指导和引领作用。

（二）没有做到全员参与

职能科室在编制预算时与业务科室缺乏沟通，编制预算的科室不是使用经费的科室，由于考虑不周全，使得预算没有科学性。

（三）缺乏绩效考核和激励

预算编制完毕就算预算任务完成，缺乏预算实际执行分析、监督、考核、奖惩等，使得预算刚性不足，可有可无。

要改变传统预算管理中存在的问题，一定要有规划的概念、科学的方法，即确立全面预算管理理念，使全面预算管理成为全员性管理行为，不但医院管理层要重视这一管理工具，通过多种形式将这一管理理念往下辐射和渗透，由上及下，由点及面，不断强化业务科室和职能科室的预算管理观念，从而使全院上下达成共识，实现预算管理从传统财务预算向现代全面预算管理转变的目的。

二、全面预算思想的转变

现代医院预算管理需要由传统财务预算向全面预算转变。全面预算在层次上涵盖医院管理层和全体员工；在对象上覆盖医院的全部业务和管理活动；在流程上渗透到预测、决策、执行、监督的各个环节。全面预算强调整体规划的重要性，将医院发展战略和年度运营计划体现其中，强调从医院决策层、管理层到业务科室、员工的参与。全面预算强调归口管理，如设备采购归口采购中心，财政项目申报归口项目实施科室，能源支出归口总务科等。即由各职能科室编制和执行预算，而不是由财务科根据历年报表数据进行粗放型的估算。

尽管财务预算与全面预算有很多相似之处，但还是有一些区别的（见表2－1）。在全面预算管理思想指导下，预算内容涉及业务、财务、信息、管理等各个方面。虽然各种预算最终表现为财务预算，但全面预算的基础是各项医疗、教学、科研业务和管理活动，这些内容并非财务科所能确定和左右。因此，在全面预算管理中，预算管理的组织是预算管理委员会，而不是由财务科牵头；全面预算的目标制定、编制、执行、考核等以职能科室、业务科室为主。这种模式能较好地体现预算管理作为重要管理工具对医疗事业发展的引领作用。

表2－1　　　　财务预算与全面预算的区别

项目	财务预算	全面预算
牵头科室	财务科	预算管理委员会
参与程度	以财务科为主	全员参与，分工合作
信息来源	财务会计	财务会计、管理会计、业务数据等
预算目标	财务指标	财务指标与非财务指标相结合

续表

项目	财务预算	全面预算
预算编制	以财务科为主	以职能科室、业务科室为主
预算执行	财务控制	财务控制与其他管理控制相结合
预算考核	就财务结果论考核	财务结果与过程相结合
信息系统	会计核算系统	会计核算系统、ERP 系统、HIS 系统等
预算结果	财务报表	管理报表
预算载体	会计科目	预算指标、组织等其他

三、将预算管理与医院的发展战略规划联系起来

预算管理在医院实施过程中广泛存在着“预算不准”“不按预算进行管理”“预算缺乏连续”等问题，这使得预算的严肃性和在管理中的作用受到质疑。事实上，“预算不准”等问题只是表面现象，其深层的原因是没有将预算管理与医院的发展战略规划联系起来，没有落实医院的发展战略目标以及运营计划。

一般来说，先有战略，再作预算。发展战略规划主要是指医院将来的发展方向及预期的运营结果。发展战略规划的落实则需依赖适当的组织架构来运作，必要时需进行科室权责划分。

（一）预算与战略规划的区别

预算是发展战略规划分解的一个组成部分，全面预算服务于发展战略规划。全面预算起始于医院最高管理层的发展战略规划，全面预算必须以发展战略规划为起点。全面预算的输出是预算和预测的财务报表；其基础是要有详细预算，如医疗业务预测，医疗收入预测，医疗成本和管理费用预测等。全面预算是指导和分配资源以达成战略目标的连续过程。

（二）全面预算管理与计划管理

医院发展战略规划所制定的中、长期目标必须转化为短期目标，才能够分期执行及考核。目标管理即根据医院的总目标，由

上而下，再由下而上地建立其特定的工作目标，形成一个环环相扣的目标体系，并且由相关职能科室负责计划、执行、追踪、考核的管理。医院发展战略规划的执行须透过目标管理才能加以落实，并发挥中、长期目标与短期目标整合的效益。

预算制度对资金、人员及设备等资源做有效的支配，着重控制功能；目标管理则着重计划功能，是对未来的年度工作结果做有计划的安排。因此，目标管理与预算制度的结合运用主要是根据预算建立目标，通过预算控制，协助目标达成。

（三）计划管理的本质是目标管理

计划是对未来活动所做的事前安排、预测和应变处理。在一个组织中，计划工作是管理的首要职能，其他工作都只有在确定了目标、制定了计划以后才能开展，并围绕着计划的变化而变化。计划工作的核心内容是目标的明确和计划的制定。计划是一种生存策略，它可以让医院获得更多的成功机会。计划并不能保证医院一定成功，但能让医院为将来做好准备。有效的计划是一切目标达成的首要条件，通过清楚地确定目标和如何实现这些目标，为医院的行动计划提供一幅路线图或行动图，从而减少不确定性和模糊性，并对有限资源作出合理的分配。通过明确任务与目标之间的关系，医院管理层可以制定出指导日常决策的规则，并培养计划执行者的主人翁精神和责任心。

由于目标、任务和责任的明确，可使计划得以较快和较顺利地实施，并提高运营效率。管理者必须明确计划对其管理的功能和作用。从功能来看，计划有明确方向、目标、路径、执行方法、责任及明确衡量方法。从作用来看，计划可以集中资源，作为行动指南，减少不确定性，提高效率及积极性，体现成就和价值。

四、建立以战略为导向的全面预算管理

随着竞争环境的日益激烈，医院要想得到更快更好的发展，

就必须将“医疗资源规划”转变成“医院战略规划”，促使医院在制定自身发展战略规划的过程中，不仅要考虑如何充分利用医院内部的现有资源、降低医院运营过程中不必要的成本消耗等问题，而且更加注重分析和评价医院所在的外部环境，这些都为医院如何选择和决策战略提供了依据。

（一）构建战略导向的全面预算体系的理论基础

主要包括预算的含义及职能、战略规划的流程和原则，以及将战略与预算相连接的工具——平衡计分卡。

1. 战略性全面预算及职能。战略性全面预算是医院根据战略要求和发展规划，在财务估算、预测、预算基础上，利用价值形式对未来一定期间的医院运营活动进行规划和安排，以明确财务目标，落实财务管理措施，并提供财务激励和约束标准的一种管理手段。其根本目的是明确医院内部各科室责权利关系，结合外部变化对各种资源进行调配、控制和考核，以便有效地组织和协调医院运营管理活动，完成既定的战略目标，实现医院价值最大化。

2. 战略规划的流程。在医院战略规划的制定过程中：

第一个阶段就是医院要规划好未来要实现什么样的目标。一个目标的制定是医院看清前进方向的保障，同时也是医院战略规划的前提。任何医院在发展过程中都会遇到难题，但一旦有了目标，就不会失去前进的方向，反而能更好地应对各种变化。

第二阶段就是要确保制定的战略规划的准确性。当第一阶段完成后，就该考虑怎样做才能达到制定的目标，这就是所谓医院战略规划的制定。

第三阶段就是将战略规划转换成文本的形式，方便进行评估和审批。如果未能通过审批，就必须考虑怎么修正才能达到审批标准。

3. 战略规划的原则。在现有和未来条件下，如何达到既定目标，需要我们明确在制定战略规划时有哪些基本原则：

（1）战略规划要充分结合外部社会环境。在激烈的市场竞争中，“物竞天择，适者生存”这个理论体现得淋漓尽致。一家医院要想走得比别人远，发展得比别人快，在制定医院战略规划时就必须充分结合外部社会环境。医院只有弄清楚了其所处的环境，才能更好地去满足人们的实际需求，使医院的竞争力得到提高，保证医院在长期的发展中占据的地位也得到提高。

（2）战略规划要重视技术创新。医学的每一步变化都伴随着新技术，新技术为医疗模式带来基础的改变。随着现代生物科学、信息科学、材料科学、计算机科学、网络技术等学科的深入发展，医疗专家学者们一直都在不断地探索，努力拓宽医疗技术创新的源泉，积极推广科研成果，大胆进行技术改造，依托高精尖设备开展技术创新，寻找医疗技术创新的方法，提高医疗技术创新的质量，以此满足患者不断增长的就医需求。这就要求医院战略规划要顺应“新经济”发展的趋势，抓住机遇，迎接挑战。

（3）战略规划要有预见性和针对性。医院在发展过程中，所面临的市场环境非常复杂，同时很多因素也都是不确定的，而这些不确定的因素很可能给医院带来很大的风险。因此，医院的战略规划不仅仅是要适应时代的发展，还要不断进行更新，提高战略规划的可预见性，最大程度地规避医疗风险。医院的战略规划制定以后并不是一成不变的，而是应根据市场的变化及时作出调整，最终实现稳定长远的发展。

4. 平衡计分卡。采用平衡计分卡的理论，将战略支撑医院愿景的实现，分解为财务、顾客、内部运营过程、学习与成长四个核心竞争力的实现作为衡量标准。根据全面预算管理中的预算指标体系，建立运营指标、财务指标和管理指标与财务、顾客、内部运营过程、学习与成长四个核心竞争力之间的联系；要利用平衡计分卡及战略路线图确定医院的弹性战略目标，最终指导医院年度预算的编制。

（二）构建战略导向的全面预算管理体系的框架

由于传统的预算与医院战略、非财务指标、绩效管理等重要环节脱节，导致预算不能发挥其控制管理作用。因此，构建战略导向的全面预算管理体系显得尤为重要。医院通过对发展战略的分析，构建战略导向的全面预算管理体系的框架。

1. 战略的制定阶段。要利用内外部环境分析法对医院的战略规划进行分解。

2. 战略的执行阶段。要从医院战略规划的分解→确定弹性预算目标→战略预算和运营预算的编制、执行、监控、调整以及考核，建立战略导向的医院全面预算管理体系。

3. 战略导向的业绩考核指标的确定。以医院战略为导向，建立战略、规划、预算、绩效考核一体化的全面预算管理体系。确定业绩考核指标和权重，在执行控制、资源配置及信息整合方面发挥优势，有效提升医院核心竞争能力和价值创造能力。同时，建立奖惩制度，为构建战略导向的预算管理体系起到预警和指导作用，将预算管理与战略规划结合起来。

五、医院全面预算管理体系

传统财务预算模式下的预算管理体系是就预算论预算的封闭体系，没有把预算放到医院管理环境之中。全面预算管理体系是把预算放到医院管理环境中的开放体中，以战略规划作为预算管理的起点，根据医院发展战略确定年度发展计划，从而确定预算目标，且以预算目标为起点，实施预算编制、审批、下达、执行、调整、分析、考核等活动。将预算执行结果作为绩效评价和薪酬分配的依据，促使医院战略目标的实现，从而形成全面预算管理体系，如图 2 -2 所示。

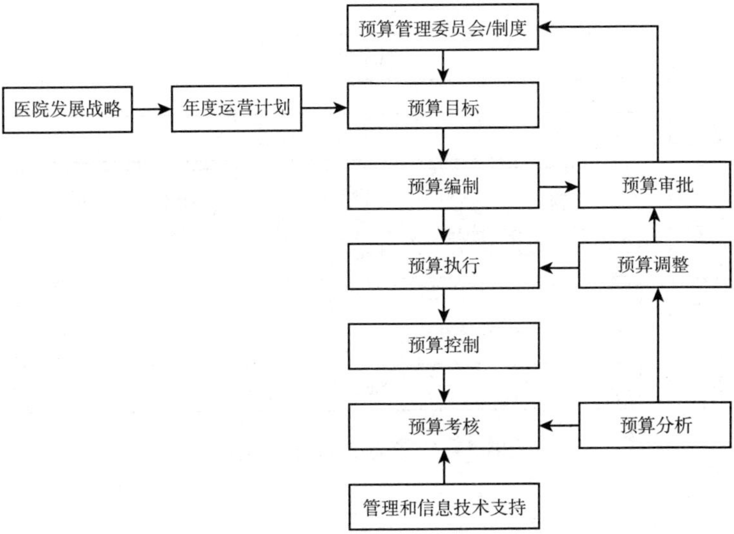

图 2－2　医院全面预算管理体系

第二节　搭建全面预算管理模型

全面预算管理作为现代医院管理的重要工具，它具有的战略性、系统性、全员性等作用是其他管理手段无法替代的，科学的、完整的全面预算管理内容是其发挥作用的重要保障。全面预算管理的前提是确立预算管理组织，建立和完善预算管理制度；过程是预算编制、执行和考核等预算管理活动；结果是筛选适合的预算指标，最后形成预算表格。这些内容集合成全面预算管理模型，如图 2－3 所示。

一、全面预算管理组织保障

健全全面预算组织是全面预算管理体系建设最核心、最关键的部分。成立全面预算组织，要有清晰的职责和定位，明确各预算组织的工作职责，工作内容、工作流程等，明确各预算组织的相互关系，从而确保预算管理各项职责的落实。

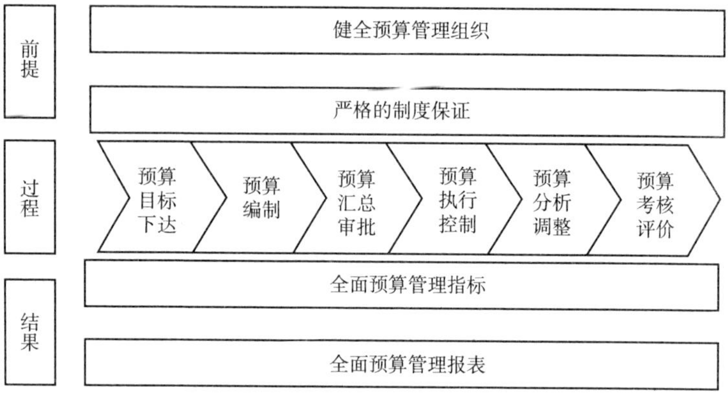

图 2－3　全面预算管理模型

二、全面预算管理制度基础

全面预算是一项系统工程，涉及面广、专业性强，健全的全面预算管理制度为全面预算的有效实施提供了基础条件和可运行环境。因此，实施全面预算管理必须重视制度建设，实现以制度规范全面预算管理的全过程，增强对预算参与科室的指导，使全面预算管理的实施有章可循。预算制度建设过程是医院落实全面预算管理思路、管理模式、管理流程的过程，各预算编制职能科室可以通过预算制度更好地理解医院全面预算管理的思路和模式，了解自身的管理职责和权限，从而更有效、更规范地参与全面预算管理活动。

三、全面预算管理工作流程

全面预算管理流程是从医院战略目标分析开始，到预算目标下达、预算编制、预算汇总审批、预算执行监控、预算分析调整和预算考核评价的全过程。在此过程中，强调医院全员参与，通过自上而下、自下而上的充分讨论、分析，以及严格的执行和考核，确保预算任务的完成。根据《医院财务制度》规定，年度预算应经医院党委会议审议通过。根据医院“三重一大”制度，预算编制和重大调整、年度预算“两上”须经医院党委会议审议通过。

四、全面预算管理指标

预算指标是对医院战略目标和预算目标的指标化描述，建立预算目标指标体系，主要是测算并确定预算目标的指标值。预算指标应能体现医院总体发展战略，突出战略管理重点，从而将年度运营计划深化细化，使预算指标成为实现战略发展的“调控棒”，它是年度医院运营的指南和行动纲领，是编制、分析、考核预算的基础和依据。从内容上说，预算指标应包括公益性指标、发展能力指标、工作效率指标、运营管理指标等，如图 2－4 所示。

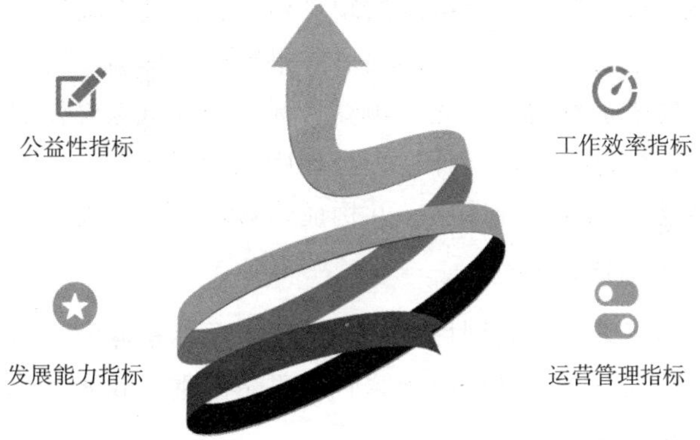

图 2－4　全面预算管理指标

（一）公益性指标

从公益性的角度评价医院的运营情况。反映医院公益性的指标主要有：病人满意度、每门急诊人次收费水平、每出院人次医药费用、药品收入占医疗收入比例等。

（二）发展能力指标

是指医院通过自身的医疗服务活动，不断积累扩大的发展潜能。反映医院发展能力的指标主要有：医疗收入增长率、总资产增长率、净资产增长率、固定资产净值率等。

（三）工作效率指标

反映医院对医疗卫生资源的利用程度和医院的综合竞争力。主要指标有：总资产周转率、病床使用率、病床周转率、出院者平均住院天数、人均完成门急诊人次等。

（四）运营管理指标

是指医院通过资源的有效组合对财务目标所产生作用的大小，以及医院对于成本费用的管控水平。反映医院运营管理的指标主要有：门诊收入成本率、住院收入成本率、百元医疗收入消耗药品、百元医疗收入消耗卫生材料等。

预算指标的指标值是医院的预算标杆，应具有挑战性，且必须保证各科室通过努力可以实现。如果预算指标遥不可及，就会失去目标的激励作用。因此，预算目标设定要以医院发展战略目标为依据，结合年度运营计划，合理确定年度运营任务，将医院发展战略融入预算管理体系，并构成预算考核的标准之一。

五、全面预算管理报表

全面预算管理报表利用会计信息反映医院资源配置情况，是预算指标的汇总，也是全面预算管理思想的重要载体。

六、信息控制系统

在现代医院预算管理中，数据资料庞大繁杂，必须依靠计算机和网络技术的支撑，才能实现高效率的信息反馈。通过信息化管理，医院可随时了解预算执行情况和预算指标的差异，并通过实时监控和修正，及时寻求扩大收入、降低成本的新途径。有条件的医院可以采用专门的预算管理软件来实施预算的全过程管理。

第三章　全面预算管理准备工作

全面预算管理规划工作完成后，就进入全面预算管理的准备阶段。包括建立全面预算管理组织和制度、开展全面预算调研、确立和分解预算指标等工作。

第一节　完善全面预算管理组织

实施全面预算管理，首要问题是建立预算管理组织。医院要根据各级预算组织的特点，科学界定职能，构建完善的全面预算管理组织架构。

一、全面预算管理组织架构

医院全面预算管理组织架构一般由全面预算管理的决策、组织、工作和执行四个层面组成。这四个层面构成全面预算管理实施的主体，在预算管理过程中扮演不同的角色，发挥不同的作用。

（一）预算管理决策机构

是指医院内部组织领导全面预算的最高权力机构。

（二）预算管理组织机构

是专门组织、协调预算工作的部门。

（三）预算管理工作机构

是指在预算管理组织领导下，主管预算编制、监控、协调、分析、反馈、考核等全面预算管理工作的组织。

（四）预算执行机构

是指具体执行预算的各个责任中心，即全院所有参与预算管理的职能科室及业务科室。

这些预算管理组织按照医院法人治理结构和组织规范，需要明确各层级的预算管理权限，落实预算管理责任。

医院全面预算管理组织采用由医院党委会议决策、预算管理委员会统一组织协调的四级管理模式，如图 3－1 所示。

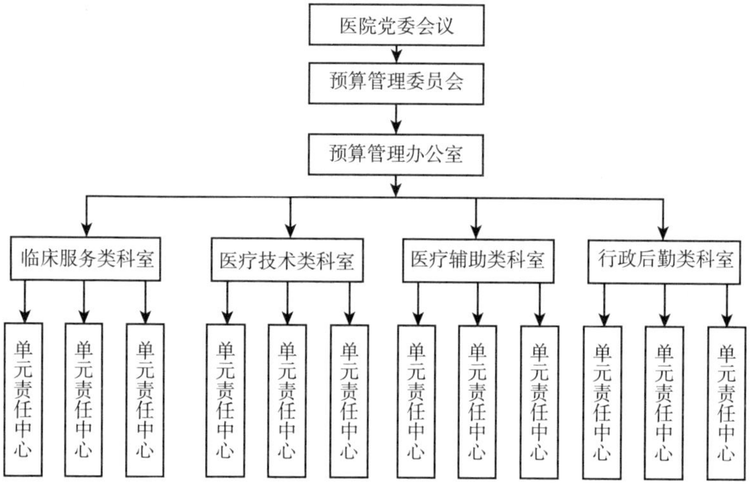

图 3－1　全面预算管理组织架构

二、全面预算管理决策机构

职工代表大会是医院预算管理的决策机构，这是由医院章程决定的。但由于预算报送的时间问题，在实际工作中，一般由医院党委会议作出预算决策，并将预算和决算执行情况提交职工代表大会审议。

（一）医院党委会议的主要职责

在全面预算管理中，医院党委会议负责研究、决定医院发展战略及年度运营计划，讨论通过预算目标，审批通过医院年度预算。

（二）职工代表大会的主要职责

职工代表大会审议通过当年决算执行情况及次年预算情况。如有意见通过工会组织提交医院党委会议讨论。

三、全面预算管理组织机构

在全面预算管理模式下，成立预算管理委员会作为全面预算管理的组织机构，协调、指导科室，以提高预算管理的权威性。预算管理委员会一般有两种组织形式。一是由院长担任主任委员，院长作为第一责任人对全面预算管理负总责。委员会的成员一般由总会计师、分管院领导、各职能科室负责人组成。其中，副主任委员一般由分管财务的副院长或总会计师担任。二是由总会计师担任主任委员。虽然在权威性上较第一种方式弱化，但总会计师熟悉医院整体经济运转状况，以及预算管理情况，能更有效地组织预算管理各项活动，充分发挥全面预算管理的作用。

预算管理委员会是预算管理的领导、组织和协调部门，对医院预算管理的重大问题、关键环节等进行决策和审议，其主要职责是：

（一）审议并通过预算管理的相关政策、规定、制度等。

（二）结合医院事业发展计划，组织相关科室预测年度预算目标，并将预算目标建议提交医院党委会议审议。

（三）审议并下达年度预算目标、预算编制方法和编制程序。

（四）审议通过预算管理办公室上报的年度预算编制草案，提交职工代表大会和医院党委会议审批。

（五）经过同级财政部门审批的预算正式下达给医院后，由预算管理委员会将预算指标分解、下达给各职能科室，要求在日常工作中执行预算指标。

（六）审议预算执行情况，并就存在的问题提出改进措施。

（七）审查职能科室或业务科室预算调整申请，并按照规定程序逐级上报审批。

（八）对全面预算管理实施过程和实施效果进行考核和评价，并根据考核结果提出奖惩意见。

部分医院在实际操作中，将预算管理委员会作为预算决策机构，但笔者认为，全面预算管理涉及医院运营的相关资源配置，属于医院管理的重大事项，因此，决策事项由医院党委会议作出比较合适，预算管理委员会可为医院党委会议提供决策支持。

四、全面预算管理工作组织

预算管理工作是对预算全过程的跟踪管理，预算管理办公室是预算管理事项的专职部门，承担处理和预算相关的日常事务的职能。全面负责预算编制的审查、预算初步方案的平衡、预算的下达、预算调整和考核等工作。同时，解决预算执行过程中出现的问题，及时发现预算执行的偏差，并作出调整。预算管理办公室直接隶属于预算管理委员会，以确保预算的有效运作。

在传统财务预算模式下，由财务科承担预算管理办公室的职责，容易造成预算和业务的脱节。因此，在全面预算管理思想下，医院应成立专门的预算管理办公室，由财务、医务、人力资源、科研、临床工程等相关职能科室成员参加，一般由财务科长任组长。

预算管理办公室的主要职责是：

（一）拟定和修订预算管理政策、规定、制度等相关文件。

（二）提供相关历史数据、预算定额标准、预算编制要求等资料。

（三）传达医院年度预算目标，具体指导职能科室和业务科室编制预算。

（四）初步审查、协调和平衡各职能科室或业务科室的预算方案；汇总编制医院整体预算方案，报送预算管理委员会审查。

（五）与职能科室或业务科室沟通预算管理委员会审查意见，形成预算草案；根据医院党委会议审批意见，调整预算草案。

（六）根据同级财政部门批准的预算，分解、细化到各职能科室和业务科室，下达正式预算。

（七）组织医院日常预算的执行，对无预算、超预算的事项进行控制。

（八）收集业务科室、职能科室预算调整申请，并报送预算管理委员会审查。

（九）定期分析预算执行进度，及时发现预算执行中存在的偏差和其他问题，及时纠正。编写预算执行分析报告，提交预算管理委员会审议。

五、全面预算管理执行组织

预算管理执行组织应以医院的组织架构为基础，本着高效、经济、权责分明的原则建立。预算管理执行组织由各责任中心构成，是医院预算目标实现的直接责任中心。它们既可以以医院为单位，也可以以科室、班组、个人为单位。医院的预算目标要按照组织架构的层级关系逐级分解到各责任中心，通过各责任中心预算目标的实现，保证医院整体预算目标的实现。

确定预算责任中心是建立全面预算管理组织的基础工作，医院预算责任中心的划分应坚持两个原则：

（一）目标一致性原则

各预算责任中心应与医院总体发展战略目标保持一致，当各预算责任中心的局部利益与医院的整体利益发生冲突时，必须服从整体利益。

（二）权、责、利相结合的原则

各责任中心具有与其管理职能相适应的管理决策权，并承担与其决策权相适应的经济责任。责任中心是承载责任的主体，也是考核的主体。

根据医院组织架构及责任中心的划分原则，医院的责任中心可以分为科室责任中心、单元责任中心两个层次。

1. 科室责任中心。处于预算执行网络的第一层次，要依据医院制定的总体预算目标，建立本科室的预算目标。同时，还要组织本科室所承担的预算编制、分解、执行、控制等工作。

根据医院财务制度规定，医院的科室根据其功能和职责不同，可划分为四类科室：临床服务类、医疗技术类、医疗辅助类和行政后勤类。临床服务科室、医疗技术科室为收益中心，负责根据医院下达的预算控制指标要求，预测下年度业务量，申报预算期内收入和费用支出计划，申报固定资产购置预算。医疗辅助科室、行政后勤科室属于非收益中心，负责本科室费用支出的预算，行政后勤科室还负责汇总编制归口管理事项的预算。科室责任中心的主要职责为：

（1）以完成医院整体预算目标为前提，申报本科室收入、支出预算，并提供预算项目的金额、数量、具体项目描述及其编制依据。

（2）严格执行年度预算下达指标，定期总结预算完成情况，及时采取措施纠偏，保证本科室预算指标的实现。

（3）配合其他科室预算目标的实现。

2. 单元责任中心。是医院预算责任体系的基础层次，可以按照权责对应原则来设计，即根据作业功能对科室责任中心进行分解，从而使预算执行主体更为精炼、高效、合理。单元责任中心可按科室、班组等进行归类，并由科主任或班组长负责，核算其收入和成本。这样就能将收入、成本尽量分解到最小核算单元，以便于预算监督、控制和考核。

临床服务类科室的单元责任中心可分为护理单元、医疗单元，也可以按照亚专科、专病化来设置单元责任中心，如心内科设置冠心病、心律失常、高血压等亚专科，可以各亚专科为责任中心。医疗技术类科室可按服务项目、医疗设备、班组分别设置责任中心，如检验科可以设置生化组责任中心、免疫组责任中心等。医疗辅助类科室可按班组、个人、服务项目来设置单元责任中心，如收费处可分为门诊收费责任中心、出入院收费责任中心。行政后勤类科室可按照承担的任务、职能等设置单元责任中心，如总务科可以设置维修组责任中心、水电组责任中心、动力组责任中心等。单元责任中心的主要职责为：

（1）完成本单元业务范围内的工作量和收入预算任务。

（2）控制本单元成本费用。

（3）将预算执行过程中出现的问题及时提交科室责任中心处理。

需要强调的是，预算执行的主体是责任中心，预算控制主要靠责任中心的自我控制和信息系统的实时控制，预算分析也主要靠责任中心自身，但预算管理办公室要收集、汇总、整理出对预算管理有用的数据提供给责任中心。同时，在全面预算管理的执行过程中，各责任中心要相互沟通、相互配合，共同协调完成预算任务，要以医院利益为最高利益。

第二节　建立全面预算管理制度体系

医院要推行全面预算管理，必须要有预算管理制度作保障，以制度强化事前预测、事中控制、事后监督；以制度约束预算行为，保证医院各项收支有计划地进行，保障全面预算目标的实现。

医院应根据财务制度和会计制度的要求，制定预算管理制度，这些制度是全面预算管理实施的行为规范，也是医院有效实施全面预算管理的基本保障。

一、全面预算管理制度体系

医院应按照预算组织、预算编制、预算执行与控制、预算考核等环节，分别制定预算管理制度。在制度制定中，既要体现预算管理的规范性，又要体现对各科室参与预算管理的指导性。

全面预算管理制度体系分为基本制度、工作制度、岗位责任制三个层面，如图3－2所示。

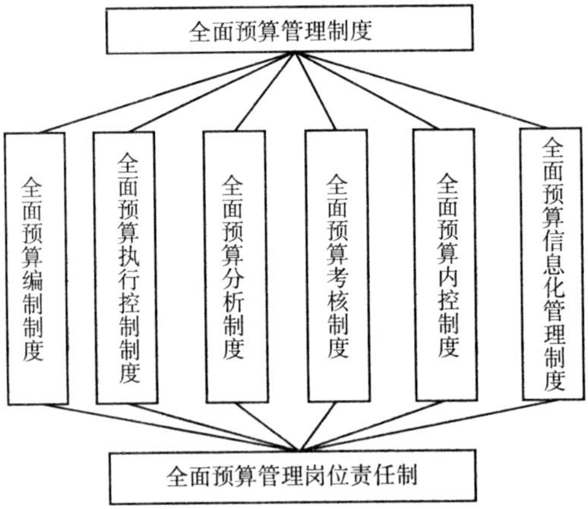

图3－2　全面预算管理制度体系

（一）基本制度

基本制度是实施全面预算管理的基本纲领，重点从组织架构、职责落实、流程设计和内容框架等方面原则性地规范实施全面预算管理的基本方针、管理思路和行为导向，是制定各项预算工作制度的依据。基本制度即全面预算管理制度。

（二）工作制度

工作制度是有关全面预算管理的具体任务、程序、方法、规定等方面的制度，是全面预算管理制度的具体实施细则。工作制度一般包括：全面预算编制制度、全面预算执行与控制制度、全面预算分析制度、全面预算考核制度、全面预算内部控制制度、全面预算信息化管理制度等。

（三）岗位责任制

岗位责任制是明确相关科室和岗位在预算管理活动中的职责、权限及具体工作要求的制度，包括职能科室的岗位责任制、业务科室的岗位责任制等。财务、基建、科教、人力资源等职能科室具体负责本科室归口管理范围内预算的编制、执行、控制、分析等工作，并配合预算管理办公室做好医院总预算的综合平衡、控制、分析、考核等工作。

各职能科室应加强沟通和联系，确保预算工作顺利进行。财务科应当定期编制财务会计报告，向预算管理办公室反馈预算执行情况，为预算编制、调整、分析和考核等提供基础数据。

二、全面预算管理制度的主要内容

根据全面预算管理体系的要求，医院应制定全面预算管理的各项制度，主要内容如下：

（一）全面预算管理基本制度

《全面预算管理制度》是关于医院实行全面预算管理的总条例，是推行全面预算管理的基本依据和规范。其主要内容如图 3－3 所示。

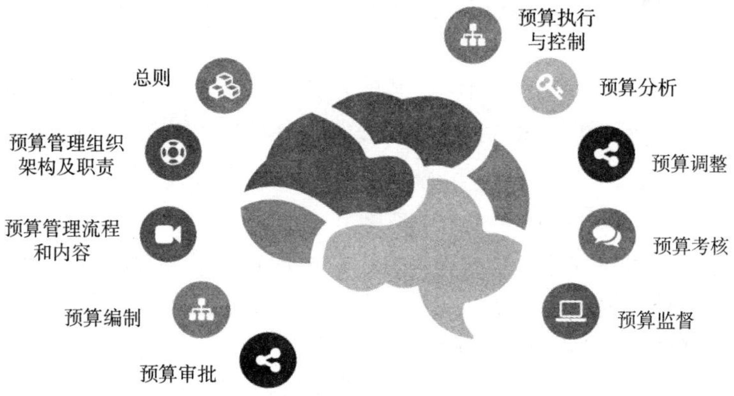

图 3－3　全面预算管理基本制度

1. 总则。主要对全面预算管理的原则、实施目的、实施依据、实施原则等事项作出规定。

2. 预算管理组织架构及职责。对全面预算管理组织架构的设置、各管理组织职责作出规定。

3. 预算管理流程和内容。对预算目标确定、预算管理流程、预算管理内容、编制要求等作出规定。

4. 预算编制。原则性地规范预算编制时间、编制原则、编制内容、编制方法、编制程序和编制科室等。

5. 预算审批。原则性地规范预算审批流程，预算管理委员会等各级预算管理组织的审核职责及批准依据。

6. 预算执行与控制。原则性地规范预算执行的方法和步骤，预算控制实行归口管理科室控制与责任中心自我控制相结合的方式。

7. 预算分析。主要针对全面预算执行过程和结果的分析方法、分析内容、分析程序和分析时间作出规定，强调各责任中心是预算分析的第一责任人。

8. 预算调整。原则性地规定预算调整的原则、流程等内容。

9. 预算考核。医院要建立预算考核制度，并将其纳入医院绩效评价过程中，同时对考核方法、时间、程序等作出原则性规定。

10. 预算监督。强调内审室的预算监督职能，要重点监督预算编制质量、预算执行符合率、预算责任落实、预算内部控制等内容。

（二）全面预算管理工作制度

全面预算管理工作制度是有关全面预算管理的程序、方法等方面的具体规定，包括《全面预算编制制度》《全面预算执行与控制制度》《全面预算分析制度》等。

1.《全面预算编制制度》是医院指导预算编制工作的相关制度，主要内容包括：制定本制度的目的、预算编制的原则、预算编制的内容、预算编制的方法、预算编制的程序、预算编制的审核与批复、其他与预算编制相关的内容。

2.《全面预算执行与控制制度》是医院对全面预算执行的方法、程序等作出规定，并对执行过程和结果进行控制的制度文件，主要内容包括：制定本制度的目的、预算执行的责任主体、预算执行的程序、预算执行的审批权限、预算控制的原则、预算控制的内容、预算执行与控制的反馈程序、其他与预算执行与控制相关的内容。

3.《全面预算分析制度》是医院对全面预算执行过程和结果进行分析的制度，主要内容包括：制定本制度的目的、预算分析的内容、预算分析的方法、预算分析的程序、预算分析结果的运用、其他与预算分析相关的内容。

4.《全面预算考核制度》是医院对全面预算工作进行考核的制度，主要内容包括：制定本制度的目的、预算考评的原则、预算考核的程序、预算考核的指标、预算考核和绩效相结合、其他与预算考核相关的内容。

5.《全面预算内部控制制度》是医院对全面预算工作事前、事中、事后进行全过程控制的制度，主要内容包括：制定本制度的目的、预算业务内部控制目标、预算业务内部控制原则、预算业务内部控制方法、预算业务内部控制关键点、其他与预算业务内部控制相关的内容。

6.《全面预算信息化管理制度》是医院对信息化条件下预算管理全过程进行规范的制度，主要内容包括：预算信息化基本框架、预算信息化基础支撑、预算管理软件业务流程、预算信息化建设标准、预算信息化内部控制、其他与预算信息化相关的内容。

（三）预算管理岗位责任制

《预算管理岗位责任制》是医院明确各科室和岗位在预算管理中的职责、权限和工作要求的制度，主要内容包括：各职能科室的预算管理职责、预算管理权限、预算管理工作要求、预算管理员的职责与工作要求、其他与岗位责任制相关的内容。

三、全面预算管理制度与业务管理制度的衔接

预算管理是医院管理活动的一部分，预算管理活动要和其他管理活动相融合；同样的，预算管理制度也要和其他管理制度相结合。

全面预算管理作为管控工具，存在于医院各项业务运行管理之中。因此，在业务管理制度中要充分体现全面预算管理思想和原则，并对全面预算管理在本业务管理中的实施予以细化。

预算管理制度和业务管理制度的衔接主要体现在对业务执行过程的规定上。业务管理制度要根据全面预算管理制度的相关要求，对各业务事项在执行时的授权审批人、审批方式、授权范围和金额等进行细化。

医院的制度建设需要不断完善、持续改进，因此，预算管理制度也要随着医院实际情况以及管理重点的变化不断完善，医院要定期对预算制度进行评估和修订，以满足管理需要。

第三节　全面预算调研工作

预算调研工作一方面是预算管理委员会确定下年度预算目标，及时了解各责任中心下年度主要工作计划及需要的资源配置，通过自下而上的调研，增强预算目标的科学性和可执行性；另一方面通过双向沟通，及时反馈预算管理中存在的问题，并提出改进措施，调动员工参与预算管理的积极性，最终完成预算目标。

预算管理办公室负责起草调研提纲，针对不同的责任中心，设计相应的提纲，了解各责任中心运营和管理的重要信息，对下年度预算目标作出合理预测，从全局掌握各责任中心下年度工作计划和目标。

预算调研提纲分为职能科室、业务科室两类，调研的内容有运营指标、计划和预算、预算管理三个部分。

一、运营指标调研

运营指标调研从数字角度调研各临床、医技科室下年度业务开展财务结果，通过财务指标对比衡量其下年度工作开展的好坏和合理性。由于临床、医技科室性质不同，其调研指标也有所差异。以临床科室为例，其预算调研指标（见表3－1）。

表3－1　临床科室预算调研指标

项　目	单位	2019年			2020年	
		年度预算	1—7月实际	全年预计	计划	增长幅度（%）
医疗收入	万元					
其中：药品收入	万元					
医疗成本	万元					
出院人次	人次					
手术例数	人次					
设备金额	万元					
平均在职人数	人					

二、计划与预算调研

计划与预算调研引导各职能科室总结本年度工作存在的问题，提出下年度重点改进的项目，预计产生的效益，并提出需要的资源配置。通过计划和预算调研，可从全局了解各职能科室下一年度工作重点计划，从而将其体现在预算编制过程中，从财务层面提早规划资金安排，支持医疗业务的开展。各职能科室因工作性质不同，其调研的重点会有所不同。

职能科室归口管理的业务内容各有不同，预算调研需要对其重点工作进行调研。调研时，各职能科室应当对其下年度主要工作计划和安排进行书面阐述，说明费用投入的计划和管控措施。

（一）人力资源科

调研下年度进人计划、员工培训计划、人事政策变动等。

（二）质量管理办公室

调研下年度医疗质量改进项目计划和需投入的金额。

（三）信息科

调研下年度信息化建设项目和投资金额。

（四）科教科

调研下年度科研和教学开展项目及投入金额。

（五）临床工程科

调研下年度医院的耗材采购成本、耗材成本控制计划、耗材价格变动趋势，以及医疗设备报废及新购置医疗设备情况。

（六）基建科

调研下年度开展大型修缮和新建基建项目的投资金额和付款进度等情况。

（七）医务科

调研下年度开展医疗新技术、新项目及投入资金预算，以及各种医联体、帮扶医院等需要耗用的人力和物力。

三、预算管理调研

预算管理的调研目标，一方面要了解各职能科室预算管理工作开展的情况，通过调研发现现阶段预算管理工作存在的问题；另一方面要总结过去预算管理工作开展的经验，根据实际情况提出改进建议。最终激发各科室参与预算管理工作的积极性，持续不断地提升预算管理工作质量。预算管理调研的主要内容有：

（一）是否设置本科室的预算管理负责人？

（二）针对本科室的预算执行情况，是否进行预算执行分析？

（三）各科室预算执行结果是否与考核挂钩？

（四）对本科室及医院预算管理工作如何评价？

（五）各科室对改善预算管理工作有何意见或建议及整改措施。

预算调研工作结束后，医院应对调研资料进行整理分析，为下年度预算目标的确定提供基础资料。

第四节　全面预算目标的确定

作为预算工作的起点，预算目标是预算发挥作用的关键。高质量的目标有利于预算管理工作的顺利推进，有利于日常管理的协调开展和有序进行。

一、设定全面预算目标

预算管理的目的就是促成组织以最有效的方式实现预定目标。同时预算作为一种数量化的详细计划，是对未来活动的具体安排，是未来运营活动的依据。因此，预算是对目标的具体化，是将医院各项活动导向预定目标的有力工具。

（一）全面预算目标的概念

全面预算目标是预算期内医院运营活动要达到的目标和结果，是医院战略发展规划在预算期内的具体体现。全面预算目标是在市场预测和医疗资源分析的基础上，经过医院管理层及各个预算管理科室反复测算、协商确定的。预算目标是医院实施内部控制、进行绩效评估的依据；同时，也是协调医院各责任中心利益关系，加强各责任中心联系与协作、调动员工积极性的激励工具。

通过预算目标的分解，可以将预算目标细化为月度预算、季度预算、年度预算和中长期战略规划目标，体现出先达到一个短期目标，最终达到长期目标的过程。通过预算目标的任务分解，可以将医院发展战略和运营目标具体化、数量化，从而转化为各责任中心和每位员工的工作目标，它不仅可以明确各责任中心在预算期的工作重点和方向，而且提供了评价各科室和员工工作绩效的标准。

预算目标的设置要充分考虑医院的外部环境和内部资源状况，明确医院预算期的发展方向。预算目标的合理与否，在很大程度上影响着预算编制的合理性、预算执行的可控性和预算评价的准确性，并最终决定医院预算管理的整体效果。

（二）全面预算目标的特殊性

公立医院由政府投资举办，是政府保障民生的社会公益事业单位，为群众提供安全、有效、方便、价廉的医疗卫生服务。由于独特的行业性质，公立医院全面预算目标具有以下特征：

1. 公益性。医院要严格按照国家有关政策的规定和要求确定预算目标，确保医院的公益性；资源的配置和使用要体现公共服务产品的特征；要提高医疗服务质量和效率，控制医疗服务成本。这是新医改对公立医院的要求，也是所有公立医院要达到的预算目标。

2. 差异性。由于不同等级医院的功能定位、规模不同，各自的预算目标也不尽相同。如一级和二级医院的功能定位主要是为患者提供优质的基本医疗和保健服务，其预算目标主要考虑基本医疗和保健工作；而三级医院的功能定位主要是解决疑难杂症和急危重症病人的医疗需求，同时要承担科研和教学任务，其预算目标要兼顾医疗、教学、科研等方面。

（三）全面预算目标确定的原则

公立医院作为公益性事业单位，在预算目标的制定上，要兼顾政府、患者、医院、科室、员工等各方利益，同时，要遵循以下原则：

1. 符合医院整体战略部署原则。预算工作的目的是为了保障战略目标的实现，医院预算目标的制定必须在符合整体战略部署的框架下，经过科学系统的决策程序，采用先进的分析方法确定。这样形成的预算目标才是科学、合理和符合实际的预算目标。

2. 可行性原则。医院各项预算目标的制定要以国家政策规定、医院发展战略和年度计划为前提，以历史资料为基础，通过分析科室的具体特点和预算年度科室的业务开展计划进行科学合理的预测。预算目标要反映医院在预算期可以实现的最佳水平，既先进又合理。

3. 可控性原则。医院在向各预算执行责任中心分解落实预算目标时要遵循可控性原则，即下达的预算目标是责任中心可控和可执行的。如成本控制指标由消耗因素和价格因素构成，职能科室要将采购价格控制数作为预算目标，对业务科室只落实其可控的消耗数量作为预算目标。

追求预算目标百分之百的准确是没有意义的，全面预算作为一种控制手段，并不是要通过预算目标把医院控制在某一个点上（收入、结余），而是把医疗运营和发展控制在一个区间或是一种趋势之中。预算目标的高低不是最重要的，重要的是要符合医改的大政方针，使医院的整体发展战略目标得以实现，医疗运营活动能满足广大人民群众的需求。

（四）全面预算目标确定的方法

预算目标的确定是决定全面预算管理有效性的起点和重要环节，可按照以下工作流程进行。

1. 预算目标确定前的准备工作。为科学、合理地确定预算目标，医院必须做好以下准备工作。

（1）对内外部环境调查摸底。医院外部信息，主要把握国家宏观经济政策、卫生改革的方向，上级主管部门关于医改相关指标的控制要求，周边医疗市场资源。医院内部信息，要充分把握年度工作目标、事业发展规划和实施计划，了解人员编制、资产分布及使用情况，了解科室人员、设备、技术力量、工作量情况，并对历年数据进行加工、分析，以便做好费用预算和项目论证工作。

（2）收集并核实各项基础数字。如职工人数、离退休人数、会计报表、统计报表、相关标准定额和比率、历年工作量数据等。

（3）分析上年度预算执行情况。上年度预算执行情况是本年度预算编制的重要依据。具体分析上年度业务计划完成情况，财务预算执行情况，找出内在规律，分析预测业务发展趋势，分析上年度预算与实际执行的差异及其差异形成的原因。

（4）寻找影响预算执行的关键因素。要考虑预算期内政府部门新出台的政策可能对医院造成的影响；也要考虑医院发展战略规划和任务的变动对医疗收支的影响，如增加床位数、新购置医疗设备和大型修缮等对资金的需求和对收支的影响、预算期内人员变动对业务量的影响等。

完成上述准备工作后，进入预算目标确定阶段。在战略目标明晰的情况下，医院年度预算目标进入沟通和承诺阶段，各预算责任中心在对上述资料研究分析的基础上，可召开预算会议商讨确定。召开预算会议，需要准备以下报告清单作为预算目标会议的基础资料（见表3-2）。

表3-2　　预算目标确定会议准备工作内容

工作步骤	工作内容及说明
1. 预算目标会议准备	会议时间一般为每年的7月（财政一上预算前）
2. 会议资料清单	1. 当年前半年财务报表 2. 当年前半年预算执行情况 3. 当年前半年预算考核情况 4. 医疗卫生政策、财政政策 5. 下年度医疗资源供给情况 6. 下年度医疗收支预测报告 7. 下年度资本性支出预测报告 8. 下年度科研、教学预测报告 9. 下年度竞争对手分析报告 10. 其他
3. 预算目标工作会议议程	1. 审议当年前半年财务报告和预算分析 2. 审议下年度医疗收支、资本性支出和科研教学情况报告

2. 确定全面预算目标的流程，如图3－4所示。

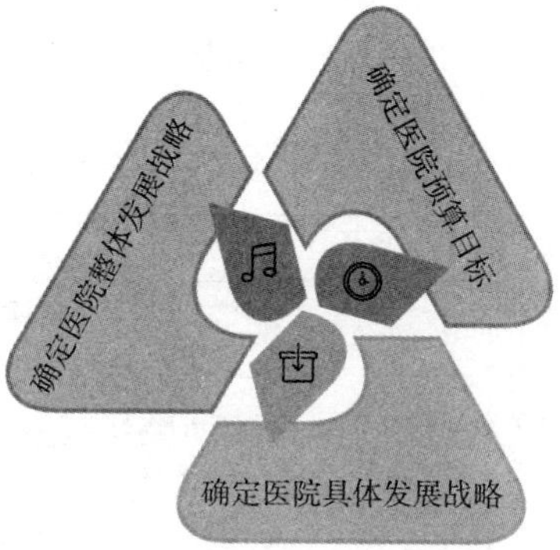

图3－4 确定全面预算目标的流程

第一步：确定医院整体发展战略。发展战略是一个组织为实现其宗旨和目标而确定的组织行动方向和资源配置纲要。医院确定整体发展战略的过程，就是通过对国家相关法规政策、医院自身的资源和能力、医疗市场竞争状况等分析后，明确如何有效配置资源，使其发挥最大的效力。预算管理委员会承担医院预算管理的组织协调工作，应根据相应的信息分析，提出整体发展战略建议供医院党委会议讨论确定。

第二步：确定医院具体发展战略。具体战略一般由预算管理委员会组织协调相关职能科室确定。首先各职能科室整理相关数据，包括历史数据、行业先进标准等；其次，结合整体发展战略分析现状，寻找差距；最后，确定各职能科室的具体战略目标，从而为预算目标的确定打下基础。

第三步：确定医院预算目标。医院需要通过确定预算目标来对发展战略目标进行量化描述，如收入预算目标、成本控制预算目标等。各责任中心要广泛收集竞争对手特别是标杆医院的相关资料，结合医院战略规划提出下一年度的预算目标。预算目标要符合客观实际情况，并经过充分的讨论沟通，一旦确定就要严格执行，确保其严肃性。

综上所述，预算目标是确定年度运营目标，将整体战略、具体战略转化为年度预算目标。预算目标的形成过程实例（见表3－3）。

表3－3　　从战略到预算：医院预算目标的形成

整体战略（战略性目标）	具体战略（阶段性目标）	预算目标（年度目标）
医疗收入5年内翻一番，某专科的市场份额由现在的30%上升到50%，成为区域龙头医院	业务量每年增长10%，每年至少开展10项新的医疗技术，科研经费每年按医疗收入的5%投入	预算年度门急诊量×万人次，出院病人数×万人次，医疗收入达×亿元，人员经费支出×亿元，百元医疗收入消耗卫生材料20元，药品收入占医疗收入比例≤30%

3. 确定全面预算目标的方法。全面预算目标的确定可以分为确定收入目标、确定成本控制目标两种方法：

（1）确定收入预算目标。一般采用基数加成法，是指以上年完成的收入或前几年完成收入的平均数为基础，再结合预算期内医院新设备投入、新业务开展、新技术引进、价格调整等因素，确定一个增长比率，以此确定医疗收入预算目标。如儿科，结合收费价格调整因素确定均次费用增幅，再结合工作量变动，确定收入目标；妇科结合床位使用率提高、平均住院日缩短等因素确定工作量增幅，从而确定收入目标。

（2）确定成本控制目标。一般采用预测汇总表法，是指按费用或成本项目变动情况分别预测，并加以汇总，从而得出目标成本初步值的方法。如药品费成本确定是以上年度医院的药品收入占医疗收入比例（简称药占比，下同）为基础，结合预算年度政府对药占比的控制要求，确定医院预算年度的药占比，再根据预算年度医疗收入的规模，最终确定的药品费支出预算。也可以采用定额成本法确定支出项目的预算，如办公费支出，可以按照预算年度职工人数乘以每职工办公费定额来确定。将各类支出汇总，即形成医院预算年度的总支出。

医院根据预算期的收入目标和成本控制目标，可匡算出预算年度的收支结余，作为事业发展的积累资金。

二、影响全面预算目标实现的因素

全面预算目标的实现受到国家政策、医疗行业、市场环境、医院内部资源条件等诸多因素的影响。

（一）外部影响因素

预算管理委员会的成员必须随时收集整理、动态掌握国家相关经济政策、卫生政策、财政政策等。

1. 宏观政治、法律和社会环境。医院的医疗、教学、科研活动是社会经济生活的组成部分，而社会经济活动会受到政治活动的影响；医院的各项经济运营活动要在遵守法律、法规规定的前提下，服务于社会人群；同时，医院的经济运营要分析社会人口状况和特征。

2. 卫生和医改等政策法规。公立医院是国有事业单位，必须遵守国家政策法规；公立医院是公益性事业单位，国家对公立医院性质和任务的定位，决定了医院预算目标必须体现公益性特征，特别是要符合各项医改政策的要求。其中医疗保险政策、财政补偿政策等的变动对医院预算目标的实现影响很大。分级诊疗使省级医院的门诊量受到冲击，而城市公立医院严禁扩张的规定，也对医院的发展思路带来变化和影响。

3. 医疗市场的竞争。分析医疗市场环境的影响，包括现有医院的竞争、潜在的进入者，供应商的议价能力等。医院要分析所处的市场环境，制定符合医院发展需求的预算目标，实现医院可持续发展。

（二）内部影响因素

内部影响因素在于分析医院的优势和劣势，机遇和挑战，包括医院拥有的人力资源、设施设备资源、医院的临床和科研能力等。增加机遇和挑战的内容。

1. 医院发展战略。发展战略是在对医院宗旨和战略分析结果的基础上形成的，是医院制定预算目标最重要的依据，预算目标要以发展战略为导向，考虑医院的扩张速度、市场规划、市场份额等。

2. 医院资源和技术条件。要制定科学合理的预算目标，必须基于自身的资源和技术条件。医院内部资源和技术条件包括：财务资源、人力资源、房屋设备、医疗技术、科研和技术开发等。要充分挖掘资源优势，避免资源闲置浪费。

3. 事业发展计划。每项事业发展计划都会对医疗收支产生影响，是影响预算目标的重要因素。如新增床位、大型医疗设备投入，计划大型修缮等对资金的需求，加大科研投入等都会对收支带来影响。

在完成医院内外部影响因素分析后，医院要制定年度工作计划，从医疗业务（新项目的开展、服务质量提高等）、成本控制（卫生材料成本控制、人力成本控制等）、员工（员工素质、工作积极性等）等方面，找出面对环境变化的策略优势，以及如何将这些优势有效组合，构建医院核心竞争力，从而制定清晰的年度预算目标。

三、全面预算目标的分解和下达

为便于执行、控制、考核和监督，医院在确定预算目标后，要采用科学的方法，将预算目标分解落实到各责任中心。分解后的预算目标是医院整体预算目标的具体体现，只有具体目标付诸实现，才能保障医院整体目标得以实现。预算目标的合理分解，可以使各职能科室的奋斗目标和医院整体发展战略目标保持一致和平衡。

预算目标分解应遵循以下原则：整体一致原则、长期利益与当前利益相结合的原则、先进性和可操作性相结合的原则、效率和公平兼顾的原则等。预算目标的科学分解和有效实施，不仅影响医院各项经济资源潜能的充分发挥，而且影响员工的积极性、创造性和责任感，最终影响医院预算目标的实现程度和效果。

（一）全面预算目标的分解

预算目标的分解可以采用预算空间维度和时间维度两种形式：

1. 预算空间维度。预算目标按照空间维度的分解，可以按照责任中心展开，分为自上而下式、自下而上式、上下结合式的层层分解。

（1）自上而下式。即由预算管理委员会确定总体预算目标，再将预算目标逐层分解到各职能科室。这样的分解流程，能将医院目标直接体现在预算中，体现预算的整体性和权威性。但如果对基层的信息掌握有限，预算目标的分解很容易脱离实际，使预算的执行能力降低，难以发挥其计划、协调、控制的作用。

（2）自下而上式。即由各科室提供预算数据，自下而上层层汇总，预算管理委员会对汇总数据进行审议和调整，确定预算总量后再分解到各职能科室。这种分解流程虽然在一定程度上解决了预算严重脱离实际的情况，有利于调动职能科室的积极性，但如果上下级的信息交流不完整，会使预算目标偏离实际。

（3）上下结合式。即由预算管理委员会制定并公布医院发展战略和运营目标，并下达初步预算目标到各职能科室；由各职能科室根据实际情况对预算目标提出建议上报预算管理委员会；预算管理委员会汇总、调整、平衡；再正式下达预算目标给职能科室。在预算目标分解过程中经历了自上而下和自下而上的往复，虽然效率受影响，但较好地体现了公平、公正的原则，是确保预算目标科学、有效的方式。

2. 预算时间维度。将年度预算目标按照一定的流程、方法、评估、细化后，分解到各责任中心，再按照以下方法分解到月份或季度：

（1）全年平均分摊法。是将年度预算目标按预算期平均的方法均匀分解到月份或季度。

（2）历史经验分摊法，是将年度预算参考往年的历史数据按时间顺序进行分摊，此种方法充分考虑到各科室患者就诊的周期性、医疗服务的时间性差异等因素，使预算分解更具有科学性。

实际操作中预算目标的分解方案比较难确定，因为预算目标的实现与否会直接影响员工的绩效。预算目标定得较低，员工愿意接受，但预算的约束力较差；预算目标定得较高，员工会放弃努力，使整个预算目标完成的可能性受到影响。因此，预算目标的分解只有在略高于员工实际能力时，员工才能接受并执行。解决预算目标差异的方法，最好采用医院文化的传递，增强管理层和基层员工的沟通，特别强调让员工参与到预算目标制定工作中，充分信任员工的责任心和使命感。

（二）全面预算目标的下达

一般情况下，医院会以综合目标考核责任书的形式下达预算目标，将各责任中心的预算目标完成情况和奖惩挂钩，预算目标刚性更强，激励作用更大，能较好地保证医院整体预算目标的完成。综合目标责任书可按照以下格式制定（见表3－4）。

表3－4　　××科室药品费用控制目标责任书

项目	上年度	本年度目标	差距原因	改进措施	完成时间	考核办法	责任人	考核科室	数据提供
药占比	30%	28%	辅助治疗药、营养药用量较多	严格控制辅助和营养用药	本年度	每超过或降低一个百分点扣减或奖励1%奖金	科主任	医务科	财务科

第五节　制定预算编制大纲

预算编制大纲是预算编制的纲领性文件，是预算编制的管理计划书，引领各职能科室开展预算编制工作，确保预算编制不偏离医院的运营目标和发展战略规划。规模较大的医院需要通过编制预算大纲来指导预算编报工作，规模较小的医院可以从简，但也需要在相关文件中明确预算编制的内容。

制定预算编制大纲可以将年度预算目标、预算主题、编制要求、编制说明等内容形成文档，在召开预算编制工作会议上，以文件形式下发，明确各职能科室预算管理责任，便于编制工作的顺利开展。预算编制大纲要简明扼要、内容完整，体现较强的指导性和操作性。

一、预算编制前相关材料收集

为确保预算编制的科学性、合理性，医院要对预算编制相关的法律法规、政策文件、规章制度、业务报表、财务报表等资料进行学习、汇总，并作为预算编制的依据。这些政策、文件整理后可作为预算编制大纲的附件。

（一）熟悉政策法规

要掌握国家有关法律法规、政策文件、相关规定，特别是与医改密切相关的政策，如医保、医药、物价、分级诊疗等，需要及时领会和把握政策精神。

（二）制定医院发展战略

医院的发展战略和近期目标及下年度工作计划，特别是预算年度重大运营事项，都是预算编制的主要依据。

（三）业务和财务数据

最好提供近三年的业务和财务数据，以便寻找其变化规律。业务数据如门急诊人次、出院人次、手术例数（分手术等级）、平均住院日、均次费用、药占比等；成本控制数据，如人力成本、卫生材料成本、动力成本等。

（四）各责任中心工作计划

对各责任中心下年度具体工作计划进行分析，以测算其对业务数据和财务数据的影响。

（五）同行分析

对周边地区的同类型医院进行分析，分析医院的竞争优势和劣势，这是考虑医院市场占有率变化的重要依据。

二、预算编制大纲的主要内容

预算编制大纲一般由编制目的和指导思想、组织领导、运营目标及重大运营事项、预算编制的内容和时间要求、预算编制时间进度、预算编制责任和质量要求等部分组成，其主要内容如下：

（一）编制目的和指导思想

阐述预算编制的目的、医院年度运营方针、预算编制的指导思想等，引导全体员工参与预算编制工作。

（二）组织领导

明确预算编制工作的组织领导、各责任中心和责任人。目的是为了明确责任、落实分工，便于协调工作。

（三）运营目标及重大运营事项

预算编制大纲要体现医院的运营目标和战略规划，充分考虑医院当前的运营状况，以及为达到预算年度运营目标，需要对当前运营活动的优化和调整。要考虑预算年度医院运营目标及重大运营事项对预算的影响等。

（四）预算编制内容和时间要求

对各科室预算编制的主要内容提出指导意见，并详细说明预算编制的具体方法和要求，包括各预算科室需要编制的预算表格样式。对各科室编制预算的完成时间作出要求，对有前后衔接关系的预算表格安排好衔接，避免上游表格耽误下游表格的编制。

（五）预算编制时间进度

（六）预算编制责任和质量要求

对各科室预算编制的责任、编制质量、相互需要协调和配合的内容作出规定。预算编制大纲要明确分工、落实权责，确保各预算编制科室能按照预算编制大纲的要求保质、按时完成预算编制任务。

编制完成预算大纲后，医院要专题召开会议，布置下一年度预算编制工作。同时，预算管理办公室应对各职能科室负责人和具体的预算编制人员进行业务培训，介绍预算编制大纲的主要内容。各职能科室在拿到预算编制大纲后，对医院预算编制的指导思想、内容、指标都清晰明了，有利于顺利开展预算编制工作。

三、预算编制大纲范例

某医院是一所三级甲等综合性医院，在职职工 5000 余人，编制床位 3200 张，实际开放床位 3000 张。2019 年预计门急诊数约 300 万人次，出院数约 10 万人次，年总收入约 40 亿元。医院规模大、科室多，为确保年度预算工作的顺利完成，某医院在布置预算编制工作时，由预算管理办公室下发预算编制大纲到相关职能科室，以便于规范预算编制格式与汇总数据。

××医院 2020 年度预算编制大纲

（一）总则

根据医院《全面预算管理制度》的相关规定和工作计划安排，医院定于 2019 年 8 月 1 日到 9 月 30 日开展 2020 年度全面预算编制和申报工作。为确保预算编制与申报工作的顺利进行，特将 2020 年预算编制大纲下发给你们，望各职能科室按照本大纲的要求，在规定的时间内保质、保量地将本科室 2020 年预算编制草案上报预算管理办公室。

1. 医院运营环境。医院发展战略规划、运营目标、医疗、科研、教学工作基本情况等。

2. 医院预算编制主题。根据医院发展战略规划和下年度主要任务，确定 2020 年度预算管理主题为：增加住院工作量、控制人员经费和卫生材料成本费用。各职能科室要紧紧围绕这一主题开展预算编制工作。

3. 预算编制的原则。各科室编制预算时必须遵循以下原则：

（1）目标性原则。各科室以确保完成医院制定的 2020 年运营目标为出发点，围绕本预算编制大纲下达的预算目标，分析、测算完成预算目标的有利和不利因素，编制积极的预算草案。

（2）可行性原则。各科室申报的预算指标要切实可行，编制时既要实现医院总体运营目标，又要符合本科室实际情况的年度预算。

（3）完整性原则。各科室将归口管理范围内的所有收支完整、全面地反映在年度预算内，做到不重不漏。

（4）统筹兼顾原则。预算编制要合理安排各项资金支出，分清各项支出的轻重缓急，统筹安排。

4. 预算编制的依据。国家有关方针政策、医疗市场发展趋势、医院发展战略、运营计划、运营目标、基本建设等重大事项安排、本年度实际运营状况和变化因素、其他影响预算编制的因素。

（二）预算编制组织领导

全面预算编制由预算管理委员会组织领导，具体协调工作由预算管理办公室负责。预算草案均以各责任中心进行编制和申报，各责任中心负责人为编制预算的第一责任人，最终归口到各相关职能科室，由财务科进行数据汇总。

（三）历史数据分析

采集近三年来的财务和业务数据，通过数据分析，可以看出医疗业务量呈现上升趋势，但成本费用也呈现上升趋势。

（四）年度预算目标

经医院党委会议研究决定，2020 年度医院预算目标如下：门急诊人次××万人次，住院人次××万人次、医疗收入××亿元、医疗支出××亿元、总资产收益率××%。

（五）预算编制内容

年度预算编制内容主要有以下两个方面：

1. 预算编制表格。资产负债预算表、主要经济指标预算表。

2. 预算编制方案说明书。说明书是对预算表格的补充说明，是年度预算编制的重要组成部分。主要内容包括：上年度情况总结，预算年度各责任中心构成；预算年度管理主题；预算指标编制说明（如收入、成本、投资等预算指标，并与上年度实际数比较）；可能影响预算指标完成的关键因素；完成预算目标的具体措施和建议。

（六）2020 年度预算编制要求

各职能科室编制的预算要符合以下编制要求：

1. 内容要求。数据准确，有依据，勾稽关系明确。

2. 格式要求。预算编制说明书用 WORD 格式编辑，预算表格用 EXCEL 格式作附件报送。

3. 时间要求。2019 年 8 月 1 日，医院启动 2020 年度预算编制工作；8 月 15 日前，各职能科室向预算管理办公室报送预算方案完整稿；8 月 31 日前预算管理办公室组织有关科室完成预算方案的审查工作，并将审查修改意见反馈到各科室，双方沟通协调，直至达到预算管理目标；9 月 15 日前，预算管理委员会审定 2020 年度预算方案；9 月 30 日前，预算管理委员会将预算汇总草案上报医院党委会议审议；预算方案经同级财政部门批准下达后，预算管理委员会将经医院党委会议批准的预算分解方案下达给各职能科室执行。

（七）联系人

预算管理办公室联系人：

电话：

邮箱：

各职能科室以书面形式上报预算方案，并通过电子邮件发送电子文档。

第四章　全面预算编制

预算管理目标要通过预算编制予以具体化和数量化。预算编制质量直接影响预算执行率，进而影响医院年度运营目标的实现。因此，预算编制是全面预算管理的基础和关键环节，在整个全面预算管理过程中发挥着举足轻重的作用。

第一节　全面预算编制概述

全面预算编制首先要根据医院财务制度的相关规定确定预算编制的原则与要求，再结合医院的组织架构、预算管理的组织形式等选择合适的预算编制方法。医院应建立和完善预算编制工作制度，明确编制依据、编制内容、编制程序和编制方法，确保预算编制依据合理、内容全面、程序规范、方法科学。

一、全面预算编制的原则

医院预算编制是有意识地确定和规范运营活动的计划行为，一般应遵循以下原则，如图 4－1 所示。

（一）统一领导，分级管理

预算编制在医院党委领导下，由预算管理委员会统一领导，由预算管理办公室负责组织实施，由各职能科室具体负责编制。

（二）依法理财，真实完整

预算编制要符合国家法律法规，贯彻国家的有关方针政策和经济社会发展规划，做到收支测算准确完整，预算安排真实合法。医院应实行全面预算，所有经济事项均须纳入预算管理。对每一笔收支项目的数据指标应认真测算，力求做到各项数据真实准确。机构、编制、人员、资产等基础数据资料要按照实际情况填报，测算时要有真实、可靠的依据，不能凭主观臆断或人为提高开支标准编制预算。

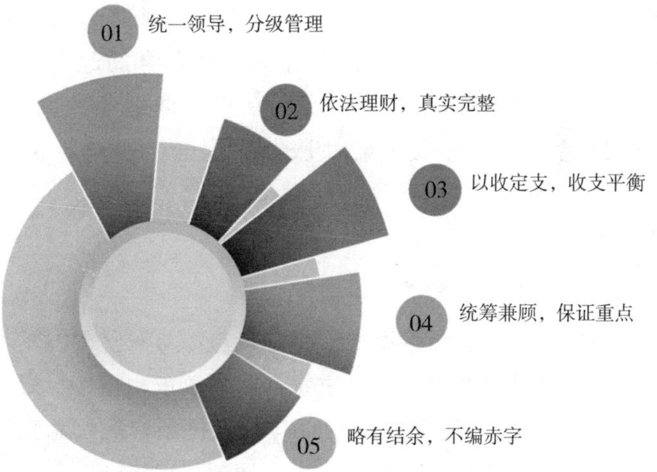

图 4－1　全面预算编制原则

（三）以收定支，收支平衡

坚持“量入为出、勤俭节约、收支平衡”的预算编制原则。医院支出应当以可靠的收入来源和规模做保证，预算收入与支出之间在一定时期内应实现等量关系，收支相等或略有结余。

在新形势下，医院应秉持勤俭节约的理念，充分考虑现有的医疗资源，降低不必要的病人就医成本，杜绝浪费；严格按照中央“八项规定”的要求控制公务接待等相关成本费用。

（四）统筹兼顾，保证重点

医院承担基本医疗和公共卫生以及教学、科研等各项任务，在安排支出预算时，应统筹考虑、重点保障。应根据预计的收入，合理安排支出，量入为出，量力而行。根据重要性原则，优先保证刚性支出，再安排资本性支出；要先重点、急需项目，后一般项目。

（五）略有结余，不编赤字

公立医院的性质是非营利性的，因此，预算编制不能以利润为出发点，但可以以收支结余作为全面预算的起点。全面预算的编制要统筹兼顾、综合平衡，在积极调配各种卫生资源，为社会提供更多更好的公益性服务的同时，遵循经济、节约原则，合理预计支出项目，尽量做到略有结余，不搞赤字预算。

二、全面预算编制的要求

全面预算编制要领导重视、全员参与，与医院的发展水平相适应，与同级财政部门、上级主管部门的政策相衔接，形成“上下一盘棋”。预算编制要体现约束与激励机制，医院总预算确定后，需分解落实到各职能科室，充分调动其积极性。

（一）需与医院发展战略相结合

战略目标是医院的长远发展规划，也是医院发展的纲领性文件，其他事项包括预算在内应当服从和服务于战略目标。

全面预算管理的规划，是实施年度预算目标的最好手段。年度目标只有与长远目标相结合，才能符合医院的发展方向，才能分阶段、有步骤地促进医院实现战略目标。

（二）需与医院的实际情况相适应

编制全面预算应坚持可持续发展的指导思想，结合医院实际，做到切实可行，适当留有余地。

预算编制的内容需与各科室的业务活动相一致，预算管理水平需与各职能科室的业务活动规模相一致，保证责权利对等。

（三）需明确财务计划目标，相互之间应协调一致

医院应明确预算编制的目的，并转化为财务指标，配置投入资源，需要平衡财务结果，协调各方面的差异。

（四）需充分发挥各职能科室的积极性

三、全面预算编制的依据

预算编制要和医院全面预算管理的基础环节和关键环节相结合，在预算编制前，需要对国家政策、医院总体规划和发展战略目标、医院年度发展计划、以前年度全面预算执行情况等进行分析。

（一）国家政策

预算的编制首先要符合国家《预算法》及其他法律法规，充分体现国家有关方针政策，并在法律赋予医院的职能范围内编制。具体来说，一是收入要合法、合规；二是各项支出要遵守国家的现行政策、财经法规和财务规章制度；对预算年度内收支增减因素的预测要充分体现与国民经济和社会发展计划的一致性；要与医院经济增长速度相匹配。支出安排要体现厉行节约、反对浪费、勤俭办事的方针，人员经费支出要严格执行国家工资和社会保障的有关政策、规定及开支标准。

（二）医院总体规划和发展战略目标

一般来说，先有战略，再做预算。编制全面预算应当坚持以医院的总体战略规划为导向，分析判断市场形势和政策走向，科学预测医院年度运营目标，合理配置内部资源，实行总量平衡和控制。全面预算必须以战略规划为起点，指导和合理分配资源，以达成战略目标的延续性。

（三）医院年度发展战略

医院应根据发展战略规划，将中长期目标转化为短期目标，

分期执行与考核。医院应根据既定的战略目标和市场变化，在现有的资源条件下制定年度计划。预算是年度计划的具体化，是年度运营计划的落实，是以货币形式反映的计划。因此，年度发展计划是医院年度预算编制的重要依据。

（四）以前年度全面预算执行情况

医院在编制预算时，应对以前年度预算执行情况进行全面分析。医院预算编制也要分析借鉴以前年度预算执行情况，从中找出差异形成的原因，避免在编制新一年度预算时出现同样的错误判断，而导致预算执行偏差。

第二节　全面预算编制的方法和程序

预算编制是全面预算的一个重要环节，它涉及医院的各个科室和层面。预算编制方法的选择对全面预算编制的准确性起着至关重要的作用。如果预算编制不准确或准确度不高，都将导致医院资源配置的扭曲或不合理，使医院整个运营活动失调，继而引发内部控制失败和考核失真。因此，医院要选择合适的预算编制方法，使编制的预算更贴近实际，更具有可操作性。

预算编制程序即为预算编制的步骤，一般分为测算预算目标、提出预算草案两个步骤。因其编制科室的不同而采取不同形式的程序。

一、全面预算的编制方法

医院在编制预算时，应根据本单位实际，充分考虑各种预算编制方法的特点，选择适合本单位的预算编制方法。

常用的预算编制方法主要有：固定预算法、弹性预算法、变动预算法、标准费用预算法、增量预算法、零基预算法、定期预算法、滚动预算法、作业预算法等，各种方法有其适用范围。医院选择正确的预算编制方法，不仅可以有效提高预算编制的效率，还可以提高预算编制的准确性和合理性。

（一）预算编制的主要方法

预算编制以年度运营计划为导向，层层分解、细化成具体业务活动。财务人员在预算汇总编制过程中，根据不同项目的业务特点，选取合适的预算编制方法。在实际工作中，同一预算项目可以使用多种预算编制方法，同一预算方法也可以运用于不同的预算项目。

1. 零基预算法。指以零为基础编制的计划和预算。其不受前期实际执行结果和以往某些预算框架的约束，可以根据医院需要对项目进行重新评价，避免原来不合理的费用开支对费用预算编制的影响。因此，能够充分、合理、有效地配置资源，减少资源浪费，且有利于医院长期、中期和短期目标的有机结合。

零基预算法的优点：一是参与性强；二是方案评估充分；三是计划、目标明确；四是有利于增强管理人员的投入产出意识；五是可以提高预算的有效性。

零基预算法的缺点：一是没有考虑历史发生事项的必要性或经验；二是编制工作量大、编制周期长；三是编制成本过高。

2. 弹性预算法。是对固定预算进行改进的一种方法，在按成本习性分类的基础上，根据量、本、利之间的依存关系编制预算。

弹性预算法的优点：考虑了预算期可能出现的不同业务量水平，更贴近医院的运营管理实际。

弹性预算法的缺点：一是预算编制工作量大；二是对市场及其变动趋势预测的准确性、预算项目与业务量之间依存关系的判断准确性等，会对弹性预算的合理性造成较大影响。

3. 作业预算法。是建立在作业成本计算基础上的一种预算编制方法。它在理解作业和成本上升动因的基础上，对未来时期的作业量和资源需要量进行预测，确定每一项作业所发生的成本，并运用该信息在预算中预测每一项作业所允许的资源耗费量，以此来编制预算。编制作业预算一般按照确定作业需求量、确定资源费用需求量、平衡资源费用需求量与供给量、审核最终预算等程序来进行。

作业预算法的优点：预算因果关系明确，医院的资源配置更加有效，容易发现无效或低效的作业。

作业预算法的缺点：划分作业项目复杂，需要专业的作业成本会计参与和支持。

4. 常用的预算编制方法比较（见表4-1）。

表4-1的几种预算编制方法各有其优缺点，也有其不同的适用范围，医院财务人员在编制预算时，一定要有针对性地选用合适的方法。

表4-1　　常用的预算编制方法比较

编制方法	编制依据	方法概述	适用范围
固定预算法	以业务量为基础的数量特征	是指以预算期内正常的、最可能实现的某一业务量水平为固定基础，不考虑可能发生变动的预算编制方法	适用于预计预算期业务量变化不大的项目，或与业务量关系不大的预算项目
弹性预算法		是指业务量与预算项目之间存在数量依存关系时，分别确定不同业务量及其相应预算项目所消耗资源的预算编制方法	适用于与业务量有关的预算编制，主要用于成本费用预算
变动预算法		依据相关业务发生的费用与业务量之间的关系，确定其表达式，计算确定各项费用的方法	适用于与当期业务量成一定比例关系的费用，如卫生材料费、药品费等
标准费用预算法		根据医院设定的预算标准编制预算的方法	适用于设定了预算标准的支出项目。预算标准大致可分为定员标准、定次标准、定额标准、定比标准

续表

编制方法	编制依据	方法概述	适用范围
增量预算法	以预算编制出发点为基础的特征	是指以历史期实际经济活动及其预算为基础，结合预算期经济活动及相关影响因素的变动情况，通过调整历史期经济活动项目及金额形成的预算编制方法	适用于比较稳定的预算编制
零基预算法		是指不以历史期经济活动及其预算为基础，以零为起点，从实际需要出发分析预算期经济活动的合理性，经综合平衡，形成预算的编制方法	零基预算是医院精细化管理的手段。但是，零基预算对一切支出均以零为起点进行分析研究，确定预算金额。预算编制工作量较大，一般适用于不经常发生或者预算编制基础变化较大的项目及资本性支出
定期预算法	以预算期的时间特征	以固定不变的会计期间作为预算期编制预算的方法	年度预算
滚动预算法		根据上一期预算执行情况和新的预测结果，按既定的预算编制周期和滚动频率，对原有的预算方案进行调整和补充，逐期滚动，持续推进的预算编制方法	季度预算或月度预算
作业预算法	以作业流程为基础的特征	是指基于“作业消耗资源、产出消耗作业”的原理，以作业管理为基础的预算管理方法	适用于具有作业类型较多，且作业链较长、管理层对预算编制的准确性要求较高、生产过程多样化程度较高，以及间接或辅助资源费用所占比重较大等特点的单位

二、全面预算编制程序

全面预算编制程序是指财务收支计划的制定过程，是制定财务收支计划的步骤。

（一）设计全面预算编制程序

医院在设计全面预算编制程序时，对于一些会影响到预算管理是否有效实施的问题必须充分加以考虑。

1. 全局思维。预算编制程序设计不能局限于预算编制本身，即不能为了编制预算而编预算，应着眼于医院全局，从放大全面预算的高度来设计预算的编制程序，把医院发展战略、绩效管理等相关的管理方法一并考虑进去，并与之有效衔接。

2. 有利于执行。在设计预算编制程序时，不能只考虑如何高效地编制预算，而应考虑预算编制完成后如何更有效地执行预算。预算编制是为执行服务的，如果编制时不考虑执行或考虑不充分，将会使预算编制工作变成数字游戏。

3. 结果考核。当前国家层面对预算绩效考核越来越重视，频频推行新政。医院在全面预算编制时，也要考虑执行的考核指标，与考核指标衔接匹配，突出结果导向，重点考核实绩。要立足多维视角和多元数据，依托各种财务分析方法，对预算编制程序进行精心设计。

（二）全面预算编制的形式

医院全面预算按照分级编制、逐级汇总的方式，可采用自上而下、自下而上和上下结合的预算编制形式。

1. 自上而下式。预算编制程序从上而下，由预算管理委员会制定下一年度的预算目标，预算编制以此为起点。预算编制程序的主要特点是权力集中于医院管理层，是一种集权式管理模式，它能保证预算目标符合医院发展战略，但不利于发挥相关科室的主观能动性。

2. 自下而上式。预算编制程序从下往上，由预算管理委员会提出下一年度预算目标建议，各业务科室根据自身情况及市场预测提出科室目标，医院将各科室目标进行汇总，与总预算目标进行核对和修正。这种预算编制程序的主要特点是将大部分权力下放给各科室，也可以说是一种分权管理，能发挥各科室的主观能动性。

3. 上下结合式。具体流程如图 4－2 所示。前两种程序，分别对应集权和分权两种管理模式，事实上只有医院管理者和医务人员相互配合才是最好的状态。而上下结合式预算编制程序既能保证年度预算目标的实现，又能调动全院积极性，只有全院“上下一盘棋”，才能保证预算编制的质量。因此，上下结合式是医院内部精细化管理的首选。

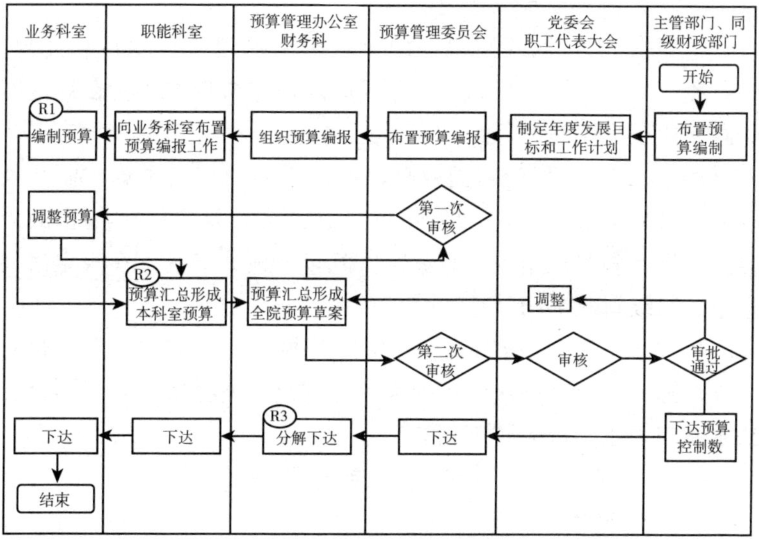

图 4－2 上下结合式预算编制程序

（三）医院预算编制程序

根据《中华人民共和国预算法》及其实施条例、各地政府部门关于预算工作的相关规定及同级财政部门的要求，医院预算编制实行“二上二下”的程序。

1. “一上”。指医院按照年度预算编制要求，根据发展规划、年度工作目标和重点，编制年度预算建议计划报送同级财政部门，同时报送人员、资产等基础数据和项目支出安排依据等情况。医院上报年度预算建议计划需提供以下材料：

（1）医院预算建议计划；

（2）医院收支预算建议编制说明；

（3）科室预算项目申报书；

（4）预算项目可行性论证、立项报告及批复；

（5）同级财政部门对医院人员编制的预算批复；

（6）医院在职人员及离休人员工资册；

（7）其他需要提供的材料。

2. “一下”。同级财政部门审核医院报送的年度预算计划，综合考虑财力可能，汇总平衡形成医院预算初步方案，在规定时间内下达预算控制数。

3. “二上”。医院对同级财政部门下达的部门预算控制数及有关项目内容，及时进行复核、校对，对需要变换和更正的内容，提供必要的说明，汇总编制医院年度预算草案，在规定时间内报送同级财政部门。

4. “二下”。同级财政部门对医院报送的年度预算草案进行审核汇总，并提交同级人民代表大会审议；人大审议批准后，在法定时间内批复医院年度预算。

（四）医院及下属科室预算编制程序

医院及下属科室预算编制同样实行“二上二下”的工作程序。

1. “一上”：下达目标，编制上报。预算管理委员会根据医院发展战略和资源配置情况，提出下一年度总体预算目标，确定预算编制总方针。

（1）预算管理办公室结合同级财政部门、上级主管部门对预算编制的规定、公立医院改革相关要求等，整理预算编制指标，提出预算编制要求，部署医院预算编制任务，下达到各科室。

（2）各科室参照医院预算编制指标和科室实际，提出预算指标编制和科室年度预算。预算编制完成后，报归口职能科室，各职能科室审核后编制本科室分预算，并报医院预算管理办公室。

（3）医院预算管理办公室对分预算进行收集、分类、汇总，按照医院发展计划和财务状况等编制总预算，报医院预算管理委员会审议。

2. “一下”：审查平衡，下达控制。医院预算管理委员会根据相关政策规定、医院发展规划等对所申报的年度预算逐项审核、讨论、综合平衡，审核完成后下达调整意见给预算编制职能科室。

3. “二上”：预算调整、编报确认。各预算编制科室进行分预算调整，调整完成后再次报职能科室汇总、审核，再报预算管理办公室；预算管理办公室审核通过后，报预算管理委员会。

4. “二下”：审议批准，下达执行。预算管理委员会审议通过预算草案并报医院党委会议批准后下达到预算管理办公室；预算管理办公室再将预算草案报上级主管部门和同级财政部门审批，审批通过后，预算管理办公室将正式预算及时分解、下达到各职能科室。

第三节　全面预算编制的内容

全面预算编制是对医院内部相关科室各种财务及非财务资源进行分配，以便有效地组织和协调医院的运营活动，完成既定的运营管理目标。医院财务预算是在预测和决策的基础上，围绕医院发展战略目标，对一定时期内资金取得和投放、各项收入和支出、运营成果及其分配等资金活动所做的具体安排。

一、全面预算编制的业务内容

医院全面预算按编制内容可分为业务预算、资本预算和财务预算，如图 4－3 所示。

图 4－3　全面预算编制的业务内容

业务预算、资本预算是为了保证医院年度运营目标的顺利实现；财务预算是业务预算和资本预算的最终表现，如图 4－4 所示。

（一）业务预算

业务预算是反映预算期内医院开展日常运营活动的预算，是为规划和控制未来时期医疗服务等经常性业务活动以及与此相关的各项收入和成本而编制的预算。业务预算包括收入预算与支出预算。

1. 收入预算。是指预算期内按照营业预算测定的业务量与价格相乘预测医院实现的业务收入。其他收入根据历史水平及预算期内政策因素进行预测。收入预算一般包括事业收入预算、财政补助收入预算、科教项目收入预算、其他收入预算。

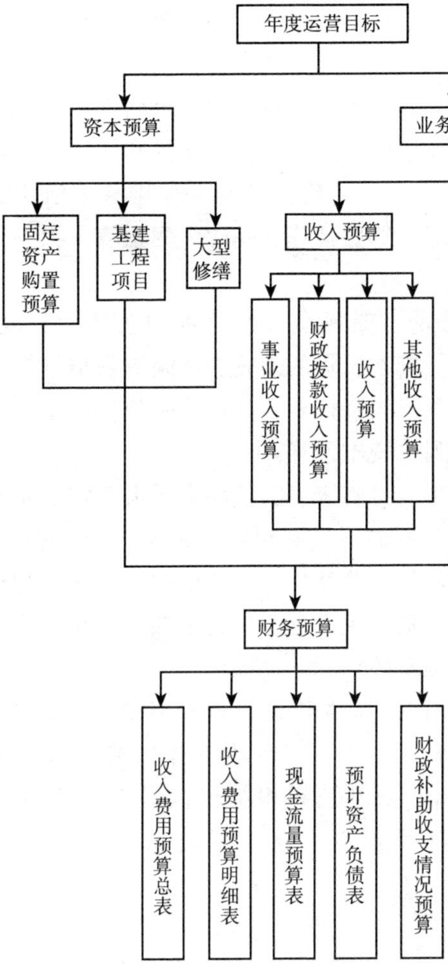

图 4－4　全面预算内容体系

2. 支出预算。是医院对预算期内为了实现运营而在人力、物力、财力等方面支付必要成本的预算，主要依据医院有关定额、费用标准、物价水平、上年实际执行情况等资料编制。支出预算一般包括医疗业务支出预算、财政项目补助支出预算、科教项目支出预算、管理费用预算、其他支出预算等。

（二）资本预算

资本预算是医院在预算期内进行资本性投资活动的预算，是不经常发生的、一次性投入的业务预算，是选择和评价长期资本投资活动（如固定资产构建、扩建）的相关原则和方法步骤的预算。其主要包括固定资产购置预算、基建工程预算、大型修缮预算等。

1. 固定资产投资预算。是医院在预算期内为购建、改建、扩建、更新固定资产进行资本投资的预算。医院应当根据有关投资决策资料和年度固定资产投资计划编制；医院处置固定资产所引起的现金流入，也应列入资本预算。

固定资产购置预算主要是临床、医技科室所需医疗设备和其他设备的购置预算。医院各职能科室没有固定资产购买决定权，但拥有固定资产购买建议权和监督权，一般由医院临床工程科汇总各科室设备需求信息，报医院设备委员会审核，提交院党委会议审批同意后，再纳入资本预算。

2. 专项拨款预算。国家基本建设投资和财政政策性拨款，应当根据有关部门批准的文件、调整政策等相关资料，单独编制预算。基建工程预算由基建科根据医院总体建设规划的要求编制；零星改造项目预算由基建科或总务科具体负责实施。

（三）财务预算

财务预算是在预测和决策的基础上，围绕医院战略发展目标，对一定时期内资金的取得和投放、各项收入和支出、运营成果及其分配等资金运作所做的具体安排。医院各项运营预算和资本预算综合汇总形成财务预算，用来揭示和反映预算期内的财务状况、运营成果和现金流量。财务预算主要包括现金流量预算表、预计资产负债表、收入费用预算总表、收入费用预算明细表、财政补助收支情况预算表等。

1. 现金流量预算表。是按照现金流量表主要项目内容编制的反映医院预算期内现金收支及其结果的预算。它以业务预算、资本预算和筹资预算为基础，是其他有关现金收支预算的汇总，主要作为医院资金调控管理的依据。

2. 预计资产负债表。是按照资产负债表的内容和格式编制，综合反映医院预算执行期末财务状况的报表。一般根据医院预算期初实际发生的资产负债表和运营预算、采购预算、资本预算、筹资预算等有关资料分析编制。

3. 收入费用预算明细表。是按照收入费用表的内容和格式编制，反映医院在预算执行期内收支余额的报表。一般根据运营收入预算、运营成本预算、其他专项预算等有关资料分析编制。

二、全面预算编制报表体系

全面预算管理报表是利用会计信息反映医院资源配置过程、预算目标，是按预算指标汇总编制内容，如业务预算、资本预算、财务预算等都需要以报表形式呈现。医院预算编制报表一般采用四级报表模式。

（一）一级、二级报表

一级报表是在预测和决策的基础上，围绕医院发展战略目标，对预算期内的业务收入、业务支出、资本性支出等资金活动和财务状况所做的总体安排。

二级报表是一级报表数据的明细和补充。一级和二级报表格式由同级财政部门确定，是医院对外报送的主要报表，具有刚性（见表4－2）。

表 4－2　　医院一级、二级预算报表目录

目录		
编号	表格级次	
表 01	一级表格	各省级单位收支预算总表
表 02		省级单位收入预算总表
表 03		省级单位支出预算总表
表 04		省级单位财政拨款收支预算表
表 05		省级单位一般公共预算支出预算表
表 06		省级单位一般公共预算基本支出表
表 07		省级单位一般公共预算“三公”经费表
表 08		省级单位政府性基金预算表
附表 01	二级表格	省级单位支出预算分来源安排总表
附表 02－1、2		省级单位人员支出预算表
附表 03－1、2		省级单位日常公用支出预算表
附表 04		省级单位项目支出预算表
附表 05		省级单位一般公共预算支出预算表
附表 06		省级单位政府性基金预算表
附表 07		省级单位专户资金预算支出表
附表 08		省级单位政府非税收入计划表
附表 09		省级单位政府采购预算表
附表 10		政府购买服务预算表
附表 11		省级行政事业单位基础资料表
附表 12		专项转移支付资金预算表
附表 13－1、2		省级单位项目绩效目标表

（二）三级、四级报表

三级、四级报表是生成一级和二级报表的具体测算过程，如收入测算表、人员经费测算表等，反映医院在预算期内日常运营活动的具体安排。三级、四级报表是为了满足医院管理的需要，

对事业收入、成本费用、资本性支出等管理重点进行细化。预算执行主体细化到哪一级，预算报表就细化到哪一级。因此，可能三级报表细化到四级报表，四级报表可能再细化到五级报表。如各临床科室收入报表就是四级报表，汇总后形成三级报表，即收入测算表。这些报表描述了预算执行主体的运营状况，促成年度预算目标的实现，也是全面预算和财务预算的差别所在（见表4－3至表4－7）。

表4－3　　医院三级、四级预算报表目录

目录		
编号	表格级次	
表01	三级表格	收入测算表
表02		人员经费支出测算表
表03		卫生材料费测算表
表04		药品费测算表
表05		其他公用经费测算表
表06		专项经费测算表
表01附表01－1	四级表格	临床科室医疗收入测算表
表01附表01－2		其他收入测算表
表02附表02－1		人员变动情况表
表02附表02－2		新增人员计划表
表02附表02－3		工资增加情况表
表02附表02－4		社会保险缴费测算表
表05附表05－1		“三公经费”测算表
表05附表05－2		能源支出测算表
表06附表06－1		医疗设备购置计划表
表06附表06－2		房屋及设备维修、保修计划表
表06附表06－3		网络信息化支出计划表
表06附表06－4		基建项目支出计划表

举例说明：表4－3中的专项经费测算表（表06）是三级报表，该报表汇总医院专项支出预算，如医疗设备购置预算、基建项目预算、维修项目预算、网络信息化预算等，是业务支出以外的资本性支出。由于项目金额一般较大，会对医院预算期工作内容、财务支出造成非常大的影响，因此，是一张重要的预算报表。

专项经费测算表（表06）作为一张汇总报表，需要以具体测算数据为支撑。如报表中反映医疗设备购置预算具体测算过程如下：

1. 医疗设备（10万元以上）购置申请论证表。各科室根据预算年度工作计划填报医疗设备（10万元以上）购置申请论证表（见表4－4）。

表4－4　　医疗设备（10万元以上）购置申请论证

<table>
<tr><td>申请科室</td><td colspan="3"></td><td colspan="2">申请人：</td></tr>
<tr><td>设备名称</td><td>数量</td><td>推荐规格型号</td><td>经销厂家</td><td>估价
（万元）</td><td>估价
（万美元）</td></tr>
<tr><td rowspan="2"></td><td rowspan="2"></td><td></td><td></td><td rowspan="2" colspan="2"></td></tr>
<tr><td></td><td></td></tr>
<tr><td colspan="6">本科室现有同类设备　　台。每台设备的使用情况（使用率，完好率，经济效益等）：</td></tr>
<tr><td colspan="6">申购医疗设备在医院医疗、教学、科研工作中发挥的作用：</td></tr>
<tr><td colspan="6">申购医疗设备使用年限、经济效益预测：
1. 使用年限：　　年
2. 每周使用：　　小时或月工作量：　　检测数（人次数）
3. 收费标准：　　元，年业务收入：　　元
4. 年维修（保修等），消耗费用估计：　　元</td></tr>
<tr><td colspan="6">所需配套条件：
1. 零配件，消耗品能否保证供应：
2. 有何特殊要求：</td></tr>
</table>

续表

<table>
<tr><td colspan="2">推荐医疗设备技术、经济比较（建议两家以上）：</td></tr>
<tr><td colspan="2">收费项目名称及收费价格（涉及）：</td></tr>
<tr><td colspan="2">科室负责人签字：</td></tr>
<tr><td rowspan="4">审批意见</td><td>临床工程科意见：
签字： 年 月 日</td></tr>
<tr><td>财务科意见：
签字： 年 月 日</td></tr>
<tr><td>医疗设备管理委员会意见：
签字： 年 月 日</td></tr>
<tr><td>院党委会审批意见：
签字： 年 月 日</td></tr>
</table>

2. 医疗设备购置计划明细表。各科室根据审批通过的医疗设备（10 万元以上）购置申请论证表，填报本科室医疗设备购置计划明细表（见表 4－5）。

表 4－5　　××科室医疗设备购置计划明细

序号	医疗设备名称	规格型号	数量	单价	总价	请购理由
1						
2						
3						
……						
合计						

3. 汇总医疗设备购置计划表。采购中心根据各科室申报的医疗设备购置计划明细表，汇总填写医疗设备购置计划表（表 06 附表 06－1，见表 4－6）。

表 4 – 6　　医疗设备购置计划

科室	医疗设备名称	单价	总价	请购理由	备注
放射科					
检验科					
产科					
……					
合计					

4. 专项经费测算表。财务科将采购中心汇总上报的医疗设备购置计划，填报到专项经费测算表（表 06，见表 4 – 7）。

表 4 – 7　　专项经费测算

序号	项目名称	2019 年 1—6 月	2019 年 预算	2020 年 预算
一、	设备购置			
（一）	医疗设备项目			
（二）	其他设备项目			
二、	基本建设			
（一）	工程项目			
1	新增 CT 工程			
2	……			
（二）	房屋修缮项目			
1	辅助综合楼改造			
2	……			
三、	网络信息化			
1	软件开发			
2	……			
合计				

综上所述，医院购置医疗设备（10 万元以上）申请论证表相当于六级报表，科室购置医疗设备计划明细表相当于五级报表；医疗设备购置计划表（表 06 附表 06 - 1）是四级报表；每个专项经费项目层层汇总，最终形成三级报表，即专项经费测算表（表 06）。

三、全面预算编制

医院应根据上级主管部门和财务制度的相关规定，分别编制收入预算、支出预算、资本预算、现金流量预算等。

（一）收入预算编制

收入是指报告期内有可能导致政府会计主体净资产增加、含有服务潜力或者经济利益的经济资源的流入。包括事业收入、财政拨款收入、上级补助收入、经营收入和其他收入等。其中：事业收入包含医疗业务收入和科教收入。医院收入预算应根据收入类型予以编制，包括医疗收入预算、财政拨款收入预算、科教收入预算和其他收入预算。医疗收入预算是医院的主要收入，一般占医院收入的 90% 以上，因此，收入预算是预算编制的起点。医院应按照国家有关预算编制的规定，在对以前年度预算执行情况进行全面分析的基础上，根据本年度事业发展计划以及预算年度收入的增减因素，经过测算后编制收入预算。收入预测的主要依据是对历史数据的分析，结合预算期内医疗设备投入、人员增加、新业务开展、技术引进、价格调整、竞争对手、市场变化等方面的情况进行综合分析评价后确定。

1. 医疗收入预算编制。医疗收入是医院开展医疗服务活动实现的收入，包括门急诊收入和住院收入。门急诊收入是指为门急诊病人提供医疗服务实现的收入，包括挂号收入、诊察收入、检查收入、化验收入、治疗收入、手术收入、卫生材料收入、药品收入、药事服务费收入、其他门急诊收入等。住院收入是指为住院病人提供医疗服务实现的收入，包括床位收入、诊察收入、检查收入、化验收入、治疗收入、手术收入、护理收入、卫生材料收入、药品收入、药事服务费收入、其他住院收入等。

（1）编制内容：医院参考上一年度及历年实际收入水平，结合预算年度事业发展和工作计划，考虑医疗资源增减变化、医疗收费标准调整等因素，合理预测收入。同时，医疗收入预算的编制还要分析各医疗服务项目的历史数据，考虑当年新开展的医疗服务项目、新增加或减少的门诊和病房工作量，预计全年门急诊人次和每门急诊人次收费水平测算门诊收入，预计可开放床位数和床位使用率，以及预计每床日收费水平测算住院收入。

（2）编制主体：医疗收入预算的编制主体为临床服务类科室，包括门急诊科室及住院科室。各临床科室需编制业务量预算、医疗收入预算。业务量预算是对下一年度门急诊人次和住院床日的分析预测，结合均次收费水平等分别预测门诊收入和住院收入，并上报医务科审核汇总。

（3）编制方法：医疗收入预算的计算公式：

医疗收入预算数 = 门急诊收入预算数 + 住院收入预算数

门急诊收入预算数 = 预计每门急诊人次收费水平
× 计划全年门急诊人次

住院收入预算数 = 预计全年开放床位 × 365 天
× 预计床位使用率
× 预计每床日收费水平

若要按明细项目测算，如门急诊收入、住院收入预算中的诊疗费、检查费、化验费、治疗费、手术费、护理费等，可以参照上述公式进行计算。

①均次费用预算。包括每门急诊人次收费水平和每出院人次医药费用两个指标，分别反映每一个门急诊和住院病人的费用水平，主要参考上年度收费水平确认预算基数。随着劳动用工成本

的增加，必然导致物价的上涨，也使卫生材料等医疗成本不断提高，进而导致医疗费用的增加。因此，医院可以用物价上涨指数作为确定人均费用上涨幅度的参考指标，同时也要考虑国家综合医药卫生体制改革对均次费用的控制要求。

②业务量预算。业务量预算是预算编制的出发点，医院的各项运营活动都要围绕完成业务量预算任务来组织。医院可以根据以下原则来确定业务量：一是看过去三年的平均增长幅度，特别是上一年的增长幅度；二是结合医疗环境、医疗市场的变化及医药卫生体制改革未来的发展趋势；三是考虑医院的最大服务能力。

服务量确定的具体方法可参考医院历史最高水平、国内同行的平均水平、先进水平或利用定性预测的方法。无论采取何种方法，都必须全面考虑社会经济发展水平、患者需求动向、疾病谱的变化、同行业竞争等内外部因素对患者的影响。

［**例 4－1**］医院肝胆外科编制 2020 年科室门诊收入预算，该科室上一年度年门急诊收入及门急诊量等数据（见表 4－8）。

表 4－8　　2019 年 1—6 月肝胆外科门诊基本情况

年度	科室	门急诊业务量（人次）	门诊收入（元）	每门急诊人次收费水平（元）
2019 年 1—6 月	肝胆外科	27868	5237368	187.93

结合医疗市场变化趋势及该科室前三年的门急诊量情况、2019 年 1—6 月科室门急诊业务量，预测 2020 年门急诊业务量涨幅为 6%，预计每门急诊人次收费水平零增长，编制科室 2020 年门诊收入预算：

2020 年门诊业务量预算指标＝27868×2×（1＋6%）

＝59080（人次）

2020 年门诊收入预算数 $=59080\times187.93=11102904$（元）

（4）不同医保付费方式下的收入预算编制。

随着医保付费方式的改革，医院越来越需要明确各类支付方式下医保收入的预算工作，以便做好和各级医保部门的工作衔接。

①总额预算制。指医保部门根据医院的参保人数、年均接诊总人次、均次接诊费用水平，测算出年度统筹补偿控制总额，实行总额控制、包干使用、超支分担的支付方式。这种付费方式对医院有高度的控制权，医院一旦采纳这种方式，应在总预算额度内精打细算，控制过量医疗服务。

②单病种付费。指医保部门规定每一种疾病的定额偿付标准，按照该标准与住院人次向医院支付住院费用。按病种付费的特点是，医院的收入仅与每个病例及其诊断有关，而与治疗该病例所花费的实际成本无关。

③按人头付费。指医保部门规定门急诊统筹按人头付费，与医院按人次乘以核定的每门急诊人次收费水平结算门诊费用，根据医院提供门急诊服务的被保险人数，定期向医院支付一笔固定费用，医院不再另行收费。

2. 财政拨款收入预算编制。财政拨款收入预算编制需要充分考虑财政补助政策的变化情况、上级主管部门分配补助数额的计划指标及以前年度取得财政补助的数额，在对计划年度进行综合分析后合理预计。

（1）编制内容。财政拨款收入即医院按预算隶属关系从同级财政部门取得的各类财政拨款，包括基本支出补助收入和项目支出补助收入。基本支出补助收入是指事业单位医疗补助、综合医改补助、政策性亏损补贴、其他基本补助（如上缴房租收入、对外投资收益）等经常性补助收入；项目支出补助收入是指用于基本建设和设备购置、重点学科发展、承担政府公共卫生任务等的专项补助收入。医院编制财政补助收入主要关注财政补助政策的变化情况。

（2）编制主体。基本支出补助收入由财务科编制，项目支出补助收入由财务科协助项目申报科室编制。项目申报科室要详细说明项目的重要性及资金安排情况，以争取财政的经费支持。

3. 科教收入预算编制。科教补助收入预算的编制应考虑医院科研项目的申报和上级主管部门可能批复的情况，对计划年度科教收入预算进行分析后填制。

（1）编制内容。科教收入即医院取得的除财政补助收入以外专门用于科研、教学项目的补助收入。由于科教收入与医院教学、科研规模和科教项目的多少有关，所以科教项目收入由计划教学、科研项目可获得的资助和医院配套资金解决部分组成。医院在编制科研项目收入预算时要充分考虑上级主管部门对科研项目的批复情况。

（2）编制主体。科教收入由财务科协同项目申请科室（如科教科）编制，按照科研课题申报的具体项目填列。

4. 其他收入预算的编制。其他收入预算编制一般参考以前年度收入完成情况，根据增长比例进行测算。

（1）编制内容。其他收入主要指利息收入、食堂收入、进修培训收入、财产物资盘盈收入、捐赠收入、确实无法支付的应付款项等，医院可根据以前年度此项收入的完成情况、预算年度可能发生的服务项目分别计算后填列。

（2）编制主体。其他收入由财务科协助相关科室（如食堂、医务科、科教科等）在历年发生的实际数据基础上计算分析编报。

5. 收入预算编制说明。医疗收入预算、财政补助收入预算、科教项目收入预算和其他收入预算分别编制完成后，汇总形成收入预算编制说明（见表4－9）。

表 4－9　　某医院医疗收入预算编制说明

编制单位：　　　　　　　　　　　　　　　　单位：万元

编制项目	编制依据
医疗收入	
门诊收入	根据预算年度门急诊人次和预算年度每门急诊人次收费水平测算
其中：挂号收入	根据预算年度门急诊人次和预算年度平均挂号收费水平测算
诊察收入	根据预算年度门急诊人次和预算年度平均诊察收费水平测算
检查收入	根据预算年度门急诊人次和预算年度平均检查收费水平测算
化验收入	根据预算年度门急诊人次和预算年度平均化验收费水平测算
治疗收入	根据预算年度门急诊人次和预算年度平均治疗收费水平测算
手术收入	根据预算年度门急诊人次和预算年度平均手术收费水平测算
卫生材料收入	根据预算年度门急诊人次和预算年度平均卫生材料收费水平测算
药品收入	根据预算年度门急诊人次和预算年度平均药品收费水平测算
药事服务收入	根据预算年度门急诊人次和预算年度药事服务平均收费水平测算
其他门诊收入—体检收入	根据预算年度体检人次和预算年度平均体检收费水平测算
其他门诊收入—其他收入	根据其他门急诊不同服务项目定额测算
住院收入	根据预算年度病床预计占用日数和预算年度每出院人次医药费用测算

续表

编制项目	编制依据
其中：床位收入	根据预算年度病床预计占用日数和预算年度每床日收费水平测算
诊察收入	根据预算年度病床预计占用日数和预算年度每床日诊察收费水平测算
检查收入	根据预算年度病床预计占用日数和预算年度每床日检查收费水平测算
化验收入	根据预算年度病床预计占用日数和预算年度每床日化验收费水平测算
治疗收入	根据预算年度病床预计占用日数和预算年度每床日治疗收费水平测算
手术收入	根据预算年度病床预计占用日数和预算年度每床日手术收费水平测算
护理收入	根据预算年度病床预计占用日数和预算年度每床日护理收费水平测算
卫生材料收入	根据预算年度病床预计占用日数和预算年度每床日卫材收费水平测算
药品收入	根据预算年度病床预计占用日数和预算年度每床日药品收费水平测算
药事服务费收入	根据预算年度病床预计占用日数和预算年度每床日药事服务费水平测算
其他住院收入	根据其他住院不同服务项目定额测算
财政补助收入	根据预算年度上级财政部门核定的基本经费补助定额和专项补助测算
科教项目收入	根据预算年度科教项目开展情况及财政以外其他科室预计补助测算
其他收入	根据开展具体收入项目的不同内容和有关业务预算年度收入测算

（二）支出预算编制

医院支出预算应本着既要保证医院业务正常运行，又要合理、节约的原则编制。编制支出预算要考虑预算年度事业发展计划、工作任务、人员编制、开支定额和标准、物价上涨等因素。

医院的支出预算包括医疗业务成本预算、财政项目补助支出预算、科教项目支出预算、管理费用预算和其他支出预算。

1. 医疗业务成本预算编制。医疗业务成本预算编制包括人员经费、药品及卫生材料、固定资产折旧费、无形资产摊销费、提取医疗风险基金和其他费用等。

（1）编制内容。医疗业务成本是指医院在开展医疗服务及其辅助活动中发生的支出，包括人员经费、药品及卫生材料费、固定资产折旧费、无形资产摊销费、医疗风险基金和其他费用等。不包括财政补助收入和科教项目收入形成的固定资产折旧费和无形资产摊销费。

（2）编制主体。按照预算管理级次的要求，医疗业务支出可分为非归口支出和归口支出。非归口支出由临床服务科室、医疗技术科室、医疗辅助科室和行政管理科室等责任中心自行编制，再上报到相应的归口职能科室审核汇总；归口支出由各归口职能科室编制。

（3）编制方法。医疗业务成本预算编制方法包括增量预算法、标准费用预算法、弹性预算法、零基预算法等，在日常管理中按照具体情况进行选择。

①人员经费支出：人员经费支出先由各科室编报预算年度平均职工人数、增减人员情况表，再由人力资源科根据核定后的科室职工人数及人员经费标准来编报工资薪金支出预算。其中：人员经费标准可根据上年度医院平均工资水平、国家有关调整工资及工资性补贴的政策规定、预算年度医院绩效情况等计算编列。

医院工资薪金支出预算编制完成后，需根据国家相关社会保障缴费规定编报养老保险金、职业年金、失业保险金、住房公积金等。同时，根据国家规定的提取比例编报职工福利费、工会经费。

②药品及卫生材料支出：预算药品及卫生材料支出时，先根据预算年度医疗业务量推断药品和卫生材料的使用量，再结合药品和卫生材料的采购成本计算编报。

③固定资产折旧费：根据上年末固定资产总额与预算年度预计减少或计划增加的固定资产，采用相应的折旧方法计算编报。

④无形资产摊销费：根据上年末无形资产总额与预算年度预计减少或计划增加的无形资产，采用相应的摊销方法计算编报。

⑤提取医疗风险基金：根据预算年度医疗收入和相应的提取比例计算编报。

⑥其他费用：可根据费用特点选择标准预算法、弹性预算法、零基预算法等。

第一，标准预算法的运用。可分为定员标准和定次标准。定员标准支出预算由各科室根据医院的定员标准，结合科室自身人员情况填报，如培训费、学术活动费、差旅费等。定次标准支出预算由各科室根据医院的定次标准，结合科室自身情况填报，如业务招待费。

第二，弹性预算法的运用。运用总成本性态模型，测算预算期的成本费用数额，并编制成本费用预算。根据其成本性态，成本与业务量之间的数量关系可用公式表示为：

$$y = a + bx$$

其中：y 表示预算总成本，a 表示预算固定成本，b 表示该成本中的预算单位变动成本，x 表示预计业务量。它的优点在于能准确计算区间内任何业务量的预算成本。

第三，零基预算法的运用。首先，由医院提出成本控制目标，各科室根据医院总目标和责任目标，对每一项具体业务说明其性质、目的、作用及所需的经费开支数。其次，预算管理办公室逐项审核各项业务开支的必要性，对各项费用进行分析研究，区分约束性和酌量性费用。约束性费用如人员经费、固定资产折旧费、无形资产摊销费等。酌量性费用如办公费、差旅费、培训费、业务招待费等。按照成本效益原则，对酌量性费用要进行成本效益分析。再次，根据预算期内可获得收入和筹资能力，确定可用资金。按照重要性原则，优先满足约束性费用，再根据项目轻重缓急及成本效益分析结果，确定各酌量性费用的预算。最后，分配资金，落实预算。

2. 医院管理费用支出预算编制。医院管理费用主要包括行政、后勤科室发生的人员经费、办公材料费、固定资产折旧费、无形资产摊销费和其他费用等。编制方法同医疗业务成本。

3. 财政项目补助支出预算编制。财政项目补助支出预算按照具体项目预算实事求是地编报。公立医院的基本建设和设备购置等发展建设支出，经同级发展改革委员会等组织专家论证，有关部门批准列入政府专项补助资金项目库，由政府根据轻重缓急和承受能力逐年安排项目资金。

4. 科教项目支出预算编制。科教项目支出预算按照每一项科研课题申报的具体项目汇总编报。

5. 其他支出预算编制。可参照医院上年度实际开支情况，考虑预算年度内可能发生的相关因素预计编报。

（三）资本预算的编制

资本预算又称投资预算，是为了确保医院未来更好地发展，获取更大的社会效益和经济效益而作出的资本性支出计划。

资本性支出的特点是投入资金量大、建设周期较长、回报不确定性大等。因此，要做好充分的可行性论证和投入产出分析。需要说明的是，公立医院的投资需要更多地考虑社会效益而不是经济效益。如医院信息系统建设、就医环境的改善等，其投资直接或间接地受惠患者，社会效益明显高于经济效益。

医院的资本性支出预算，主要包括购置固定资产预算、投资信息类项目预算和工程类项目预算等。各科室申购前需填写固定资产预算表、基建工程预算申报表、房屋修缮及运行保障项目预算申报表、信息类预算申报表（见表4－10、表4－11、表4－12、表4－13），由设备管理委员会等分别预审后提交医院党委会议审批。

表4－10　　2020年固定资产购置预算申报

编制科室：　　填报日期：

序号	设备类别	设备名称	规格型号	单价	数量	总金额	申购理由	同类设备在用情况	资金来源
1									
2									
3									
4									
5									
6									
合计									

分管院领导：　　科主任：　　填表人：

表4－11　　2020年基建工程项目预算申报

编制科室：　　填报日期：

序号	工程名称	工程描述	计划开工时间	预计完工时间	预计投资金额	申请理由	资金来源
1							
2							
3							
4							
5							
6							
合计							

分管院领导：　　科主任：　　填表人：

表 4-12　　2020 年房屋修缮及运行保障项目计划

编制科室：　　　　填报日期：

一、房屋修缮

序号	项目名称	经费预算	备注

二、运行保障、改造费用计划

序号	项目名称	经费预算	备注
	运行维保		
	消防安保		
	电力增容		
	管道维保		
	锅炉房		
	其他项目		

三、服务类

序号	项目名称	经费预算	备注

分管院领导：　　　　科主任：　　　　填表人：

表 4-13　　2020 年信息化建设项目支出计划

编制科室：　　填报日期：

序号	项目名称	预计项目金额	申请理由	建设时间	经费来源	备注
1						
2						
3						
4						
5						
6						
合计						

分管院领导：　　科主任：　　填表人：

1. 大型设备购置预算的编制。医疗服务是高科技服务行业，设备更新快。由于设备的购置金额大，会导致或加重医院资金周转困难。同时，设备的购置意味着医院未来若干年都要负担相应的折旧费用，故购置大型设备前应进行充分的可行性论证分析。

此外，购置不同类型的设备对医院未来的影响不尽相同，如办公设备和信息设备的购置对未来的影响一般只涉及折旧费的增加，而不涉及收入和费用的增加；而医疗设备的购置对未来的影响不仅涉及折旧的增加，还涉及收入和费用的增加，如医疗专用设备会增加使用科室的业务量和收入，也会增加操作人员及该设备使用中消耗的材料费等。医疗设备的购置申报表应从内容上与其他两类设备有所区别。

2. 基本建设预算的编制。基本建设预算是以货币表现的基本建设完成的工作量。它是由财政预算内一定的拨款、医院自筹资金、银行贷款和其他专项资金组合成基本建设需要的资金量。基本建设预算反映一定时期内基本建设的规模和建设进度，是医院预算的重大内容，涉及建设资金的筹融资预算、基本建设支出预算等。

（四）现金流量预算的编制

现金是指医院的库存现金以及可以随时用于支付的存款，包括库存现金、银行存款、零余额账户用款额度和其他货币资金等。

现金预算是对预算期内医院现金收入、支出及缺额筹措等活动的具体安排。现金预算按照收付实现制原则编制，综合反映医院在预算期内的现金流转情况及其结果。

现金流量预算是指预算期内医院现金及现金等价物的流入和流出。医院的现金流量有不同的来源渠道，也有不同的用途。如可通过提供医疗服务收回现金，通过向财政申请拨款收到现金等；医院购买卫生材料、固定资产需要支付现金，职工工资也需要用现金支付等。

根据医疗运营活动的性质和现金流量的来源，医院一定时期内产生的现金流量分为三类，即业务活动产生的现金流量、投资活动产生的现金流量、筹资活动产生的现金流量。

1. 现金流入。预算期现金流入的项目包括业务活动产生的现金流入项目、投资活动产生的现金流入项目和筹资活动产生的现金流入项目。

（1）业务活动产生的现金流入项目主要有：开展医疗服务活动收到的现金，财政基本支出补助收到的现金，财政非资本性项目补助收到的现金，从事科教项目活动收到的除财政补助以外的现金，收到的其他与业务活动有关的现金。

①“开展医疗服务活动收到的现金”项目，反映医院开展医疗活动取得现金净额。本项目可以根据“库存现金”“银行存款”“应收在院病人医疗款”“应收医疗款”“预收医疗款”“医疗收入”等科目的记录分析填列。

开展医疗服务活动收到的现金 = 医疗收入 - 应收在院病人医疗款（期末 - 期初）- 应收医疗款（期末 - 期初）- 当期核销的坏账准备 + 预收医疗款（期末 - 期初）

②“财政基本支出补助收到的现金”项目，反映医院接受财政基本支出补助取得的现金。本项目可根据“零余额账户用款额度”“财政补助收入”等科目及其所属明细科目的记录分析填列：

财政基本支出补助收到的现金=财政基本支出补助收入

③“财政非资本性项目补助收到的现金”项目，反映医院接受财政除用于购建固定资产、无形资产以外的项目补助取得的现金。本项目可以根据“银行存款”“零余额账户用款额度”“财政补助收入”等科目及其所属明细科目的记录分析填列：

财政非资本性项目补助收到的现金=财政补助结转（余）/项目支出结转年初数－用于长期资产部分＋财政项目补助收入本期数－用于长期资产部分

④“从事科教项目活动收到的除财政补助以外的现金”项目，反映医院从事科研、教学项目活动取得的除财政补助以外的现金。本项目可以根据“库存现金”“银行存款”“科教项目收入”等科目的记录分析填列：

科教项目收入=从事科教项目活动收到的除财政补助以外的现金

（2）投资活动产生的现金流入项目主要有：收回投资所收到的现金，取得投资收益收到的现金，处置固定资产、无形资产收回的现金净额，其他投资活动收到的现金。

①“收回投资所收到的现金”项目，反映医院出售、转入或者到期收回长期投资而收到的现金。不包括长期投资收回的利润、利息，以及收回的非现金资产。本项目可根据“库存现金”“银行存款”“长期投资”等科目的记录分析填列。

②“取得投资收益所收到的现金”项目，反映医院因对外投资而从被投资单位分回利润收到的现金，以及取得的现金利息。本项目可以根据“库存现金”“银行存款”“其他应收款”“其他收入－投资收益”等科目的记录分析填列：

取得投资收益所收到的现金 =“其他收入 – 投资收益”发生额分析填列

③“处置固定资产、无形资产收回的现金净额”项目，反映医院处置固定资产和无形资产取得的现金，减去为处置这些资产而支付的有关费用之后的净额。由于自然灾害造成的固定资产等长期资产损失而收到的保险赔偿收入，也在本项目反映。本项目可以根据“库存现金”“银行存款”“固定资产清理”等科目的记录分析填列：

处置固定资产、无形资产收回的现金净额 =“其他收入 – 资产处置收入”分析填列

（3）筹资活动产生的现金流入项目主要有：取得财政资本性项目补助收到的现金，借款收到的现金，收到其他与筹资活动有关的现金。

①“取得财政资本性项目补助收到的现金”项目，反映医院接受用于购建固定资产、无形资产的财政项目补助取得的现金。本项目可以根据“银行存款”“零余额账户用款额度”“财政补助收入”等科目及其所属明细科目的记录分析填列。

②“贷款收到的现金”项目，反映医院向银行举借各种短期、长期贷款所收到的现金。本项目可以根据“库存现金”“银行存款”“短期借款”“长期借款”等科目的记录分析填列。

2. 现金流出。预算期现金流出的项目包括业务活动支出的现金、投资活动支出的现金和筹资活动支出的现金。

（1）业务活动产生的现金流出项目主要有：发生人员经费支付的现金，购买药品、卫生材料支付的现金等，使用财政非资本性项目补助支付的现金，使用科教项目收入支付的现金，以及支付其他与业务活动有关的现金。

①“发生人员经费支付的现金”项目，反映医院为开展各项业务活动发生人员经费支付的现金。本项目可以根据“库存现金”“银行存款”“在加工物资”“医疗业务成本”“管理费用”

“应付职工薪酬”“应付福利费”“应付社会保障费”等科目的记录分析填列：

发生人员经费支付的现金 = 人员费用部分 - 应付职工薪酬（期末 - 期初）- 应付福利费（期末 - 期初）- 应付社会保障费（期末 - 期初）

②“购买药品支付的现金”项目，反映医院购买药品支付的现金。本项目可以根据“库存现金”“银行存款”“应付账款”“应付票据”“预付账款”“医疗业务成本”“库存物资”等科目的记录分析填列：

购买药品支付的现金 = 药品费 - 药品应付账款（期末 - 期初）+ 药品存货

③“购买卫生材料支付的现金”项目，反映医院购买卫生材料支付的现金。本项目可以根据“库存现金”“银行存款”“应付账款”“应付票据”“预付账款”“医疗业务成本”“库存物资”等科目的记录分析填列：

购买卫生材料支付的现金 = 卫生材料费 - 卫生材料应付账款（期末 - 期初）+ 卫生材料存货（期末 - 期初）

④“使用财政非资本性项目补助支付的现金”项目，反映医院使用除用于购建固定资产、无形资产以外的财政项目补助资金发生的现金支付。本项目可以根据“银行存款”“零余额账户用款额度”“财政项目补助支出”“在建工程”“固定资产”等科目的记录分析填列：

使用财政非资本性项目补助支付的现金 = 财政项目补助支出本期数扣除用于长期资产部分 + 财政补助结转（余）/项目支出结转年末数扣除用于长期资产部分

⑤“使用科教项目收入支付的现金”项目，反映医院使用非财政科研、教学项目收入支付的现金，但不包括使用非财政科教项目收入购建固定资产、无形资产所支付的现金。使用非财政科教项目收入购建固定资产、无形资产所支付的现金，在“购建固

定资产、无形资产支付的现金”项目反映。本项目可以根据“库存现金”“银行存款”“科教项目支出”等科目的记录分析填列：

使用科教项目收入支付的现金 = 科教项目支出

（2）投资活动产生的现金流出项目主要有：购建固定资产、无形资产支付的现金，对外投资支付的现金，上缴处置固定资产、无形资产收回现金净额支付的现金，其他与投资活动有关的现金支付。

①“购建固定资产、无形资产支付的现金”项目，反映医院购买和建设固定资产，取得无形资产所支付的现金。不包括为购建固定资产而发生的贷款利息资本化的部分和融资租入固定资产支付的租赁费。贷款利息和融资租入固定资产支付的租赁费，在筹资活动产生的现金流量中反映。本项目可以根据“库存现金”“银行存款”“固定资产”“无形资产”“在建工程”等科目的记录分析填列。

②“对外投资支付的现金”项目，反映医院对外投资所支付的现金，包括取得长期股权投资和长期债权投资所支付的现金，以及支付佣金、手续费等附加费用。本项目可以根据“库存现金”“银行存款”“长期投资”等科目的记录分析填列。

③“上缴处置固定资产、无形资产收回现金净额支付的现金”项目，反映医院将处置固定资产、无形资产收回的现金净额予以上缴所支付的现金。本项目可以根据“库存现金”“银行存款”“应缴款项”等科目的记录分析填列。

（3）筹资活动产生的现金流出项目主要有：偿还贷款支付的现金，偿付利息支付的现金，支付其他与筹资活动有关的现金。

①“偿还贷款支付的现金”项目，反映医院偿还债务本金所支付的现金。本项目可以根据“库存现金”“银行存款”“短期借款”“长期借款”等科目的记录分析填列。

②“偿付利息支付的现金”项目，反映医院偿还债务利息所支付的现金。本项目可以根据“库存现金”“银行存款”“长期借款”“管理费用”“预提费用”等科目的记录分析填列。

3. 期末余额。资产类预计期末余额 = 期初借方余额 + 预计本期借方发生额 - 预计本期贷方发生额

负债类预计期末余额 = 期初贷方余额 + 预计本期贷方发生额 - 预计本期借方发生额

4. 预计病人应收账款。应收预收款项预算，即医院在为病人提供医疗服务的同时，医院与病人和医疗保险机构之间会发生应收未收、预收应付等往来。如“应收在院病人医药费”“应收医疗款”　“预收医疗款”等，医院需根据收款政策进行预计（见表 4 - 14）。

表 4 - 14　　　2020 年应收预收款项预算

科　目	期初余额	预计每季度余额				预计期末余额
		第一季度	第二季度	第三季度	第四季度	
应收在院病人医药费						
应收医疗款						
预收医疗款						

5. 其他现金流。“收到或支付的其他与业务活动、投资活动、筹资活动有关的现金”项目，反映医院除上述项目之外收到或支付的与业务活动、投资活动、筹资活动有关的现金。如果其他现金流出、流入金额较大的，应单列项目反映。本项目可根据“库存现金”“银行存款”“其他应收款”“其他应付款”“长期应付款”“其他收入”等有关科目的记录分析填列（见表 4 - 15）。

表 4－15　　2020 年应付账款预算

科目	期初余额	预计每季度余额				预计期末余额
		第一季度	第二季度	第三季度	第四季度	
应付账款						

6. 预计总现金流量。包括预计业务活动产生的现金流量净额、预计投资活动产生的现金流量净额、预计筹资活动产生的现金流量净额、预计汇率变动对现金的影响额、预计现金净增加额。其中：

（1）“预计业务活动产生的现金流量净额”项目，按照“业务活动产生的现金流量”项下的“现金流入小计”项目金额减去“现金流出小计”项目金额后的金额填列，如为负数，以“－”号填列。

（2）“预计投资活动产生的现金流量净额”项目，按照“投资活动产生的现金流量”项下的“现金流入小计”项目金额减去“现金流出小计”项目金额后的金额填列，如为负数，以“－”号填列。

（3）“预计筹资活动产生的现金流量净额”项目，按照“筹资活动产生的现金流量”项下的“现金流入小计”项目金额减去“现金流出小计”项目金额后的金额填列，如为负数，以“－”号填列。

（4）“预计汇率变动对现金的影响额”项目，反映外币现金流量折算为人民币时所采用的现金流量发生日的汇率，或期初汇率折算的人民币金额与本表“现金净增加额”中外币现金净增加额按期末汇率折算的人民币金额之间的差额。

（5）“预计现金净增加额”项目，反映医院预算年度现金变动的金额。本项目应当根据本表“预计业务活动产生的现金流量净额”“预计投资活动产生的现金流量净额”“预计筹资活动产生的现金流量净额”和“预计汇率变动对现金的影响额”项目的金额合计填列：

预计现金净增加额 = 预计业务活动产生的现金流量净额 + 预计投资活动产生的现金流量净额 + 预计筹资活动产生的现金流量净额 + 预计汇率变动对现金的影响额

医院可根据预算期现金净增加额制定融资方案，如果预计现金净增加额为正数，则需要制定将多余现金用于归还贷款、进行长期资本投入等现金使用方案；如果预计现金净增加额为负数，则需要制定增加银行贷款等现金筹资方案。

第四节　全面预算的审核与审批

医院编制的年度预算应当经医院决策机构审议通过后上报主管部门（或举办单位）。由主管部门（或举办单位）根据行业发展规划，对预算的合法性、真实性、完整性等进行审核，并汇总和综合平衡。同级财政部门根据宏观经济政策和预算管理的有关规定，对主管部门（或举办单位）申报的预算按照规定程序进行审核批复。

一、审核与审批的职责

医院、主管部门（或举办单位）及同级财政部门在预算编制审核与审批的过程中，分别承担着不同的职责。

（一）医院的预算审核与审批职责

医院内部的审批机构应对各职能科室上报的预算方案进行审查汇总，提出综合平衡建议。在审查、平衡的过程中，审批机构应当进行充分调研，对发现的问题提出调整意见，并反馈给有关科室予以修正，最终形成上报主管部门（或举办单位）的预算计划。该过程即医院内部对年度预算的审批。

医院内部的预算审批机构有：预算管理委员会、预算管理办公室、各职能科室。它们各自承担着不同审批阶段的审核职责：

1. 预算管理委员会。审核各职能科室编制的预算草案及整体预算方案，并就不合理的预算项目提出改进意见及对策。预算管理委员会是预算方案的综合审定机构，是医院内部全面预算管理的最高管理机构，其审定后的预算将成为各责任中心的最终建议执行指标。

2. 预算管理办公室。在预算草案提交预算管理委员会审议之前，预算管理办公室对各职能科室提交的预算草案进行初步审查、校对、整理及综合平衡，审查各职能科室申报的预算资料的完整性和数据的合理性。

3. 各职能科室。医院在全面预算管理制度中明确了各项业务预算编制的归口管理科室和相关管理科室的职责。对医院来说，归口管理从大的范围一般包括基建工程项目、固定资产项目、人力成本项目、科教项目、其他支出项目等。这些项目的特点是与医院内部几乎每个科室都有关系，统一管理可以带来规模效益。

通常医院设置的归口管理科室主要以职能科室为主，分别为财务科、人力资源科、采购中心、基建科、总务科、医务科等，各归口管理科室承担着不同的预算审核职责。

（1）财务科：负责审查科室上报的预算方案中各项预算指标的合理性，并提出改进意见；汇总各预算科室的收入、支出，在此基础上编制医院收入预算、支出预算和结余预算。

（2）人力资源科：根据医院发展目标及人员配置结构，结合各科室的实际情况，审核人员增加或调动需求的合理性，汇总并综合确定各科室人员增减数据，包括各科室的人员招聘计划、人员调动计划，以及人员退休计划等，便于财务科汇总下一年度人员支出预算。

（3）总务科：结合医院现有运营成本，负责预算期内后勤各项业务预算的汇总申报。结合各科室房屋使用面积、人员数量、物价水平等变动趋势，审核分管水费、电费、日常办公费用和科室上报的公务用车等业务预算的合理性。汇总填报医院水费、电费、日常办公设备维修、公务用车等费用支出预算。

(4) 采购中心：结合医院现有设备总量、设备使用状况、需新增设备的安装条件等情况，综合审议各科室申报固定资产购置预算的合理性。同时，根据业务工作量的需要，审议卫生材料支出等预算的合理性。

(5) 基建科：根据医院的改建、新建、扩建项目和科室提出的零星改造申请，结合现场勘察得出的结论，对工程类项目预算进行审议。负责组织医院相关科室对将要实施的工程项目进行功能、结构确认，以此编制项目预算，并将汇总的工程项目预算报送分管院领导初审。

(6) 党政办公室：根据各科室提出的申请，结合医院人员数量、年度工作安排、组织活动情况等变化趋势，对各科室上报的业务招待费、大型活动经费等进行审议。

(7) 科教科：负责与科研、教学活动相关经费预算的审核。审核年度科研经费预算的合理性。

(二) 主管部门和同级财政部门预算审批职责

1. 主管部门（或举办单位）。承担核定收支预算的职能，即对医院年度预算的合法性、真实性、完整性、科学性、稳妥性等进行审核，汇总并综合平衡。

2. 同级财政部门。根据宏观经济政策和预算管理的要求，结合是否符合法律法规、区域卫生规划、医疗卫生机构规划及发展计划等规定，对主管部门（或举办单位）申报的医院年度预算按照规定程序进行审核批复。

二、医院内部审核和审批的流程

(一) 医院各归口管理科室和预算管理办公室对预算进行初审，包括：

1. 数据准确性及完整性验证：包括计算（计量）是否正确、所有预计收支是否均已纳入年度财务预算等。

2. 数据可靠性分析：与医院过去几年的历史数据、当年预算执行情况、下一年度计划业绩等进行比较，着重评估上年预算差异形成的原因，制定相关修正方案，并在编制下一年度预算方案中，避免重大差异的再次形成。

3. 目标相关性及有效性分析：分析总体经济环境、下一年度可能的经济变化、技术变革、卫生材料及药品等成本及其可获得性、业务量指标的合理性等。

（二）召开各科室预算初审会议

预算管理办公室召集预算初审会议，对相关问题展开讨论，提出解决问题的建议，形成预算修正案。预算管理办公室还应召集各科室负责人讨论，确定并尽力解决预算审核会议上提出的问题，使参加会议的科室负责人对在预算审核会议上提出的预算修正案负全责。

1. 组织高层进行初次审核。预算管理办公室在审核并分析全院合并的年度预算后，应分别向预算管理委员会和医院党委会议提交预算编制的书面审核分析汇总表，报告各层级各科室的预算计划是否达到财务目标、未达到财务目标的原因陈述等，必要时对预算目标进行修正。

2. 对预算修正案的修改。各科室修改各自的预算时，修改稿应与预算初审时各级领导所提出的意见或建议相吻合。

3. 预算编制人员对预算进行第二轮修改和审核。预算编制人员修正各科室的预算，并将其与财务目标及各级领导的初步审核意见核对后，再次与各科室接洽，对预算草案进行第二轮审核并讨论，使修正稿能为预算管理委员会所接受。修改稿与预算目标相符后，预算管理委员会需再编制一个新的合并预算表。编制合并预算表时要偏重于不同层面的细节问题，以反映医院高层与各科室的特定利益和需求。

4. 终审预算。在预算终审会议上，预算编制人员应详细记录审核过程中所做的决策与修改意见，必要时公布讨论会形成的会议纪要，以便于各科室达成预算的一致意见。

在整个预算编制过程中，需要各归口职能科室与临床科室沟通协调，形成预算初步方案。其中总会计师的面谈，是一个重要的环节，能及时了解各临床科室和项目管理科室的需求和经费预算的合理性。

三、预算批复

在全面预算的编制过程中，医院、上级主管部门、同级财政部门各司其职，按各自的管理要求进行审核、审批。最终，同级财政部门将审批通过的预算指标下达给医院，这是预算管理的重要环节，对医院的全面预算管理发挥着举足轻重的作用。

（一）预算批复的意义

预算批复有助于提高预算的严肃性和准确性，保证主管部门（或举办单位）对医院预算编报质量的审核。

1. 维护并保证预算的严肃性。主管部门（或举办单位）和同级财政部门对医院预算的合法性进行审核，要求预算的编制符合《预算法》和国家相关法律、法规的规定，并在法律赋予的职责范围内编制年度财务预算。具体内容有：

（1）收入要合法合规。医院组织资金收入要符合国家法律、法规的规定；行政事业性收费要按照财政部、国家发展改革委员会和当地物价管理部门核定的收费项目和标准测算等。

（2）各项支出要符合财政宏观调控的目标。医院要遵守现行的各项财经法规和财务规章制度。支出预算要结合医院和科室的事业发展计划、承担的职能和任务测算；对预算年度收支增减因素的预测要充分体现与国民经济和社会发展计划的一致性，要与医院的经济增长速度相匹配；项目和投资支出方向要符合国家产业政策；支出的安排要体现厉行节约、反对浪费、勤俭办事的方针；人员经费支出要严格执行国家工资和社会保障的有关政策、规定及开支标准；日常公用经费支出要按照国家、医院或科室制定的支出标准测算；科室预算需求不得超出法律赋予的职能范围。

（3）对预算真实性的审核。医院预算收支的预测必须以社会经济发展计划和履行职能的需求为依据，对每一个收支项目的数据指标应认真测算，力求做到各项收支数据真实、准确。机构、编制、人员、资产等基础数据资料要按实际情况填报；各项收入预算要结合近几年医院实际取得的收入，并考虑增收减收因素；支出预算要按规定标准，结合近几年医院实际支出情况测算，不得虚增或虚列支出；各项收支要符合医院的实际情况，测算时要有真实可靠的依据，不能凭主观印象或人为提高开支标准编制预算。

2. 主管部门（或举办单位）审核医院预算编报的质量。主管部门（或举办单位）通过预算审批环节，可审核医院预算编制的完整性、科学性，具体体现为：

（1）是否将依法取得的包括所有财政性资金在内的各项收入以及相应的支出作为一个有机整体进行管理，对各项收入、支出预算的编制是否做到不重不漏，是否在医院预算之外保留其他收支项目。

（2）预算收入的预测和安排预算支出要科学，要与国民经济社会发展状况相适应，要有利于促进国民经济协调健康、可持续发展。

（3）预算编制的程序设置要科学，合理安排预算编制每个阶段的时间，既要有充裕的时间保证预算编制的质量，又要注意提高预算编制的效率；预算编制的方法要科学，医院要制定科学规范的预算编制方法，测算的过程要有理有据；预算的核定要科学，基本支出预算定额要依照科学的方法制定，在项目支出预算编制中要对项目进行遴选，分轻重缓急排序，合理选择项目，从而对医院申报的预算质量进行综合考核。

3. 保持预算总量平衡，保证预算的准确性。主管部门（或举办单位）和同级财政部门对预算的稳妥性进行审核，要求医院预算的编制做到稳妥可靠，量入为出，收支平衡，不得编制赤字预算。收入预算要留有余地，没有把握的收入项目和数额不要列入预算，以免收入不能实现时，造成收小于支。项目预算的编制要量力而行，量入为出，保持预算总量平衡，保证预算的准确性。

（二）预算指标的分解

经同级财政部门批复的预算是医院下年度需要执行的正式预算数据，医院需要将批复的预算分解到各职能科室，实行预算指标归口管理。即将预算期的资源（人力、物力和财力等）进行计划、组织、领导、控制和协调，以利于有效实现预算管理目标。预算指标的合理分解，可以使各职能科室的预算保持一致和平衡，使医院预算管理具体化、精细化。预算管理办公室能否充分考虑各职能科室承担的责任，能否依据预算目标将指标明确分解给各职能科室责任人，让他们在日常工作中贯彻和落实，不仅影响着医院各项经济资源和潜能的充分发挥，而且影响着责任人的积极性、创造性和责任感，最终影响医院预算目标的实现程度和效果。

医院在开展全面预算管理工作中，预算管理委员会作为预算管理的一级部门，主要起决策、组织、领导、协调、平衡的作用，将不同的预算指标根据关联程度和控制需要，分解给相关预算归口管理职能科室，让专业部门管理其擅长的工作。相关归口管理职能科室负责管理所有与该科室职能相关的资源或业务的工作，负责相关预算的汇总、编制、执行监控、分析等工作，并配合预算管理委员会做好医院总预算的综合平衡、执行监控、分析、考核等工作，在医院内部达到资源优化配置，降低医院管理成本。

第五章　全面预算执行与控制

《医院财务制度》第十三条规定："医院要严格执行批复的预算。"经批复的预算是控制医院日常业务、经济活动的依据，也是衡量预算合理性的标准，医院要严格执行，并将预算指标逐级分解，落实到具体的责任科室或责任人。

第一节　全面预算关键控制点

做好全面预算的内部控制，需要在众多预算控制环节中疏理出关键控制点，以达到事半功倍的效果。

一、全面预算控制原则

医院要实行全面预算控制就必须具备符合预算管理特点的原则，并以此作为预算编制、执行、分析、考核的指引。医院全面预算控制应坚持六项原则，如图 5－1 所示。

（一）全面性原则

医院全面预算控制涵盖了预算从执行、分析、反馈、调整的全过程。不仅需要全院各科室参与，也需要全员参与其中。全面预算控制既有业务预算控制，也有资本预算控制、财务预算控制、人力资源预算控制等。各类预算以战略目标为导向进行全方位、全过程控制。

（二）及时有效原则

全面预算的编制、执行、分析、考核环环相扣，每个步骤均

图 5－1　全面预算控制原则

需要把握好关键控制点，避免因某个环节的延误而失去过程控制的意义，继而影响整个预算控制的效果。

（三）成本效益原则

全面预算控制涉及面广而全，执行与控制需要人力、物力、信息等诸多因素配合。因此，本身占用了一定的医院资源，会产生一定的成本，应注意把握好成本与效益的平衡关系。

（四）重要性原则

全面预算因其全方位、全过程的特点，可以渗透到医院的各个层面，如果不加以区分进行控制、考核，必然分散对重要事项的控制与分析、反馈效果。因此，要做到“抓大放小，有的放矢”，将有限的资源用于重要事项的控制。

（五）适应性原则

全面预算控制应体现医院的业务特点、规模、国家政策导向、外部医疗市场的变化等，并与医院的历史传承与人文精神相结合，使预算控制得以持续改进和提高。

（六）归口控制原则

预算控制要避免由财务科等少数几个科室包揽。专业的事交由专业的科室人员去做，要充分调动各相关职能科室和人员的主观能动性，共同参与对预算的控制。

二、全面预算控制方法

为组织好预算执行，确保预算目标落到实处，医院在全面预算执行中应使用不同的控制方法和手段，从不同的维度来保障预算的可执行性。通常可以采用预算额度控制、费用标准控制、比率控制、资金控制等手段来实施。

（一）预算额度控制

预算额度控制是医院进行全面预算过程管理的重要方法。在进行预算额度控制时，可将预算控制与日常审批结合起来，以责任中心逐级上报预算的路径为网络架构，采取年度预算可使用额度逐级向下分配的预算执行方法。

在对日常经济事项签批的同时，应嵌入年度、季度、月度预算额度的过程控制。医院所有支出均应在预算额度内进行申请、审批、执行。如某医院普外科某年度学术会议（差旅费）的预算为5万元，11月份该科室赵医师按计划参加学术交流会议，出行前根据会议通知，在差旅费的年度预算结余额度内，发出用款计划申请0.5万元，申请一经批准该笔预算即刻冻结，相应减少可用预算额度。赵医师会议结束并完成审批流程后进行报销，如该笔预算实际执行0.48万元，则计入累计已用预算总额，剩余0.02万元解除冻结重新回到该科室差旅费预算额度内，继续由科室使用。如赵医师实际执行0.51万元，则需由赵医师申请追加用款计划，等待追加或调整预算批准后方可进入报销审批流程，预算系统同时减少相应的可使用额度。

在申请预算用款计划时应注意准确性，充分考虑执行过程中的不确定因素，适当按较高的标准进行申报，避免事后发现申请额度不足而重复申请。

此外，年度预算总额应根据各职能科室的业务特点并考虑季节因素做好月度计划，注重预算全过程控制，避免到年末突击执行预算。

（二）费用标准控制

医院对于日常经费实行严格控制，原则上各科室日常经费的申报要“零增长”。同时，通过区别不同费用的类型和特点，分别设定开支标准、限定其支出范围。通过费用标准控制和支出范围控制，有效控制不合理支出。

在日常经费预算执行过程中，根据费用的内容和适用性，可分为五类进行控制：人均标准、物均标准、比例标准、制度限额、支出范围控制。

1. 人均标准。适合于医院开支的日常办公用品、书报杂志、办公用茶、日常印刷费、邮电费等人均费用变化不大而与人数有一定正相关关系的费用。

2. 物均标准。适合于医院办公费科目下的电脑、打印机、复印机、传真机等设备耗材及公务用车费用的控制。以每台办公设备的耗材标准作为控制依据。公务用车费用以每辆公车消耗的运行费用作为控制依据。即便预算额度未超预算，但某资产的单位耗用量超过标准，也应暂停预算执行审批。

3. 比例标准。适合于按财务管理制度提取的工会费、职工福利费、医疗风险基金等。此类标准严格按照相关文件规定执行，一般由财务人员进行计提并列支。

4. 制度限额。依据医院相关的制度或文件，控制该类支出标准。如差旅费、公务接待费、培训费、会议费等有可依据的文件规定，在预算执行过程中需严格按开支标准核定各项目费用。

以 A 医院 2019 年预算执行控制说明为例，解析重要经费控制方法（见表 5－1）。

表 5－1　　A 医院 2019 年预算执行控制说明

序号	科目名称	支出范围	序号	预算细分名称	标准类别	预算执行控制说明
1	办公费	购买日常办公用品支出，如纸张、笔记本、笔、档案盒、优盘、接线板等	(1)	日常办公用品	人均标准	根据上年度医技、行政、后勤科室人均支出数，结合本年度实际需求人数
		订阅书报杂志	(2)	书报杂志	人均标准	根据上年度医技、行政、后勤科室人均支出数，结合本年度实际需求人数
		计算机、打印机、复印机、传真机等办公设备和耗材	(3)	办公耗材	物均标准	每台办公设备耗用材料标准
		党政办公室、内部会议室等接待来访人员所使用的茶叶	(4)	办公用茶	人均标准	参考上一年度来访人员人均支出数
		照片冲印扩印、奖牌证书聘书制作、横幅制作、门牌制作、公章刻制费、报纸杂志架、电风扇、配钥匙、挂钩、登报费、音像制品等	(5)	其他	零星支出，暂不设标准	
2	印刷费	因日常工作需要所发生的印刷费支出，如账簿、表册、票证、资料、信封、信笺、名片印刷、电话本制作费、复印、打印等印刷支出	(6)	日常印刷费	人均标准	根据上年度医技、行政、后勤科室人均支出数，结合本年度实际需求人数

续表

序号	科目名称	支出范围	序号	预算细分名称	标准类别	预算执行控制说明
2	印刷费	内部杂志刊物印刷、批量宣传文本、汇编印刷费、重大宣传活动及重大课题调研印刷费	(7)	其他印刷费	一事一定	按申报预算时支出内容控制
3	咨询费	因完成特定公共卫生任务和事业发展目标所发生的法律、规划、工程、财务等咨询费用	(8)	咨询费	制度限额	按同级财政部门下发的相关文件标准
4	手续费	银行汇款、邮局汇款、代发工资、医院账户网银年费等手续费支出	(9)	银行手续费	零星支出，暂不设标准	
5	邮电费	信函、包裹、货物等物品的邮寄费（含快递费）	(10)	邮寄费（含快递费）	人均标准	根据上年度医技、行政、后勤科室人均支出数，结合本年度实际需求人数
		电话、传真等	(11)	电话费（含传真费）	人均标准	根据上年度医技、行政、后勤科室人均支出数，结合本年度实际需求人数
		各类网络费用（包括移动上网、医保专线等费用）	(12)	网络通信费	合同标准	参考实际使用的网络条数及年费标准

续表

序号	科目名称	支出范围	序号	预算细分名称	标准类别	预算执行控制说明
6	物业管理费	空调系统维护管理、保安秩序管理、绿化养护管理、电梯系统管理维护、消防监控设施维护管理、绿化费等	(13)	物业管理费	合同标准	按所签物业合同标的面积、合同单价控制
7	差旅费	医院工作人员发生的城市间公共交通费、住宿费、伙食补助费、公杂费、其他允许列支的费用	(14)	差旅费	制度限额	执行医院制定的差旅费开支标准
8	因公出国（境）费用	学术交流国际旅费、国外城市间交通费、住宿费、伙食费、培训费、公杂费、其他允许列支的费用	(15)	一般因公出国(境)费用	制度限额	执行医院制定的因公出国出境管理制度规定的标准
9	租赁费	设备租赁、云计算资源租赁、办公用房租赁、专用通信网租赁、活动场地租赁	(16)	租赁费	一事一定	按政府采购相关规定控制
10	会议费	住宿费、伙食费、场租费、交通费、文件印刷费及其他允许列支的费用	(17)	医院举办的各类会议	制度限额	按医院制定的会议开支标准控制
11	培训费	住宿费、伙食费、培训场地费、讲课费、培训资料费、交通费	(18)	培训费	制度限额	按医院制定的培训班开支标准控制

续表

序号	科目名称	支出范围	序号	预算细分名称	标准类别	预算执行控制说明
12	公务接待费	内宾接待费和外宾接待费	(19)	合规的接待任务	制度限额	按医院制定的公务接待标准控制
13	公务用车运行维护费	允许保留在医院使用的公务用车发生的费用	(20)	车辆运行费用	物均标准	每车年均维护成本
14	税金及附加费用	医院提供劳务或销售产品应承担的税金及附加费用，包括增值税、消费税、城市维护建设税、资源税和教育费附加等	(21)	税金及附加费用	零星支出，暂不设标准	

5. 支出范围控制。通过严格控制各项费用的支出范围，可以有效防止各预算科目互相串户执行，有效控制不合理支出的发生。如归属于其他交通费的预算，不得在公务用车预算额度内执行；归属于差旅费的支出，也不得在培训费的预算额度内执行。

在实际执行过程中，费用标准控制与支出范围控制往往需结合起来共同作用。

(三) 比率控制

医院对于重要的成本可实行比率控制。根据深化医药卫生体制改革的总体思路，医院的卫生材料和药品消耗均应有效控制。

采用比率控制的方法，可有效进行成本控制。医院重要的成本控制比率（见表5-2）。

表 5-2　　重要的成本控制比率

成本控制指标	指标解释
人员经费支出比率	人员经费/（医疗业务成本 + 管理费用 + 其他支出）×100%
公用经费支出比率	（除人员经费外的医疗业务成本及管理费用）/（医疗业务成本 + 管理费用 + 其他支出）×100%
管理费用率	管理费用/（医疗业务成本 + 管理费用 + 其他支出）×100%
药品支出率	药品费/（医疗业务成本 + 管理费用 + 其他支出）×100%
卫生材料支出率	卫生材料费/（医疗业务成本 + 管理费用 + 其他支出）×100%
药品收入占医疗收入比例	（门诊药品收入 + 住院药品收入）/医疗收入 ×100%
百元医疗收入药品消耗	药品费/医疗收入 ×100
百元医疗收入卫生材料消耗	卫生材料消耗/医疗收入 ×100

根据当地上级主管部门下达的控费目标，医院应努力控制成本的不合理增加额及增长率。其中：百元医疗收入卫生材料消耗、百元医疗收入药品消耗、药品收入占医疗收入比率等上级主管部门均有明确的控制目标。

成本比率控制的方法主要有目标成本倒逼法和系统控制法。

1. 目标成本倒逼法。通过已明确的目标成本比率，分析确定预算年度内某项成本的消耗总量。如某医院根据上级主管部门下达的百元医疗收入卫生材料消耗目标，经预算管理委员会审议通过财务科提交的百元医疗收入卫生材料消耗比率，即在已测算确定某年度医疗收入总额的前提下，推算出相应的卫生材料消耗总量，并在医疗收入预算总额内，根据各临床科室的医疗收入和百元卫生材料消耗预算来确定各临床科室卫生材料年度消耗控制目标。

2. 系统控制法。医院掌控着各临床科室不同的成本消耗比率，可通过加强对二级材料库的管理，及时、准确地安排供货计划，提高物资的周转率。

（四）资金预算控制

目前，各级医疗保险管理部门结算时间有不同程度的滞后，医院需要先行垫付药品、材料等。现金流、资金的收付节点、大宗物资采购时间和计划、基本建设用款情况等将直接影响到医院正常的运营秩序。这就要求医院对各类收支预算、投资活动预算与资金收支预算相结合，在经批准的可使用资金额度内进行规划使用。

对资金预算首先是年度总额预算控制，医院应根据自身的学科特点，并结合不同季节医疗业务的繁忙程度等，对年度资金额度进一步分解。

年度资金预算向下分解可细化为各月的资金计划。根据每月经济事项的预算执行计划，进行资金的统筹规划与安排。如每年1—2月份，各行业忙于年底事务工作，病人流量相对较少，又逢春节长假，按中国人的传统，非紧急的病患往往会拖延至春节后，导致1—2月份医疗收入较少，相应的现金流入也较少。而此时又是医院集中发放年终奖、课题奖励的节点，资金需求为一年中最大的时段，往往会出现现金净流量为负数的情况。因此，需提前做好资金预算安排。再如每年7—8月份，恰逢各大、中、小学放假，会迎来一波就诊高潮，特别是儿科、眼科、口腔科的病患会比较集中，而此时又逢年中，各类药品、卫生材料的预算执行、设备支出的预算执行、对外投资及基本建设等大额预算资金执行的高峰时段，因此，现金流入与流出量均较大。详细测算现金净流量，把握好每周的资金存量状况，是该时段资金预算管理的重点工作之一。

医院除完成月度资金预算的分解、控制外，还可根据现金流入、流出预算，将月度资金安排进一步细分为周计划。根据每周收支预算进行资金分配。月初的人员经费发放节点和月末物资采购的支付节点均是周资金预算执行的重点。

第二节　全面预算执行反馈

反馈是推进预算顺利执行的重要环节，也是科学进行预算调整的前提。

一、预算执行反馈

预算执行反馈是预算执行者将执行过程中发现的各类情况向上传递的过程，由于全面预算渗透到医院的每一角落，因此，预算执行反馈需在所有参与者之间进行。预算执行反馈可以分为以下几种类型，如图 5－2 所示。

图 5－2　预算执行反馈

（一）浅层反馈和深层反馈

浅层反馈，指医院相关职能科室负责人或各责任中心负责人将本科室的预算工作安排给下属，下属将工作建议告诉管理者，属于浅层的沟通。医院的上情下达和下情上传都属于浅层反馈。浅层反馈一般比较容易进行，因为它本身已成为员工工作的一部分。深层反馈，指在沟通双方相互间有了较深刻的了解后进行的反馈工作，有价值的聊天或者谈心、交心等均属于深层次的反馈。

（二）正式反馈和非正式反馈

正式反馈，指依据预算管理制度规定进行的一个反馈，比如书面报告、定期的分析、各层级进行预算执行情况汇报等。非正式反馈，指反馈的对象、时间和内容各方面都是未经计划和难以辨认的，其途径可通过预算执行参与者的各类社会活动来进行，可以跨越各个科室以及级别层次。如总会计师作为预算管理委员会中的成员，在某次工会组织的登山活动中，通过与一线医务人员愉快的谈话，从侧面了解预算执行工作在这一层级的执行情况，以及大家对预算工作的一些建议。这个过程即为非正式反馈。

（三）书面语言反馈、口头语言反馈和非言语反馈

书面语言反馈包括报告、备忘录、信件、邮件、即时通信工具（QQ、微信）等。非书面反馈即口头语言反馈，可以是交谈、倾听、讨论等。这两种反馈均属于语言反馈范围。非言语反馈的内涵十分丰富，包括体态语和符号语。对于不善于表达的员工来说，其在交流过程中显现的表情、手势、身体的姿势都是对预算执行工作的一种反馈。

二、预算执行反馈必须及时

由于预算是医院战略目标在本年度具体的计划和预测，因此，在预算执行过程中发现与计划有不相符的情况是正常的。

充分及时的预算执行反馈，可以在执行与预算出现较大差异时进行有效的信息传送，便于管理层据此评判偏离的程度，为下一步预算执行干预和调整工作做好准备。

滞后的执行反馈会导致小问题扩大化，最后不得不用较大的成本代价进行补救。

三、充分反馈带来高信任度和友好氛围

预算执行需要各科室共同参与，具体的执行者由于工作岗位

不同、知识层次、职业素养不同，对医院预算管理目标、本科室预算目标的理解能力参差不齐。如零反馈或是不充分的反馈，很容易出现为了完成任务而编制预算，编制完成，预算也就完成一大半的怪现象。同时，由于预算的分解下达和控制工作会增加各科室的工作量，导致执行者对预算工作本身产生抵触情绪，采取不主动、不配合的工作方式，降低预算执行的效果。

医院战略发展目标及年度预算执行目标离不开员工的支持与合作，只有形成友好、信任的反馈氛围，让员工对预算、医院的发展有一个具体的理解，让员工能将预算的思维方式融入工作中，才能激发员工参与预算管理、提出创新思想的积极性。

四、预算执行反馈和改进措施成为预算控制不可或缺的一部分

通过预算执行反馈可以及时发现预算执行情况与目标的偏差，将出现的问题消灭在萌芽状态，提高预算执行的控制效果，有利于预算目标的实现。预算执行的过程是不断反馈的过程，也是不断纠正偏差的过程，在预算过程管理中二者均不可或缺。

第三节　全面预算调整

在坚持全面预算刚性的同时，也需要关注不能将预算变得僵化而失去弹性。有效的预算一定是刚柔并济、充满活力的管理工具。

一、全面预算调整

预算调整是指在预算执行过程中，由于预算编制的前提条件发生了重大变化，或因国家政策变化，对预算执行影响较大时，医院可对年度预算进行调整、修订。

医院应当按照规定程序提出预算调整建议，并经主管部门（或举办单位）审核后报同级财政部门按照规定程序调整预算。

医院在预算调整时应注意：同级财政部门核定的财政补助资

金预算及其他项目预算一般不予调整。

二、全面预算调整的原则

全面预算调整一般应遵循以下原则：

（一）不随意调整

年度预算方案一经批准，需要保持高度的刚性，在一般情况下不得随意调整预算。

（二）内部挖潜

当不利于预算执行的重大因素出现时，医院应通过内部挖掘潜力或采取其他措施弥补，只有在无法弥补的情况下，才能提出预算调整申请。

（三）积极调整

当外部环境和内部条件发生重大变化时，医院应积极主动地提出预算调整申请，以保证预算方案符合客观实际的需要。

三、全面预算调整的条件

当出现下述预算环境变化且严重影响预算执行的情况时，医院可按规定程序申请预算调整。

（一）国家宏观政策发生变化

如分级诊疗制度的实施、住院医师规范化培训政策下达、公立医院“双下沉”等指令性任务下达时需要预算调整。

（二）医院内部资源发生变化

如引入社会资本合作办医、分院的设立或关闭等。

（三）发生不可抗力事件

（四）发生重大公共卫生事件

发生重大公共卫生疫情，如禽流感、SARS、突发性灾难等需要调整医院年度预算的。

（五）其他预算管理委员会确认必须调整预算的事项

四、全面预算调整的流程

由于预算不确定性是客观存在、无法避免的，医院进行预算调整是解决不确定性因素的主要手段，但全面预算调整必须经过规定的流程。预算调整按照发起对象的不同可分为自上而下和自下而上两种。

（一）自上而下的调整

自上而下的调整是指上级主管部门与医院充分沟通后，调整预算指标。自上而下的预算调整，其发起对象为医院的决策层。适合于当外部环境与内部条件等客观因素导致医院全局出现重大变化时进行的调整。自上而下的预算调整流程如图5－3所示。

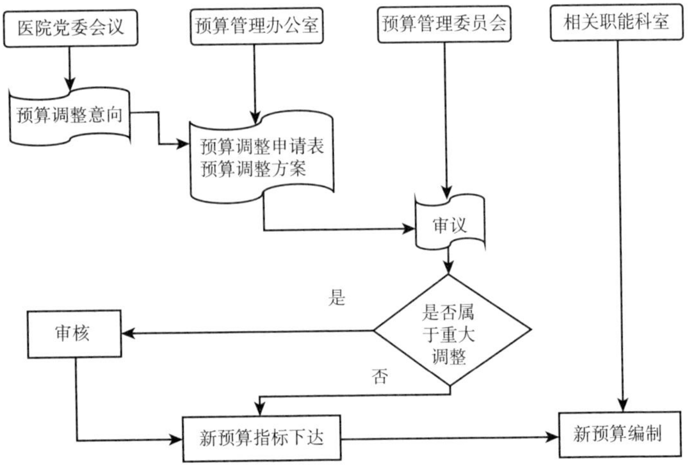

图5－3　自上而下的预算调整流程

1. 医院党委会议提出预算调整意向。

2. 预算管理办公室编制预算调整申请表，向上级主管部门递交预算调整方案，并说明预算调整的内容和原因。

3. 预算管理办公室上报预算管理委员会审议批准。重大事项需报医院党委会审议批准。

4. 预算调整方案通过后，由预算管理办公室下达新的预算指标至相关职能科室。

5. 相关职能科室根据调整后的预算指标编制新的预算。

（二）自下而上的预算调整

自下而上的调整是指医院提供预算调整申请，经上级主管部门批准后调整。自下而上的预算调整发起对象为相关职能科室，适用于当外部环境与内部条件等客观因素导致医院局部发生重大变化，且符合预算调整条件时方可进行调整，自下而上的预算调整流程如图 5－4 所示。

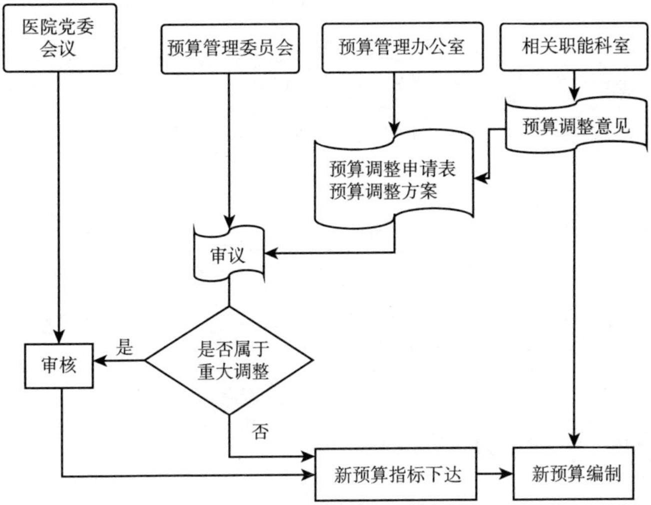

图 5－4　自下而上的预算调整流程

1. 相关职能科室向预算管理办公室提交预算调整申请。

2. 预算管理办公室负责组织相关职能科室对预算调整的必要性和调整方向（调整指标、调整资源配置）进行评估和论证，提出预算调整建议方案。

3. 预算管理委员会对预算调整建议方案进行审议，确定调整方案。

4. 预算管理委员会对重大调整报医院党委会审议，批准后下发执行。对非重大预算调整，直接下达至相关职能科室。不满足预算调整条件的不得调整预算，以保证预算的刚性。

当符合预算调整条件时，医院的年度预算指标可进行调整。预算调整的频率为一年一次，一般安排在每年的10月份。

第六章　全面预算分析与考核

根据《医院财务制度》第十六条："医院要加强预算执行结果的分析和考核，并将预算执行结果、成本控制目标实现情况和业务工作效率等一并作为内部业务综合考核的重要内容。"逐步建立与年终评比、内部收入分配挂钩的机制。

主管部门（或举办单位）应会同财政部门制定医院经济运行绩效考核办法，对预算执行、成本控制以及业务工作等情况进行综合考核评价，并将考核结果作为对医院决策和管理层进行综合考核、实行奖惩的重要依据。

第一节　全面预算分析

根据《医院财务制度》第十三条："医院在预算执行过程中应定期将执行情况与预算进行对比分析，及时发现偏差，查找原因，采取必要的措施，保证预算整体目标的顺利完成。"

一、全面预算分析的概念

预算分析作为全面预算管理的核心内容，是指对医院全面预算的执行情况，包括预算目标的完成情况、医疗业务预算执行情况、预算控制调整等情况的分析，是对医院执行预算管理和进行预算过程控制的重要手段，是医院在全面预算的编制、执行和评价等各环节发挥管理作用的前提。全面预算分析通过综合运用各种方法，为医院业务的全面管理提供支持。

二、全面预算分析的作用

通过对医院预算执行情况的分析，可以及时检查、追踪全面预算执行的符合情况，加强对医院整体运营活动的事前规划、事中控制、事后审查，切实发挥全面预算管理在医院运营中的作用，如图6－1所示。

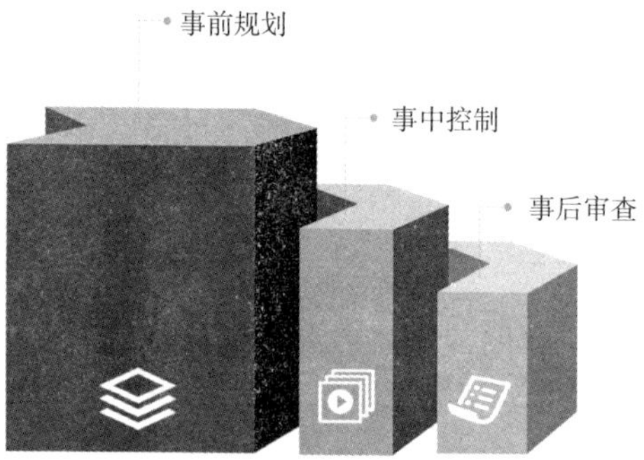

图6－1 全面预算分析的作用

（一）事前规划

是指通过对医院预算目标的分析，对医院运营活动的重要考核指标如门急诊人次、出院人次、每门急诊人次收费水平、每出院人次医药费用等的规划，确定医院全年的运营与预算目标，将实现目标所需要的资金投入、未来发生的成本、费用等紧密结合在一起，实现整体运营目标的事先规划。

（二）事中控制

是指通过对预算执行结果与预算指标的对比，确定预算执行差异额（差异率）以及造成不利差异的原因，动态分析医院运营过程中所存在的问题并及时进行调整的行为。通过分析，控制不利偏差，总结前期工作中的成功经验，及时对年度预算或实际运营情况予以修正和改进，进一步加强对预算实际执行阶段的管控，最终实现医院的年度预算运营目标。

（三）事后审查

是指通过对预算执行后医院整体运营状况的财务分析，综合分析各个预算责任中心的行为结果、各种资源的效益状况，以及环境因素对医院整体状况的影响程度，实现对医院整体运营活动的管理与控制，优化和完善下一年度的运营管理目标。

（四）预算分析的作用

全面预算分析在预算管理中的重要作用体现在以下方面：

1. 预防作用。通过对预算的事前分析，可以为预算决策提供依据，提高决策的准确性，预防决策失误的发生。

2. 控制作用。通过对预算的事中分析，及时发现和纠正预算执行中的偏差和存在的问题，为预算控制提供资料和依据，从而实现对预算执行全过程的控制。

3. 评价作用，通过对预算的事后分析，可以总结预算执行情况和结果，评价医院及各预算责任中心的工作业绩，揭示运营活动中存在的问题，总结预算管理的经验和教训。

4. 辨析作用。通过分清造成预算执行结果与预算标准之间差异的原因，落实预算差异责任，为预算考核与奖惩兑现提供可靠资料。

5. 促进作用。医院通过开展预算分析，可以促进各预算责任中心加强管理，严格执行批准下达的预算，挖掘内部潜力，不断提高运营管理水平。

三、全面预算分析的原则

预算分析贯穿于预算执行的全过程。为使预算分析有章可循，医院需要遵循以下四项原则。

（一）系统性原则

预算分析应以各预算责任中心为基础，对预算执行情况按照管理工作小组、归口管理科室和财务科的管理顺序进行分析和汇总，从而形成总体预算分析报告。预算分析报告在保证满足预算分析的基础上，针对自身的运营与管理特点，考虑个性化差异的分析需求。

（二）相关性原则

预算分析要满足管理层的需要，以及预算分析报告使用科室运营管理的需要。因此，预算分析的内容必须与运营管理需求高度相关。

（三）及时性原则

预算分析具有时效性，需在相应的时间内收集相关数据，并进行预算与实际数据的对比分析，及时识别预算执行差异及潜在风险，采取控制措施，保证预算目标的达成，并为管理决策及预算考核提供信息支持。

（四）灵活性原则

预算分析报告可以采用表格、数据分析、文字说明、口头汇报和定期会议等多种形式，其中文字说明是最基本和必要的形式。

四、全面预算分析流程

全面预算管理包括明确目标预算启动、收集预算编制资料、预算执行与控制、预算反馈与分析、预算调整、预算考核、预算总结等内容。预算执行分析流程如图6－2所示。

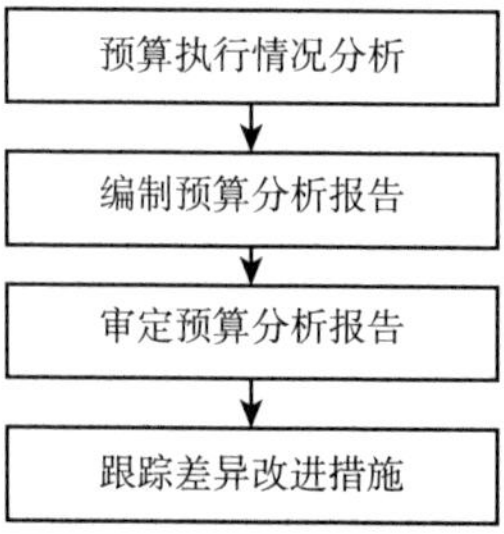

图6－2　预算执行分析流程

（一）预算执行情况分析

预算管理办公室应定期将预算执行情况反馈给各预算执行归口管理科室，由这些科室进一步分析预算执行差异形成的原因。各预算执行和归口管理科室应针对本科室的预算执行情况进行分析与说明，重点对执行差异追踪分析，发现差异形成的业务层面或管理层面的原因，而不应局限于差异额、差异率等的分析。

（二）编制预算分析报告

预算管理办公室依据各自归口管理的职责，组织、督促预算执行科室做好预算差异的追踪分析，落实预算管理责任，并针对重点监控事项、重大预算差异形成的原因及后续改进措施等与相关执行科室进行沟通。财务科汇总编制预算分析报告，上报预算管理委员会审定。同时，预算管理办公室应将前期的预算执行差异作为一项重要的分析内容，跟踪前期预算差异的改进情况。如前期预算执行差异的改进仍未得到很好的落实，预算管理办公室应按照相关管理规定，责令相关责任科室予以落实，对于情节严重或整改不得力的科室，由相关职能科室提交预算管理办公室进行处理。对于财务科在预算分析中发现需要进行预算调整的事项，应进入预算调整流程进行相应处理。

（三）审定预算分析报告

预算管理办公室将预算分析报告上报预算管理委员会审核，预算管理委员会可就分析报告中关注到的问题向预算管理办公室提出质询，预算管理办公室应及时给予回复。预算管理委员会可在预算执行分析会议上对分析报告的主要内容进行讨论，重点关注重大预算执行差异产生的原因及改进措施。预算管理办公室将预算管理委员会的审核意见反馈给相关科室，督促预算责任中心整改落实。

经审定后的预算分析报告，一方面可作为预算考核的重要参考，另一方面将作为运营管理改进的决策支持。

（四）跟踪落实差异改进措施

各预算执行科室应就预算分析报告中发现的问题，有针对性地落实整改措施。预算管理办公室要对全面预算管理实施方案的落实情况进行动态跟踪，履行监督职能，保证预算管理方向不偏离，预算管理工作目标可控、在控。

五、全面预算分析的方法

预算执行分析需要有第一手的资料，包括预算管理系统、财务报销系统、库房物资管理系统及其他与预算执行相关的系统数据。医院全面预算的特点决定了预算信息的复杂性、庞大性，传统的手工预算已远远不能适应预算管理的需要。财务人员要准确掌握先进的信息技术，实时查询和过程控制，保证预算编制上报、审批、执行、控制等都能通过信息系统实现，实现业务管理和财务管理系统一体化信息，运用科学的分析方法，提高全面预算管理效率和准确度。常用的预算分析方法主要有以下五种：

（一）比较分析法

也叫对比分析法，是通过实际数与基数的对比来提示实际数与基数之间的差异，据此了解经济活动取得的成绩和存在问题的一种分析方法。比较分析一是纵向比较，即与医院历年同期收支完成绝对数、预算完成的比例进行对比，特别是与上年同期对比，与历史上完成最好和最差的年份对比，与正常年景对比。在具体实务操作中常常是将本年实际执行数、本期预算数、上年同期执行数、下期预计数等进行不同的组合来进行比较分析。通过对比，研究预算收支在时间上的变化状况及其规律性，分析收支发展趋势，评价本期收支进度的快慢，以便总结经验和教训，改进工作。二是横向比较，即与同行业、同等级类别医院对比，尤其是与条件大体相同的医院对比，与行业平均水平对比。通过对比，了解行业范围内的财务预算执行情况，认清本院在行业中所处的位置，寻找差距，解决问题。

（二）结构分析法

是将预算执行中相关数据组成部分的权重及其对比关系的变动规律进行分析，以发现其变化规律、存在的问题等。结构分析主要是一种静态分析，即对一定时期内经济运行中各组成部分变动规律的分析。如果对不同时期内经济结构变动进行分析，则属于动态分析。

（三）趋势分析法

是将两期或多期连续的相同指标或比率进行定基对比和环比对比，得出它们的增减变动方向、数额和幅度，以揭示预算执行变化趋势的一种分析方法。如某医院医疗收入预算与实际对比趋势如图 6－3 所示。

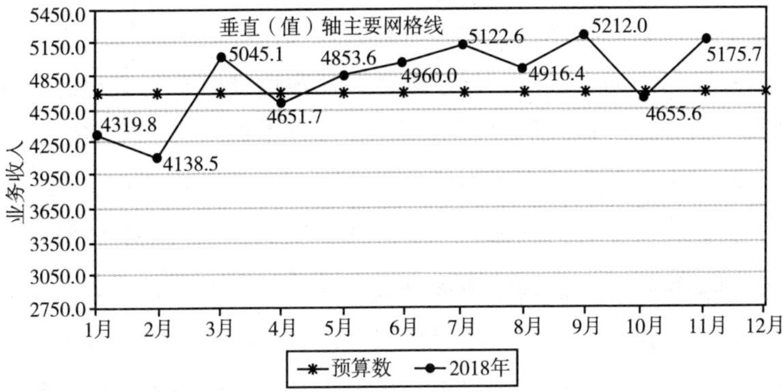

图 6－3　某医院医疗收入预算与实际对比趋势

（四）因素分析法

是通过分析指标与其影响因素之间的关系，从数量上、收费水平变化上来确定各因素对分析对象影响程度的一种方法。某医院医疗业务收入因素分析（见表 6－1）。

表 6-1　　某医院医疗收入因素分析

项　目	单位	预算数	实际执行数	增（减）额
门急诊人次	人	767272	698622	-68650
每门急诊人次收费水平	元	262.29	267.91	5.62
工作量下降减少收入	万元			-1800.62
每收费水平提高增加收入	万元			38.58
出院人次	人	18079	19656	1577
每出院人次医药费用	元	19026.71	19174.66	147.95
工作量提高增加收入	万元			3000.51
每收费水平提高增加收入	万元			290.81

（五）差异分析法

是在年度预算执行一段时间（月、季）之后，用实际执行结果与原计划标准进行比较，研究预算执行过程中取得的主要成绩和存在的问题，及时采取措施，保证预算目标顺利实现的一种手段。预算执行情况的分析比预决算报告更具体、更现实、更有针对性、更有利于解决实际问题。

六、预算执行分析的内容

预算执行分析的内容应能够满足管理及相关重大财务政策与风险监控的需要，能提出改进建议或措施，促使医院充分地挖掘与合理利用人力、物力和财力，从而更好地服务患者，取得最大的社会效益和经济效益。

（一）预算执行情况分析

对预算分析期间内医院的核心指标及关键运营数据的完成情况进行分析，通过与预算目标值比较，分析预算实际完成情况，发现预算执行过程中的差异（差异额、差异率等），并分析其对完成预算目标的可能影响程度。预算分析报告的内容包括：医疗收入预算执行情况、结余预算执行情况、期间费用预算执行情况、存货周转预算执行情况、应收账款周转预算执行情况、固定资产投资预算执行情况等。

（二）本期预算执行差异形成原因分析

医院通过对发生超收、少收、超支、少支等事项的深层次原因挖掘和研究，尤其针对预算执行重大差异，进一步寻找影响指标完成情况的内外部因素，追踪造成差异的外部政策环境、医疗运营、预算执行、日常管理等方面的深层次原因，落实预算管理责任。其中：对医疗收入预算执行差异，可从住院病人数、门急诊人次、每门急诊人次收费水平和每出院人医药费用、平均住院天数等指标展开影响因素分析；结余预算执行差异可从医疗收入的差异变化、期间费用的差异、医疗政策影响等角度来对影响因素展开分析；期间费用预算执行差异，可从部分科室、专项经费支出等展开影响因素分析；对于存货周转预算执行差异，可从医疗收入变化、期末库存余额、库存物资结构等角度来对影响因素展开分析；应收账款周转预算执行差异，可从应收账款信用政策、医保付费政策变化、应收账款账龄、呆坏账比率等角度综合分析影响因素。

（三）针对执行差异的改进建议及相应对策

医院针对预算执行差异的原因分析结果，提出调整、修正、改进差异的相关建议，并制定具体的行动方案、明确预算责任中心、约定完成期限等内容，以保证预算目标的达成，并为预算调整提供决策依据。

（四）专题分析

除对预算执行常规内容分析外，应根据需要定期对结余率、期间费用、医疗收入、应收账款等关键运营要素开展专题分析；并与行业先进医院对比分析，一方面结合外部环境变化调整对运营结果的预期；另一方面也可不断挖掘改善指标的内部管理潜力。

（五）对未来运营情况的预测

医院在对预算执行差异分析的基础上，应针对关键指标的完成率进行趋势分析，评价和判断其变动趋势，确定其变动规律，对市场、行业、发展前景等作出预测，为编制下一年度预算提供依据。

（六）追踪改进上期预算差异

医院在预算分析报告中，应对上期预算差异的改进措施执行情况进行追踪分析，确保改进措施的落实。此外，医院在预算分析报告中，还应对本院预算期间内发生的重要经济活动、业务事项，如融资、资本性支出（基建、固定资产购置）等予以分析说明。

七、预算分析中常见的问题

从目前众多医院的预算分析来看，经常会出现这样一些问题，针对这些问题医院财务人员应引起高度重视，并加以改进。

（一）罗列财务数据多

不少财务或预算管理人员错误地认为预算分析就是财务预算数据分析，只需要对实际执行数与预算数进行对比分析即可，所以一做预算分析，就统计出大量的比率和差异，再在报告中罗列大量的财务分析数据。也有些预算分析，将报表中的数据改用大段的文字表述，不但没能达到预期的效果，反而会使阅读者有晦涩难懂的感觉。出现这些问题的原因在于，财务或预算管理人员把财务数据分析当成预算的全部。财务数据分析固然重要，但呈现给管理者的财务数据应当是经过筛选后有价值的数据，而不应是简单的罗列。

（二）与业务衔接少

不少医院财务或预算人员在进行预算分析时，没有到临床一线去了解真实情况，只是围绕各种报表进行数据统计，与各项业务衔接较少，分析后得出的结论或提出的建议总是给人纸上谈兵的感觉，以数据论数据。财务或预算管理人员要提高预算分析水平，应深入一线了解和掌握真实情况，将数据结果与医疗运营实际结合起来，透过数据发现管理中存在的问题，而不能仅仅停留在数据上。

（三）参与科室少

全面预算管理要求医院所有职能科室全过程参与预算管理。目前，有些医院的职能科室参与预算编制、执行、调整和考核比较多，参与分析活动较少甚至不参与。财务或预算管理人员在进行分析时只能单打独斗、闭门造车，起不到预算管理的作用。为了做好预算分析，应当先由各预算责任中心进行基础分析，并将分析结果报送财务或预算管理人员，财务或预算管理人员在各预算责任中心分析的基础上，进行汇总分析和文字凝练。

（四）发现问题少

预算分析的一项重要任务就是要发现问题，以便在预算管理工作中加以改进。但目前不少医院在做预算分析时，发现不了真正的问题，特别是大问题。要想在预算分析中发现问题，一是要从财务的角度去分析和查找医院预算管理中存在的问题；二是要跳出财务看问题，甚至站在院长的高度去分析预算中发现的问题，并思考解决问题的方法。

（五）分析原因少

预算分析在查找问题的基础上需要分析原因，以便对症下药。目前一些医院发现问题后没有深入分析问题形成的原因，有的分析了原因但没有找对。在分析问题形成的原因时，应从主观和客观两个方面入手，多问几个“为什么”，只有这样才能真正找准问题的根源。

（六）提出建议少

一些医院对预算分析时很少提建议，有的即使提了建议，但针对性不强。出现这种情况的主要原因有：一是分析人员参与医院管理的意识不强、主动性不够，有的把自己置身事外，当旁观者；二是对医疗业务流程了解不够、医院管理经验欠缺，感觉无从下手，也就提不出什么好的建议。解决这些问题，需要财务人员转变角色，主动参与到医院管理中；更需要财务人员学习和积累医院管理的知识与经验，多写预算分析报告，不断提高分析能力。

（七）预算分析报告重点不突出

一些医院的预算分析报告千篇一律，只是简单的数字更换；有的报告只有简单的数字罗列和文字说明，缺少直观的图表说明和缜密的分析推理；有的预算分析报告虽然有图表分析，但过于简单，没有形成系统的分析资料。缺乏可读性的报告只会让医院管理层对预算分析报告的重视程度降低，也使预算分析报告失去应有的价值。

第二节　全面预算考核

全面预算考核是通过对医院工作任务的分解、落实及完成情况的检查，对预算执行的最终结果进行评价与考核，以便寻找差距、发现问题并及时解决，最终实现年度预算目标的一种管理活动，也是增强预算“刚性”的有效措施。

一、全面预算考核的作用

预算考核是医院全面预算管理发挥功能的最终保障。在医院全面预算管理实践中，预算考核的作用主要体现在以下几个方面：

（一）明确战略导向

科学合理的预算考核指标可以有效地反映医院的战略发展方向和管理意图。医院的预算目标是根据医院发展战略确定并细化分解，全面预算目标就成为医院运营的核心目标，这种目标具有较强的约束作用。在预算执行中，财务或预算管理人员对预算执行情况与预算差异适时分析，及时发现人力、财力、物力、信息等资源管理中的浪费与执行中的偏差，为预算目标的顺利实现提供可靠的保障。整合医院各预算执行主体的活动，强化优势，弥补不足，进一步提升医院的综合竞争能力。

（二）强化激励机制

医院通过量化关键绩效指标，层层分解和延伸细化，使全员都有相应的预算目标。结合一些定性指标对预算执行科室进行考核，肯定这些科室人员的工作业绩，并以精神和物资方式给予奖励，增强员工的成就感与组织归属感。预算考核具有较强的激励作用，通过对各预算责任中心的工作业绩作出评价，进一步激发员工的工作能动性。

（三）改善业绩评价

将预算执行科室的实际工作绩效与其预算目标进行考核和评价，并确定责任归属，与相应的奖惩挂钩，是一种比较公正、合理和客观的激励与约束方式，是科室业绩评价工作的重要内容。

（四）提升管理水平

通过对执行主体预算完成情况的考核，可以检验现行预算考核指标（如材料定额和比例指标等）是否合理和可行，为修正下期预算目标或标准、调整医院决策提供依据。预算考核也是医院管理者完善并优化预算管理的依据，对推动预算管理水平的提高具有积极的意义。

二、全面预算考核的原则

预算考核是对预算执行效果的评价过程，考核依据是医院分解到各责任科室的预算目标。考核应当以定量分析为主、定性分析为辅；符合内容全面、突出重点、客观公正、操作简便、绩效挂钩等基本要求，预算考核应遵循以下原则：

（一）目标性原则

实施预算管理，其根本目的在于实现医院战略目标和年度目标。因此，在预算考核时如无特殊原因，未能实现预算目标，说明预算执行者未能有效地执行预算，医院要将目标性原则作为实施预算考核的首要原则。

（二）可控性原则

预算执行的主体必须明确，执行者的权责必须清楚，要切实做到权责对等。对于医院下达的预算指标，相关科室必须能够掌控。

（三）分级考核原则

预算考核根据医院预算管理委员会下达的分解指标进行，预算执行者是预算考核的主体对象。预算考核应遵循分级考核的原则，由每一个预算责任科室对其下级预算责任中心实行分级考核。

（四）真实性原则

医院预算的编制依据、编制方法必须真实、客观地反映医疗业务活动。但真实性不等于精确性，预算编制不可能提供精准的经济信息。要使预算编制准确，参与预算编制管理人员在编制预算前，应尽可能多地获得真实、客观的数据。

（五）激励性原则

人的行为多由动机引起，而动机又是由各种需求引起的，行为科学告诉我们，激励导致努力，努力取得成绩。没有科学的激励方案，预算执行者就缺乏执行预算的积极性与主动性，预算考核将失去作用。因此，医院在实施全面预算管理过程中，应设计一套与预算考核相适应的科学、合理的激励方案，鼓励预算执行者完成或超额完成预算指标。

（六）例外性原则

实施预算管理，医院的高层管理者需要对影响预算目标实现的关键因素进行控制，并特别关注这些因素中的例外情况。如医保支付政策的改变、就医需求环境的变化、重大意外如火灾、重大疾病爆发等。对于发生的这些例外因素，医院应及时进行预算调整，并相应调整考核指标。

三、全面预算考核的内容

全面预算考核是以医院全面预算管理为基础的考核，是医院全面预算管理的硬约束。全面预算考核的科学性、合理性会直接影响其考核效果。全面预算考核包括以下内容，如图 6－4 所示。

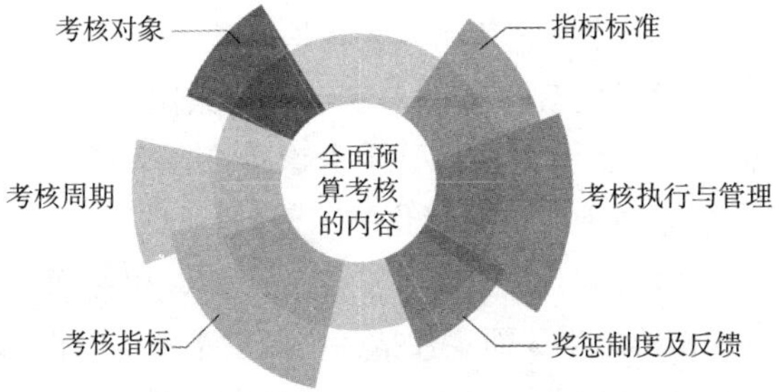

图 6-4 全面预算考核内容

（一）考核对象

全面预算考核的对象是指参与预算编制、预算执行的科室及班组等责任中心。因此，应将责任具体细化到医疗组及个人，使预算考核对象纵向多层级“到底”、横向覆盖全体员工“到边”，做到“人人肩上有责任”，促使全额管理、全程管理、全员参与。

（二）考核周期

医院应事先对业务活动的考核频率或时间跨度进行设定，如设定月度、季度或年度考核。月度、季度预算考核着重于检查、督促预算正常执行进度；年度预算考核以运营指标考核和全面预算完成情况为主，是对预算执行奖罚措施的落实，以促进下一年度预算工作的改进。当然预算考核周期也可以根据医院管理信息化应用程度的高低或实际工作需要进行调整。若医院信息化应用程度较高，可将考核周期尽量缩短，采用月度考核甚至动态考核。

（三）考核指标

预算考核指标应以各责任科室的责权范围为限，将责任科室的可控事项纳入考核范围。预算考核指标涵盖财务指标和非财务指标、定量指标和定性指标。

1. 财务指标包括百元医疗收入药品消耗、医疗收入增长率、人员经费占总支出比例、药品收入占医疗收入比例等。

2. 非财务指标包括门急诊人次、出院人次、平均住院天数、床位使用率、病人治愈好转率、手术诊断符合率等。

3. 定量指标用于考核可量化的工作。

4. 定性指标则用于考核不可量化的工作，相对而言定量指标侧重于考核工作的结果，而定性指标则侧重于考核工作的过程。

通过财务指标和非财务指标、定量和定性指标相结合的方法，使得预算考核指标较为全面地反映医院的全面预算管理执行情况。

（四）指标标准

预算考核指标标准的确定可根据自身历史先进水平或年度目标、同行业平均水平或先进水平，或是上级主管部门年度目标、评审指标来确定，如等级医院评审中有中草药比例、床位使用率等指标规定。

医院还应就预算考核指标的计算规则对各预算责任中心进行指标解读，让员工了解预算考核指标是如何计算的，并保证在医院内部对于同一个预算考核指标执行统一的考核标准。

在明确指标计算规则后，应对考核指标的重要性赋予权重，如平衡计分卡应用中财务维度赋值 20 分，其中：KPI 指标中医疗收入增长率，根据其重要性可赋值 10 分。当然，预算考核指标以及标准不是一成不变的，可根据医院发展战略目标、年度目标要求的变化进行相应的调整。

（五）考核执行与管理

预算考核可从预算编制的准确性、操作程序的规范性、预算执行的及时性、预算分析的全面性、预算组织管理的完整性等方面进行考核。也就是对全面预算管理过程和结果进行考核、评价和奖惩。医院可根据事先设定的预算考核指标及考核标准，对各责任中心的预算执行情况进行考核，计算预算考核的指标值，并与员工的绩效考核挂钩。

（六）奖惩及反馈

医院将预算指标值与实际执行结果进行比较、评价，完成预算指标考核，发现问题并分析问题形成的原因，肯定成绩，改进不足，促进预算质量的提高、管理目标的实现。此外，医院还应制定相应的考核奖惩制度，根据预算考核结果，对纳入预算考核的各责任中心进行奖惩。

四、全面预算考核的程序

全面预算考核一般包括制定预算考核制度、确定全面预算考核方法、编制考核程序等步骤，如图 6－5 所示。

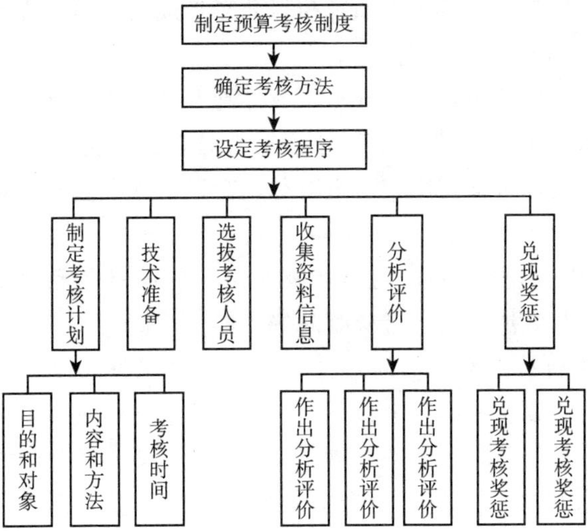

图 6－5 预算考核程序

（一）制定预算考核制度

预算管理委员会应按照医院的发展战略计划和年度目标，在充分听取各预算责任中心的意见和建议基础上，拟定预算考核的指标和标准。预算考核应当坚持公开、公正、公平的原则。考核期间一般与会计期间和预算期间保持一致，可分为月度预算考核、季度预算考核和年度预算考核或者项目完成情况的考核。

（二）确定全面预算考核方法

由于医院经济业务类型多样，预算内容丰富，为突出预算考核的关键点，简化预算考核流程，提高预算考核效率，便于对预算考核数据的纵向对比和横向比较，医院应尽量采用统一的评判标准来进行预算考核。

制定预算评价图表，对预算考核结果的数字化处理，可以最大化地突出预算考核的关键点和实现预算评价结果的直观性和可比性。预算考核执行科室按照预算考核评价表，对各预算责任中心进行评分。预算责任中心根据预算及其执行结果的差异撰写差异性分析报告，重点提出预算执行差异形成的原因和应对措施。

（三）设计考核程序

为了使预算考核工作规范、有序地开展，发挥预算的激励和约束作用，医院要建立和完善预算考核制度，健全预算考核体系，精心设计考核程序，注重对每一阶段的重点过程考核，使这项工作落到实处。

1. 制定考核计划。内容涉及明确考核的目的和对象、选择考核内容和方法，确定考核时间等。

2. 进行技术准备。绩效考核是一项技术性很强的工作，其技术准备主要包括确定考核标准、选择或设计考核方法，培训考核人员等。

3. 选拔考核人员。在确定考核人员后，需要通过培训，使考核人员掌握考核原则，熟悉考核标准，掌握考核方法，克服常见偏差。

4. 收集资料信息。医院要建立一套与考核指标有关的制度，并采取各种有效的方法来收集相关资料。

5. 作出分析评价。医院要确定单项等级和分值，对同一项目，汇总各方面取得的考核资料，综合不同项目的考核结果进行分析评价。

6. 兑现考核奖惩。预算管理委员会应对预算考核结果和预算执行差异进行审核。必要时，内审室可对预算执行和考核过程进行监督。经预算管理委员会批准，预算考核结果应当公布，并兑现奖惩。

五、全面预算考核结果运用

预算考核是对医院全面预算管理实施效果的考核和评价，是为了强化医院对全面预算管理过程的监督和控制，分析和查找预算执行结果与预算总体目标的偏离程度，以实现对预算的全过程控制。

（一）考核结果纳入医院绩效考核

各预算责任中心的考核结果占绩效考核的比重与其主要职责相关，主要职责与医院业绩相关度大，则预算考核占绩效考核的比重大。

（二）预算考核是计算年度绩效的重要依据

医院在绩效考核中赋予预算考核指标一定的权重，将预算考核结果以一定权重纳入整体绩效考核中，与其他非预算考核结果一并计算预算责任中心的综合绩效。

（三）预算考核是绩效改进的重要依据

被考核者应及时针对未达到绩效标准的项目分析原因，制定相应的改进措施。考核者有责任为被考核责任中心的绩效改进提供指导、帮助和必要的培训。

（四）预算考核是职业发展的依据

预算考核结果应记入责任人档案，作为责任人职业发展的依据。同时，也是岗位轮换及其他人事变动（晋、降级等）的重要依据。

第三节　全面预算分析与考核指标

全面预算管理作为落实医院发展战略的具体行动方案，是医院对未来整体运营活动的规划和安排，其目标与医院发展目标一致。医院在确定和管理预算目标时，需要分析全面预算的落实与执行情况，明确设计预算考核指标的原则、确定预算考核指标的设计等问题。

一、指标设计原则

医院类型多种多样，医院之间的差异也很大，但就国内大部分医院而言，预算考核指标的设计所应遵循的基本原则是大致相同的，设计理念应涵盖以下几个方面：

（一）相关性原则

设计思路与发展战略密切相关。医院应围绕中长期发展战略目标的实现和短期年度计划目标设计预算考核指标。在设计前，设计者要与医院管理层和各预算责任中心的执行者沟通、交流相关信息，清楚地了解预算管理目标和计划执行的方案和措施，根据实际情况设定考核目标和考核标准。

（二）适宜性原则

医院应正确判断自己所处发展周期的现实阶段，分析衡量自己的资源配置能力、医疗运营能力及人力资源开发、财务管理、内部控制、组织治理等方面的实际水平，运用前瞻性思维，设计出适宜的预算考核指标。

（三）弹性可控原则

预算考核指标是针对本院预算实际执行情况设定的，要考虑医院对预算方案执行过程的控制能力，把与医院有效控制活动高度相关的内容纳入考核指标体系，设定控制指标弹性范围，留出调整空间，使预算方案的执行者能放开手脚，充分发挥主观能动性，突破条条框框的限制，平稳执行预算计划。

（四）指标设定系统性原则

预算考核指标的选择应考虑不同的考核维度，力求全面评价预算执行结果。医院应将财务指标和非财务指标、定性指标和定量指标、绝对数指标和相对性指标有机纳入指标考核范围。同时，可参考本院历史最好水平和国内外同行业标杆医院的相关数据设计考核指标和考核标准。

（五）过程动态控制原则

预算考核指标和标准的设计，应针对预算方案执行过程中季节性、周期性变化的特点，阶段性地量化指标标准，重视指标和标准与月度、季度和年度考核的匹配程度，使预算监督过程既不脱离实际又保持延续性。

（六）结构突出重点原则

预算考核指标和标准的设计，应在全局架构内突出重点，重点考察各预算责任中心业务层面的主要经济指标，并将医院耗费指标、财务状况、运营状况、人力资源状况等方面的指标放在突出的位置，保证考核结果能真实反映医疗业务活动的预算控制过程及效果，使管理层准确掌握预算计划执行情况的主要信息，围绕工作重点增强预算管理的控制力度，为预算执行者提供明确的指导方向。

（七）公平公正的基本原则

医院管理层对所属科室的业绩考核必须公平、公正，相同业绩考核结果应该相同。否则，各科室的评价结果就会对医院正常运营带来负面影响，人为造成各科室间利益分配不公，挫伤医务人员的工作积极性。失去公平、公正的预算管理，只会造成适得其反的管理效果。

二、指标体系设计

预算指标设计，通常要对考核指标进行定量和定性分析、确定指标的衡量标准，在充分运用考核工具的基础上，设计适合本院管理需要的考核指标。

（一）预算考核指标的分析

运用科学、规范的评价方法，对医院一定运营期间的预算指标执行情况，如资产运营、财务效益等运营成果，进行定量及定性对比分析，作出真实、客观、公正的综合评判。

1. 绩效评价指标的筛选。常见的指标筛选方法有：

（1）专家咨询法。采取匿名方式通过几轮函询，征求专家们的意见，然后将他们的意见综合、整理、归纳，再反馈给各位专家，供他们分析判断，提出新的论证。如此反复多次，直到意见趋于一致。该方法在实际工作中具有较强的可操作性。

（2）基本统计量法。只适合数量类型数据的统计量，是最常见的统计量。对于数量类型的数据样本 X_1，X_2，…，X_n，其基本统计量定义为均值（Mean），$\overline{X}=\frac{X_1+X_2+\cdots+X_n}{n}=\frac{\sum_{i=1}^{n}X_i}{n}$，用来描述数据取值的平均位置。

（3）聚类分析法。①先将待聚类的 n 个样品看成一类，共有 n 类；②按照实现选定的方法计算每两类之间的聚类统计量，即某种距离（或者相似系数），将关系最为密切的两类合为一类，其余不变，即得到 n－1 类；③按照前面的计算方法计算新类与其他类之间的距离（或相似系数）；④将关系最为密切的两类并为一类，其余不变，即得到 n－2 类；如此下去，每次重复都减少一类，直到最后所有的样品（或者变量）都归为一类为止。

（4）主成分分析法。利用降维的思想，把多指标转化为少数几个综合指标（即主成分），其中每个主成分都能够反映原始变量的大部分信息，且所含信息互不重复。这种方法在引进多方面变量的同时，将复杂因素归集为几个主成分，使复杂问题简单化，同时得到更加科学有效的数据信息。

（5）变异系数法。又称“标准差率”，是衡量资料中各观测值变异程度的另一个统计量。当进行两个或多个资料变异程度的比较时，如果度量单位与平均数相同，可以直接利用标准差来比较。如果单位和（或）平均数不相同，比较其变异程度就不能采用标准差，而需采用标准差与平均数的比值（相对值）来比较。

2. 绩效评价指标权重的确定。指标权重确定方法分主观和客观两种：

（1）主观权重充分反映专家对评估对象在长期工作中总结出来的经验。主要有：经验定权法、德尔斐法、定性排序、层次分析法。目前用得较多的是层次分析法。

（2）客观权重是从实际数据出发，对数据分布和各指标实际水平进行调整，主要方法有：TOPSIS 法、秩次法、赋权法。目前采用较多的是赋权法。另外，指标标准化法有 3 种：标值标准化、秩次法和百分位法，用得较多的是百分位法。

3. 指标体系的构成。医院业绩评价指标体系中的绩效预算，强调的是“结果导向”。根据医疗业务的特点，全面预算考核体系中关键指标（KPI）可分为定量指标与定性指标。定量指标又可分为财务指标与非财务指标，不同的指标采用不同的考核工具。

通过制定预算绩效目标，建立约束和激励机制，有利于医院管理走向战略化与精细化。医院业绩评价指标体系应对社会和经济效益等予以综合考核。医院应设置包括财务及非财务预算、适时的过程监控与评估、创新能力和社会效益等全面的绩效预算指标，通过对绩效预算的编制与监控，对比预算数据和实际执行的差异，建立动态的评价指标。

（1）经济效益评价指标。医院业绩是多层面的，经济效益的评价指标包括患者费用和医疗收入两个方面，即每门急诊人次收费水平、每出院人次医药费用，医疗收入、人均年医疗收入、药品收入占医疗收入的比例、人员经费占总支出比例、管理费用占总支出比例、资产负债率、经费自给率、每百元固定资产收益率、医疗收入增长率等。

经济效益是医院的近期目标，而经济效益评价指标直接与医院的财务目标相衔接，同时，经济效益指标也有综合反映医院管理业绩的功能。为了有效反映医院的公益性，使业绩评价主体对医院运营状况作出客观的评价，在绩效预算管理下，经济效益指标也应从患者医疗费用承受、医务人员的培养投入等方面反映医院的业绩。

（2）效果评价指标。医院运营效果主要反映在医疗质量和创新能力两方面，具体包含的指标有：入出院诊断符合率、手术前后诊断符合率、急危重症抢救成功率、住院病人治愈好转率、基础护理合格率及院内感染发生率等。一所大型的综合性公立医院，除了承担基本的医疗服务任务外，还承担教学、科研和预防保健任务，这是医疗活动得以有效和全面开展的基础。医院全面发展的效果怎样，主要看它的创新能力。创新能力评价指标有：人均科研课题数、人均发表论文数、人均继续教育学分、科研成果或得奖数等指标。

（3）效率评价指标。包括医疗效率、人员结构及收支结余等几个方面，具体包括平均住院日、人均门诊人次、人均出院人数、病床使用率、病床周转次数，每床配有护士数、每一医生分管床位数、医疗收入支出比及医疗增长率等。

（4）效用评价指标。包括服务质量和发展潜力两个方面。从医院长期发展的战略目标出发，医疗服务质量的好坏直接影响着医院的健康发展，患者满意度是一切医疗行为的出发点。因此，服务质量的好坏主要反映在患者的满意度和费用知情率两个方面。为了向患者提供更加优质、高效的服务，医院还应加快自身的发展，发展潜力如何，可从医疗收支结余和持续投入两方面来考核。

（二）评价标准

预算绩效考核应尽量排除非控制因素所产生的影响。其考核标准值可参考医院评审标准、重点专科评审标准、医疗服务能力标准、医疗质量安全标准、临床诊治指南、基本公共卫生服务规范、重大疾病防治工作规范、重大公共卫生服务项目实施方案、卫生应急管理工作规范等方面的规范性文件和卫生标准。绩效评价标准应当符合绩效评价指标的特点，遵循医疗卫生工作规律，充分考虑地域、社会经济发展差异，既要反映医院间的横向比较，又要反映同一家医院自身变化的纵向比较。

预算绩效考核的评价标准有定性指标与定量指标，要使定性指标能够比较精确地进行考核，就必须尽量减少一些笼统和模糊的概念。一种很自然的思路就是“往下细分”，先找出一个大的定性指标，再针对每个方面制定具体可衡量的考核标准。制定定性指标考核标准的总体思路是：

1. 将定性指标进一步细化为多个可考核的方面，即考核维度。

2. 针对每一个可考核维度，尽量用数据和事实来制定明确和具体的考核标准。考核维度是反映定性指标完成情况的关键环节，是管理者对被考核预算责任中心工作要求的主要方面，能够充分体现被考核责任中心的业绩。

3. 考核维度应该是考核者和被考核者达成一致的结果。确定考核维度后，医院还应根据各维度的重要性程度分别设立权重。

（三）建立指标体系

建立基于关键指标和平衡计分卡的预算绩效评价指标体系，指标应当体现公立医院的公益性质、维护公众健康的要求，反映服务和管理过程，注重服务结果，突出目标管理和全面质量管理。具体指标选取时应当坚持突出重点、客观稳定、易于获取、科学灵敏、定性定量相结合的原则，并建立动态调整机制。

1. 关键指标（KPI）。包括量化指标、非量化指标；加减分指标、一票否决指标。量化指标可以细分为财务指标与非财务指标，财务指标包含医疗收入、医疗收支结余、医疗收支结余率、净资产收益率等体现在财务结果上的指标；非财务指标包含医疗服务质量、客户满意度、市场份额等指标；加减分指标包含承担临时性任务、指令性任务、取得重大成果、严重违法违纪行为等，一票否决指标指重大的医疗事故、经济事故、安全生产等指标。

2. 平衡计分卡（BSC）。在预算绩效考核中借助平衡计分卡的原理和方法，围绕医院核心价值观，结合关键指标（KPI）、360 度考核等工具综合运用设计全面预算考核体系，平衡计分卡（BSC）中的财务、客户、内部流程、学习与成长四个维度充分体现医院发展战略的意图和总体要求，反映未来财务业绩的动因，从四个方面对医院的业绩进行测评，需要对总体目标进行细化与分解，结合关键指标（KPI）使医院的战略管理建立在日常管理基础之上进行业绩评价。对非量化指标采用 360 度考核工具。

从财务、客户、内部流程、学习与成长 4 个维度构建医院关键绩效指标，并通过对这些方面的衡量来促使财务和内部流程的改进和发展。

（1）财务维度。描述了医疗活动所产生的财务状况变化，根据医院发展战略与年度目标需要而设置。指标设置不是多而全，是为提高净资产结余率这一总体目标，进一步分解影响总资产收益率指标实现的关键因素，如提高医疗资源利用率、降低不必要的材料物资消耗、制定合理的薪酬分配激励方案，以调动员工的积极性，抓住财务管理的关键点，成为完成年度预算目标的有效抓手。主要包括百元医疗收入药品和卫生材料消耗、医疗收入增长率、人员经费占总支出比例、药品收入占医疗收入比例等指标。

（2）客户维度。反映考核对象应如何面对内部顾客（院内科室、员工等）和外部顾客（患者、上级主管部门、供应商等）。医院要体现“以病人为核心”的宗旨，通过提高病人满意度指标的关键因素，如病人对就诊医生及科室、就诊过程、诊疗效果等满意度的关键目标分解，指标包括患者满意度、出院病人治愈好转率、每门急诊人次收费水平、每出院人次医药费用、医疗事故率、病人有效投诉率等，可以从以下五个方面考虑患者的满意度：

①感知性。指提供服务的有形部分，如各种医疗设施、设备，服务人员的仪表等。患者正是借助这些有形的、可见的部分来把握服务的实质。有形部分提供有关服务质量本身的线索，也直接影响到患者对服务质量的感知。

②可靠性。指服务供应者准确无误地完成所承诺的服务。可靠性要求避免服务过程中的失误，患者认可的可靠性是最重要的质量指标，它同核心服务密切相关。许多以优质服务著称的医院，正是通过强化可靠性来建立自己的声誉。

③适应性。主要指反应能力，即随时准备为患者提供便捷、有效的医疗服务，包括矫正失误和改进对患者不便之处的能力。对患者提出的合理要求，能否给予及时的满足，表明医院的服务导向，即是否把患者的利益放在第一位。

④保证性。主要指医务人员的友好态度与胜任能力。医务人员有较高的专业技能和良好的服务态度，能增强患者对服务质量的可信度和安全感。在医疗技术不断推陈出新的今天，患者同知识渊博且又友好和善的医务人员打交道，无疑会产生信任感。

⑤移情性。要求医院和医务人员能设身处地为患者着想，努力满足患者的要求。这就要求医务人员要换位思考，想患者之所想，急患者之所急，了解患者的实际需要，千方百计予以满足；给予患者充分的关心和相应的体贴，使服务过程充满人情味，这便是移情性的最好体现。

（3）内部流程。内部流程揭示了为持续增加患者满意度和医院价值所必需的关键流程。包括创建特色学科，提升诊疗技术水平。优化指标包括平均住院天数、病床使用率、手术台次、医疗事故率、甲级病历率、抗生素使用率等技术指标。

（4）学习与成长维度。学习与成长维度显示了医院科研创新能力和员工学习能力对医院可持续发展的影响。相应指标有论文发表数、课题等级数量与结题率、继续教育学分数、新技术研发与使用数量等。

三、预算分析与考核指标体系

医院以预算目标为依据，结合年度运营计划的实施进程，构建全面预算分析和考核的指标体系。医院的全面预算分析与考核指标包括财务指标和非财务指标两大类。

（一）财务类指标

财务类指标反映医院的资源状况和运营效果，揭示医院的效益、规模增长和风险程度，是医院预算指标的主体。财务指标主要包括预算管理指标、资产运营指标、成本管理指标、收支结构指标、发展能力指标（见表6－2）。

表6－2　医院预算财务类指标

项　目	计算公式
一、预算管理指标	
（一）预算执行率	预算收入执行率＝本期实际收入总额/本期预算收入总额×100%
	预算支出执行率＝本期实际支出总额/本期预算支出总额×100%
（二）财政专项拨款执行率	财政专项拨款执行率＝本期财政项目补助实际支出/本期财政项目支出补助收入×100%
二、资产运营指标	
（一）总资产周转率	总资产周转率＝(医疗收入＋其他收入)/平均总资产
（二）应收账款周转天数	应收账款周转天数＝平均应收账款余额×365/医疗收入
（三）存货周转率	存货周转率＝医疗支出中的药品、卫生材料和其他材料支出/平均存货

续表

项　　目	计算公式
三、成本管理指标	
（一）每门诊人次收入、每门诊人次支出及门诊收入成本率	每门诊人次收入 = 门诊收入/门诊人次
	每门诊人次支出 = 门诊支出/门诊人次
	门诊收入成本率 = 每门诊人次支出/每门诊人次收入 × 100%
（二）每出院人次收入、每住院人次支出及住院收入成本率	每出院人次收入 = 出院收入/出院人次
	每出院人次支出 = 出院支出/出院人次
	出院收入成本率 = 每出院人次支出/每出院人次收入 × 100%
（三）百元医疗收入药品、卫生材料消耗	百元医疗收入药品、卫生材料消耗 = 药品、卫生材料消耗/医疗收入 × 100
其中：百元医疗收入药品消耗	百元医疗收入药品消耗 = 药品消耗/医疗收入 × 100
百元医疗收入卫生材料消耗	百元医疗收入卫生材料消耗 = 卫生材料消耗/医疗收入 × 100
四、收支结构指标	
（一）人员经费支出比率	人员经费支出比率 = 人员经费支出/（医疗支出 + 管理费用 + 其他支出）× 100%
（二）公用经费支出比率	公用经费支出比率 = 公用经费支出/（医疗支出 + 管理费用 + 其他支出）× 100%
（三）管理费用率	管理费用率 = 管理费用/（医疗支出 + 管理费用 + 其他支出）× 100%
（四）药品、卫生材料支出率	药品、卫生材料支出率 =（药品支出 + 卫生材料支出）/（医疗支出 + 管理费用 + 其他支出）× 100%
其中：药品支出率	药品支出率 = 药品支出/（医疗支出 + 管理费用 + 其他支出）× 100%

续表

项　　目	计算公式
卫生材料支出率	卫生材料支出率 = 卫生材料支出/(医疗支出 + 管理费用 + 其他支出) ×100%
(五) 药品收入占医疗收入比例	药品收入占医疗收入比例 = 药品收入/医疗收入 ×100%
(六) 卫生材料收入占医疗收入比例	卫生材料收入占医疗收入比例 = 卫生材料收入/医疗收入 ×100%
五、发展能力指标	
(一) 总资产增长率	总资产增长率 = (期末总资产 - 期初总资产)/期初总资产 ×100%
(二) 净资产增长率	净资产增长率 = (期末净资产 - 期初净资产)/期初净资产 ×100%
(三) 固定资产净值率	固定资产净值率 = 固定资产净值/固定资产原值 ×100%
(四) 医疗收入增长率	医疗收入增长率 = (本年医疗收入 - 上年医疗收入)/上年医疗收入 ×100%
(五) 每床位占用专业设备（净值）	每床位占用专业设备（净值）= 年末专业设备净值/年末实际开放床位

1. 预算管理指标。主要反映和评价医院预算执行结果，便于上级主管部门对医院预算执行情况进行综合考核评价，并将考评结果作为对医院管理层进行综合考核、实施奖惩的重要依据。医院预算管理指标有预算执行率、财政专项拨款执行率两类。

(1) 预算执行率包括预算收入执行率和预算支出执行率，反映医院预算管理水平。

(2) 财政专项拨款执行率反映医院财政项目补助支出的执行进度。

2. 资产运营能力分析。资产运营能力是指医院通过资源的有效组合，对财务目标所产生作用的大小。通过对医院资产质量和资产运营能力指标的分析，有助于评价医院的资产管理水平。反映和评价医院资产运营能力的指标主要有总资产周转率、流动资产周转率、应收账款周转率、存货周转率等。

3. 成本管理分析。成本管理指标主要反映医院对成本费用的管控水平和对病人费用的控制水平。成本管理指标主要有门诊收入成本率、住院收入成本率、百元医疗收入消耗药品和卫生材料等。

4. 收支结构指标。主要反映医院收入结构和支出结构，通过指标反映收支结构的合理性水平。反映收支结构指标主要有人员经费支出比率、药品和卫生材料支出比率、药品收入占医疗收入比率、卫生材料收入占医疗收入比率等。

5. 发展能力分析。发展能力是指医院通过自身的医疗服务活动，不断积累和扩大的发展潜能。从医院财务角度看，反映医院发展能力的指标主要有总资产增长率、净资产增长率、固定资产净值率。

（二）非财务评价指标

随着医疗市场环境的变化和医院管理体制的改革，传统的以财务指标为主的预算考核指标体系已经越来越不能适应医院发展的需求。由于医院管理的复杂性和多样性，医院管理的诸多因素，如病人满意度、医疗市场占有份额、医疗技术、技术创新、社会舆论及政府的支持程度等都将影响医院未来的运营业绩。而财务指标无法对这些因素的影响程度进行测评，只能利用非财务指标来体现。

非财务类评价指标：主要通过公益性评价、医疗业务量、医疗质量、工作效率、医疗过程控制、创新能力等指标来反映（见表6－3）。

表 6-3　　医院预算非财务类指标

项　　目	计算公式
一、公益性指标	
（一）患者满意度	患者对接受医疗服务的综合评价
（二）每门急诊人次收费水平	每门急诊人次收费水平 = 门急诊收入/门急诊人次
（三）每出院人次医药费用	每出院人次医药费用 = 每床日费用 × 平均住院天数
（四）药品、检查和检验占比	药品、检查和检验占比 = （药品收入 + 检查收入 + 检验收入）/医疗收入 × 100%
（五）卫生材料收入占比	卫生材料收入占比 = 卫生材料收入/医疗收入 × 100%
（六）医保患者自费费用占比	医保患者自费费用占比 =（医保患者医药费用总额 - 医保患者医保范围内医药费用总额）/医保患者医药费用总额 × 100%
二、医疗业务量	病案数据
（一）门急诊人次	
（二）出院人次	
（三）实际占用总床日	
（四）手术台次	
三、医疗质量	病案数据
（一）门诊和出院诊断	
其中：符合率	
治愈率	
好转率	
病死率	
（二）住院重症病人抢救成功率	
（三）手术并发症率	

续表

项　　目	计算公式
四、工作效率指标	
（一）职工平均门急诊服务人次	职工平均门急诊服务人次 = 门急诊人次/平均在职职工人数
（二）职工平均出院服务人次	职工平均出院服务人次 = 出院人次/平均在职职工人数
（三）每职工平均服务床日	每职工平均服务床日 = 实际占用总床日/平均在职职工人数
（四）每职工平均医疗收入	每职工平均医疗收入 = 医疗收入/平均在职职工人数
（五）床位利用率	床位利用率 = 实际占用总床日/实际开放总床日 ×100%
（六）出院者平均住院天数	出院者平均住院天数 = 出院者占用床日/出院人数
（七）病床周转次数	病床周转次数 = 出院人数/平均开放床位
五、科研能力指标	
（一）科研投入经费占比	科研投入经费占比 = 科研经费总投入/医疗收入 ×100%
（二）每百名卫生技术人员科研成果	每百名卫生技术人员科研成果 = 科研成果得分/卫生技术人员数 ×100
（三）每百名卫生技术人员科技论文	每百名卫生技术人员科技论文 = 在国内统计源核心期刊发表的论文/卫生技术人员数 ×100
（四）每百名卫生技术人员学科能力	学科排行指标参照每年发布的“中国医院学科科技影响力排行榜”

1. 公益性评价指标。从患者的角度考核医院管理者的工作业绩是非财务类评价指标中十分重要的方面。随着医疗市场竞争的加剧，患者对医院的评价越来越重要。从患者的角度评价医院的运营情况，主要包括病人满意度、医保外自费率、每门急诊人次收费水平和每出院人次医药费用、药品收入占医疗收入比例等。

2. 医疗业务量指标。医疗业务量是医院在一定时期诊疗病人的数量，反映医疗服务量的指标有门急诊人次、出院人次、实际占用总床日、手术台次等。一般情况下，医院服务量越多，说明医院的社会效益和经济效益越好，医疗资源利用程度越高。

3. 医疗质量指标。医疗质量是医院生存和发展的基础。医疗质量包括服务过程和服务结果的质量。常用的医疗质量评价指标有门诊和出院诊断符合率、病人治愈率和好转率、病死率、急危重症病人抢救成功率、手术并发症率等，在医疗质量评价中可根据医院实际情况进行选择。

4. 工作效率指标。工作效率反映医院对医疗卫生资源的利用程度。反映工作效率的常用指标有病床使用率、病床周转率、出院者平均住院天数、人均完成门急诊人次、人均完成住院床日、人均完成出院病人数等。

5. 创新能力指标。医院的创新包括医疗技术创新、管理创新等。其中医疗技术创新对医院发展具有重大的影响，可以获得核心竞争优势。医院常用的创新指标有：研究开发费用率、研究开发投入产出率、新技术应用率、每百人获成果奖项、每百人发表论文数等。

第四节　全面预算考核与绩效考核的融合

全面预算包含以医疗收入预算、医疗支出预算和项目预算等为主的财务预算，预算指标即是医院绩效考核的依据。在医院运营过程中，医院管理者可以根据预算执行结果的偏差总结，不断优化运营管理；或是发现预算编制中的不合理之处，对预算进行滚动调整。全面预算能否按照既定目标有序推进与医院战略发展目标的实现息息相关，而绩效考核结果与医院经济活动参与者的自身利益息息相关。因此，将全面预算的有效落实作为绩效考核目标，有利于全面预算的层层推进，是医院管理者推动预算执行的动力。全面预算考核应与绩效考核有效融合。

一、绩效管理

医院的绩效管理应当既综合考虑医院在医疗安全、医疗质量、医疗效率、成本控制、学科建设等方面的指标，也强调医务人员绩效的提升与医院战略发展目标相一致。

（一）绩效管理的概述

所谓绩效管理，是指医院各级管理者和员工为了达到组织目标，共同参与绩效计划制定、绩效辅导沟通、绩效考核评价、绩效结果应用、绩效目标提升的持续循环过程。绩效管理强调组织目标和个人目标的一致性，强调组织和个人同步成长，形成"多赢"局面。绩效管理体现着"以人为本"的思想，在绩效管理的各个环节中都需要管理者和员工的共同参与。

1. 绩效计划制定。是绩效管理的基础环节，不能制定合理的绩效计划就谈不上绩效管理。

2. 绩效辅导沟通。是绩效管理的重要环节，这个环节工作做得不到位，绩效管理将不能落到实处。

3. 绩效考核评价。是绩效管理的核心环节，这个环节如果出现问题，将会给绩效管理带来严重的负面影响。

4. 绩效结果应用。是绩效管理取得成效的关键，如果对员工的激励与约束机制存在问题，绩效管理不可能取得成效。

绩效管理理念告诉我们：它是一个管理者和员工保持双向沟通的过程。管理者和员工通过认真平等的沟通，对未来一段时间（通常是一年）的工作目标和任务达成一致，确立员工未来一年的工作目标，在更高层次的绩效管理里用关键绩效目标（KPI）

和平衡计分卡表示。

（二）绩效管理过程

绩效管理活动由绩效计划、绩效考核、绩效反馈和绩效改进四部分组成。绩效考核是绩效管理活动中最重要、最关键的环节。绩效考核的质量和效率对整个绩效管理活动具有决定性的影响。同时，高质量、高效率的绩效管理工作，是做好绩效考核工作的前提条件和重要保障。

（三）绩效管理目的

公立医院绩效管理的目的是持续提升个人、科室和组织的绩效，要将绩效管理的关注点放在促进医院良性健康有序、高效率、高质量地运行，充分彰显公立医院在基本医疗服务过程中的主导作用，充分体现政府的政策目标——“坚持公益性”绩效水平的实现度。

1. 实现医院的战略发展目标，并且能随需而变。在实现医院发展战略目标的前提下，平衡各项业务的发展。

2. 从绩效考核的结果，进行绩效分析，找出医院目前的劣势与优势。对于执行业务的医务人员，给予公平合理的执行力评价（绩效考核）。

3. 通过绩效沟通的手段，解决医务人员执行力的障碍，并加以排除。定期召开绩效管理会议，回顾和查找制度上、操作上的缺陷，提出改进措施。

4. 采取 PDCA 循环方式，不断完善绩效管理体系运作方式，如图 6－6 所示。

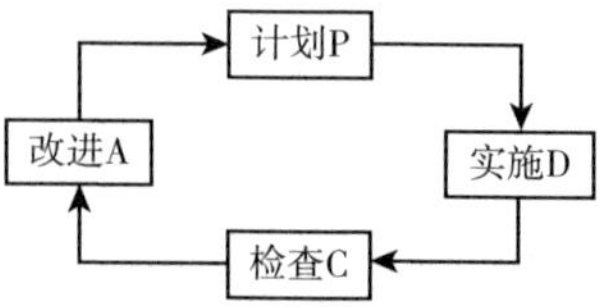

图 6－6　PDCA 流程

（四）影响绩效的因素

影响绩效的主要因素有员工技能、外部环境、内部条件以及激励效应。

1. 员工技能。是指员工具备的核心能力，是内在的因素，经过有组织有计划的培训和开发是可以提高的。

2. 外部环境。是指组织和个人面临的不为组织所左右的因素，是客观因素，组织是不可能完全控制的。

3. 内部条件。是指组织和个人开展工作所需的各种资源，也是客观因素，在一定程度上组织能改变内部条件的制约。

4. 激励效应。是指组织和个人为达成目标而工作的主动性、积极性，激励效应是主观因素。绩效管理就是通过适当的激励机制激发人的主动性、积极性，激发组织和员工争取内部条件的改善，提升技能水平，进而提升个人和组织的绩效。

二、全面预算考核与绩效管理的关系

全面预算是医院实施绩效管理的基础，是进行员工绩效考核的主要依据，经预算与绩效管理相结合，使医院对其科室和员工的考核真正做到“有章可循，有法可依”。

（一）短期预算目标与医院战略目标的结合

医院的全面预算一般以年度为编制单位，属于短期目标，而医院战略发展目标，需要一个较长时期的多个短期预算的循环才能得以实现。因此，绩效考核指标的设定，需要短期绩效考核与长期指标的考核相结合。短期考核重在医院当前利益的实现，长期指标考核着重体现在医院持续利益的实现，两者有效结合，促使医院的远景规划和战略发展目标的实现。

（二）预算指标的刚性与绩效考核的柔性相结合

医院的全面预算是按照编制时的宏观经济政策、市场环境及医院能够提供的医疗服务能力编制的。如果在预算实施中，宏观经济环境、政策法规发生重大变化，导致预算编制的基础发生重大变化，就需要调整年度预算。在绩效考核时，应综合考虑客观因素变化对预算目标的影响及医院管理者在运营中所付出的努力等多方面的因素，适当考虑对考核指标进行调整，使考核结果建立在客观实际的基础之上，得出切合实际的考核结果。

（三）可量化指标与不可量化指标的考核相结合

医院全面预算的考核内容除了医疗收入支出预算和项目预算等为主的可量化财务指标外，还应包括以长远发展规划为目标的管理任务和重点工作任务等不可量化指标。可量化指标考核剔除例外事项后，可通过直接对比的方式形成结果；对不可量化指标的考核可通过实地察看、专家打分、发放问卷调查和直接判断等方式形成结果。只有将可量化指标与不可量化指标相结合，才能使考核工作更具有全面性。

（四）日常执行监督与执行结果的奖惩相结合

绩效考核有助于医院按照既定的预算目标向前推进，它既是对医院管理层、各预算责任中心、员工日常活动的监督，也有助于推进一定时期内预算目标的实现。绩效考核是一种奖惩措施，通过监督与激励的结合，推动预算目标的实现。

第五节　将预算与绩效管理高度融合

随着国家把预算绩效管理提到空前战略高度，并作为预算管理的重大改革举措予以推进，一些医院按照上级主管部门的统一部署和要求，认真总结已有基础和积累的经验，逐步形成了一套完整的预算绩效管理的做法与体系，并固化为制度、流程和具体工作举措，值得其他医院借鉴。

一、系统设计、协同推进是关键

医院围绕绩效预算改革事项，形成以结果为导向的科室预算编制改革、预算信息内部公开、预算面谈的审查监督制度等，助推预算绩效改革提质增效。

二、流程再造、闭环管理是保证

将传统的“供给型财务预算流程”转变成“绩效目标”“绩效预算”和“绩效评价”三位一体的绩效管理流程，概括为“三个层面”和“三个维度”的有机整合。

（一）“三个层面”

是指围绕项目绩效目标展开的项目层、预算层和评价层，三个层面环环相扣、层次分明。第一层是围绕目标的项目层，包括项目立项、实施、验收三个环节；第二层是保障项目落实的资金预算层，包括预算编制、执行和监督三个环节，构成一个预算闭合过程；第三层是绩效评价层，围绕着绩效目标分别对项目预算安排，项目执行情况和项目完成情况的评价。

（二）“三个维度”

是指在三个环节上的绩效管理流程，每个维度上的流程再造都是以绩效目标为原点，以绩效评价为工具，对项目绩效管理流程的改造。

三、机制长效、程序固化是基础

医院在预算绩效管理中要做到“三化”。“三化”指的是促进预算绩效管理工作的制度化、推进预算绩效管理机制的常态化以及完善预算绩效管理方式的程序化，从而确保绩效管理工作取得持续、长效的成果。

（一）促使预算绩效管理工作的制度化

医院要出台绩效管理办法，制定绩效管理评价工作指南，建立健全评审专家管理制度，必要时可聘请第三方评价机构实施考核管理，完善信息化系统管理建设。

（二）推进预算绩效管理的常态化

在时间节点方面，切合年度预算管理的每个环节；在工作同步方面，实现与医院年度预算同步，与医院的管理要求同步，与医院年度工作重点（要点）同步。

（三）完善预算绩效管理方式的程序化

医院要将预算绩效管理评价结果很好地应用，形成评价报告，问题整改落实反馈，及时在医院内部信息公开。

四、预算与绩效相融合是核心

将预算绩效管理评价融入预算编制、执行和监督的三个环节，实现三个同步。

（一）第一步实现与医院下属科室预算编制同步的绩效目标申报和事前立项评审：从项目名称、构成、内容（明细）三层架构细化预算编制，提出项目工作目标、量化绩效目标，确立产出和效果类评价指标。

（二）第二步实现与科室预算执行监督同步的目标运行监控的事中评估，对照项目绩效目标，考查执行情况，纠偏并完善计划及目标。

（三）第三步实现评价结果应用与医院效能考核同步的事后评价：建立健全评价结果反馈与整改制度。

五、公开透明、员工参与是手段

公开透明和员工参与既是预算绩效管理的重要组成部分，又是推进预算绩效改革的重要手段。医院要按照上级主管部门信息公开的相关要求，做好全过程的绩效评价结果公开，尤其对属于财政重点评价的项目要根据要求进行公开。对于一些政府重点、社会热点的实事项目通过电台、报刊等相关媒体的报道予以公开，接受公众的监督。

第七章　全面预算管理信息化建设

随着科学技术的迅速发展，医院内外部环境瞬息万变，各种信息数据呈爆发式增长，传统预算管理模式越来越难以发挥作用，主要存在以下问题：预算编制涵盖数据不全、信息时效性差；预算执行缺少关联控制、无法实时统计执行进度；预算分析考核缺乏说服力、时效性差等。因此，预算管理信息化需求迫切。

第一节　预算信息化建设

信息化的概念起源于20世纪60年代的日本，日本学者梅棹忠夫在《论信息产业》中提出："信息化是指通讯现代化、计算机化和行为合理化的总称。"这个"信息化"的称谓后来被译成英文传播到西方。关于信息化的表述，在中国学术界和政府内部作过较长时间的研讨。1997年召开的首届全国信息化工作会议，对信息化定义为："信息化是指培育、发展以智能化工具为代表的新的生产力，并使之造福于社会的历史过程。"因此，信息化是以现代通信、网络、数据库技术为基础，将管理对象的各类要素汇总在系统数据库中，供特定人群生活、工作、学习、辅助决策等的一种技术，它可以很大程度地提高效率。

一、全面预算管理需要信息化支持

全面预算管理是现代医院运营管理的重要手段，是改善医院运营业绩、控制运营风险的重要方式和途径。它通过制定符合医院分步战略目标的预算，对医院运营进行事前计划、事中控制、事后分析评价，从而合理配置医院的人、财、物等各类资源，保证日常业务正常开展。同时，有序地发展需要重点扶持或发展的学科和新技术，逐步实现医院愿景。

现代化的信息技术为全面预算管理打开了新的出路。通过结合传统预算管理的流程，借助信息化手段下充足、规范的数据支持，自动化的数据处理能力，严格的额度及审批控制，灵活的调整方式，传统的预算管理缺点得到有效改进，大大提升了预算管理的效率与效益，预算管理逐步向信息化推进并不断进行完善和优化。

全面预算信息化是利用现代化信息技术与传统预算管理流程相结合，形成预算管理信息系统，利用信息化进行控制。医院相关科室与人员协同办公，实现预算从编制、上报、审批、下达、执行、考核等过程全方位信息化控制的现代化管理模式。

二、全面预算信息化的作用

预算信息化管理与传统的预算管理模式比较，虽然管理目的一样，管理流程相似，但在统计数据的时效性和可靠性方面有很大程度的提升，管理效率也显著提高，如图 7－1 所示。

图 7－1　全面预算信息化的作用

（一）有助于医院愿景的实现

愿景是一个医院将来所期望达到的目标和景象，具体体现为医院未来的发展方向、规模、档次和标准等。愿景是一个长远的目标，不可能一步到位。医院为了实现愿景，管理层需要制定阶段性目标，再制定每年的工作计划及重点任务，进而合理安排资源，保证资源配置。

利用信息化控制资源配置的过程就是预算的信息化过程。人们利用大数据可进行多纬度、实时的精细化管理，实现项目的事前、事中、事后的控制和分析，降低人为干预因素和执行过程的偏差，有助于分阶段目标的实现，逐步实现医院愿景。

（二）信息实时共享

随着科学技术的迅速发展，信息技术、数字化解决方案等在医院各个科室或项目得到广泛的应用。但目前国内医院还没有完整的、成熟的、适合大众化的医院管理信息系统即HERP。医院各科室因业务管理需要能独立开发或采购相关信息软件，但由于专业性强，独占性高且不适合推广，各科室的业务信息系统处于独立运行状态，数据的共享性较差，属信息孤岛。

在日常工作中，我们经常碰到这样的情况，“半年度的预算执行情况怎样？收入报表还有缺项，库房支出报表还没拿来！”“又要编制预算了，请财务科把去年的预算执行数据发给我们”，等等。由于业务数据除了在业务主管科室使用外，其他相关科室或人员不能及时了解和使用，造成工作效率极为低下。

预算信息化或基于HERP的预算管理模块是一个网络化的应用程序，相关操作人员根据权限登录后，可通过接口软件或数据平台实时调用相关系统的业务数据，实现信息的实时共享，大大提高办事效率。

（三）加强预算控制能力

医院在日常管理工作中，经常会碰到预算编制归编制、执行归执行的情况，事后又无相应的预算考核措施，使预算控制成为纸上谈兵。有些医院即使有控制措施，一般多表现为事后控制，而事前或事中控制的较少，预算控制能力较为薄弱。

预算能否切实发挥作用，关键在于能否发挥预算执行的控制功能。在传统预算管理模式下，当经济业务发生时，医院无法实时获得业务预算数据和累计执行数据，并进行比较和控制；而传统习惯形成的办事风格，往往需要在面临紧急经济业务时马上处理完毕，造成经济业务事后汇总再处理，也就是事后控制，达不到预算事前计划、事中控制的目的。

预算信息化可最大限度地避免人工管理的弊端，提高预算管理的刚性。经济业务要执行，必须在预算系统中有预算指标，否则无预算额度无法执行。预算指标由各业务科室通过系统上报，由医院决策层讨论通过后再将预算指标下达到各科室，预算系统自动保存业务科室的预算指标。实际执行过程中因客观因素产生新的需求即为预算外的内容，根据预算管理需要进行预算追加，启动预算追加流程。经济业务发生时，各科室通过信息系统提交申请，申请确认后系统执行命令，先冻结预算额度，执行完毕后再确认扣减预算额度，系统操作流程在经济业务事项发生之前就进行相应的控制，从而大大增强了预算执行的控制力度。

综上所述，预算信息化实时控制主要体现在两个方面：一是提供预算数据相关信息支持。在预算信息系统中，相关经办人员能实时从预算系统中调取相关数据，实时与预算数据进行比较确认有无预算指标，如无预算指标则不予执行，需要启动追加流程。二是技术上提供控制手段，也就是额度控制。预算系统自动判断经济业务发生的额度是否超过预算指标额度，再进行相应的处理。

（四）强化预算与业务的融合

在医院管理过程中，员工经常会认为预算是财务科的事，业务科室只要做好自己的业务工作就行了，或者业务科室在编制下一年度预算数据时，仅根据当年的基数增长百分比来确定，不管第二年的工作重点是什么或外部环境是否发生变化。预算编制完毕并上报后，预算的指标一般也不下达到科室，预算执行时未实时扣减指标额度，年度结束后一般也只考核预算的总体情况，对业务科室的预算完成情况没有考核措施，预算管理流于形式。

预算是先有预后有算。预是业务科室根据工作所需要的资源，包括人、财、物等，提出需求申请的过程。算是根据预的申请和医院实际财务状况，将这些客观需求转变成财务数字或经费，并利用预算信息系统对业务科室的资源需求进行批复、下达和管控。各业务科室实际工作中发生资源需求时，须在预算指标范围内申请，按实际需要在额度内逐笔执行，没有指标就无法申请资源。如果不顾实际需要随意扩大资源需求预算，一方面医院不会同意，另一方面通过预算执行考核也会减少此类现象。如此通过持续的磨合与完善，业务科室开展业务的需求与预算契合度逐步提高，业务需求与财务预算逐渐相融合，医院的预算管理水平也能不断提升。

（五）有助于提高标准化管理流程

管理标准化是医院在运营过程中对内部各科室、人员等需要协调、统一的管理和工作要求，通过文件或制度形式贯彻实施、监督的流程。在预算管理未实施信息化之前，主要依靠人进行主观控制，不同的人员、科室操作流程不尽相同，如经济业务发生时有的工作人员严格要求核查预算指标再进行处理，有的会直接进行办理，则与预算管理要求相偏离，操作流程缺少标准化管控。而利用信息化控制，将相应流程和关键控制点转变为计算机程序，不管是哪个操作人员都需要按既定的操作步骤和流程进行，减少人为因素和差错，有助于提高管理流程标准化。

三、全面预算信息化基本架构

预算信息化系统如何建设，其功能模块有哪些，与其他系统的关联性如何等，说到底就是怎样建设一个比较完善的预算信息系统。信息化基本架构可以比较直观地解决这个问题。预算信息化基本架构是预算信息系统规划、管理、设计与实施的有效方法和工具，设计解决的内容有预算业务架构、预算数据架构、预算应用架构和技术方案架构等。预算信息化基本架构如图 7－2、图 7－3 所示。

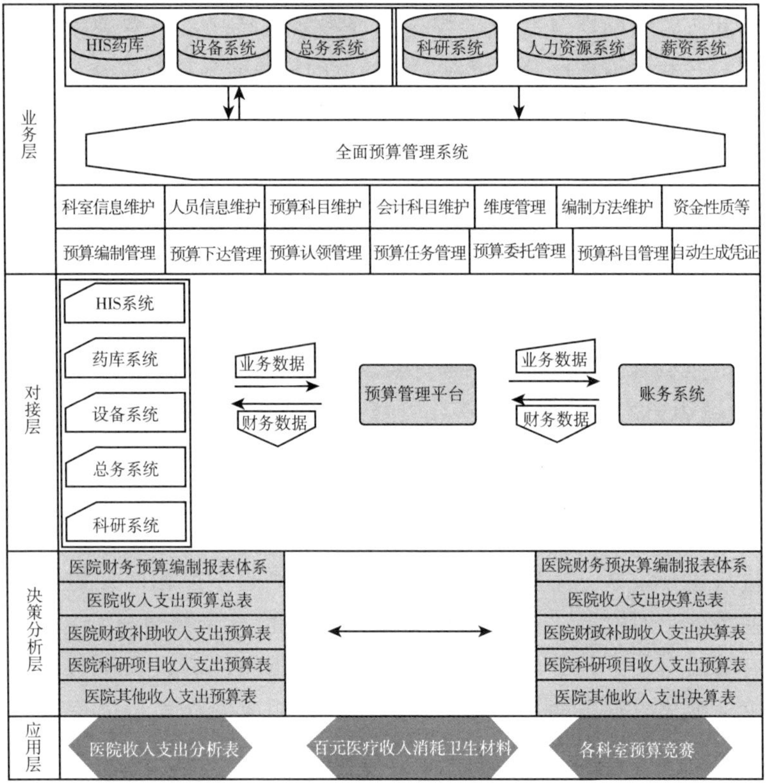

图 7－2　预算信息化业务架构与应用架构

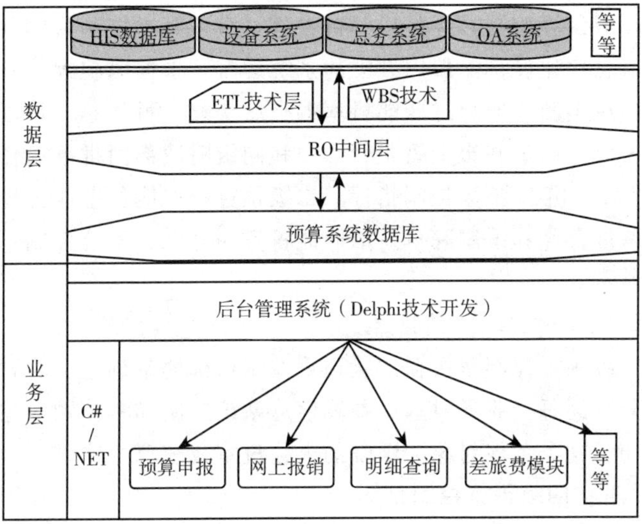

图 7－3　预算信息化数据架构与技术架构

四、全面预算信息化建设目标

信息化建设是一个循序渐进的过程，如果之前医院没有一点信息化基础，不可能一步到位实施 HERP 等全面信息化管理系统。

医院预算管理层级一般可分为财务汇总预算即全院总预算、各职能科室的归口预算和各业务科室的明细预算。预算信息化建设目标根据预算管理层级可分为一级预算控制目标、二级预算控制目标和三级预算控制目标等。

（一）一级预算控制目标

一级预算控制以全院的总预算为控制目的。预算的汇总数据基本在财务科，体现在相应的会计科目上。因此，一级预算控制相当于按会计科目汇总进行控制，这种管理控制方式不能将预算数据与业务需求很好地结合，也无法对预算执行进行有效的考核，管理效果将大打折扣。

（二）二级预算控制目标

二级预算控制目标是以归口管理科室预算为控制目的的预算系统信息化建设，一般以独立的系统运行。根据医院预算管理方式，预算编制一般通过职能科室编报后交财务科汇总，待医院党委会议讨论通过并报上级主管部门和同级财政部门批准后作为职能科室下一年度预算控制指标。二级预算以职能科室作为控制和考核单位，预算编制和执行以职能科室为基础，系统控制不涉及业务科室。

（三）三级预算控制目标

三级预算控制目标在二级预算控制目标的基础上，将预算指标再分解到每个业务科室，预算信息系统控制和考核的对象也相应延伸。这类考核对象为医院的末级科室或核算主体。

（四）四级预算控制目标

在日常管理中，大部分医院将科室作为考核的主体和对象，但也有管理要求更高的医院，将管理对象细化到医疗组甚至到个人，预算管理系统也继续进行细化和延伸，就此产生比三级考核更为细化的四级预算控制目标。

五、预算信息化管理环境

预算信息化不是个人或单个科室的管理工作，需要相关科室和所有人员协同办公，并要有适当的应用管理环境。

（一）观念的更新和领导的支持

预算信息化需要管理人员在观念上树立信息化意识，转变传统的思想和办事流程。信息化涉及医院相关职能科室，有领导层的支持，工作开展将会更加顺利。

（二）局域网

局域网是局部区域内的网络连接，是医院员工协同办公必需的信息化手段，在医院内一般有内网、OA 网、财务网等。

（三）归口管理

同一类的事务或物品由一个职能科室归口编报和统一管理，

既可使管理更加清晰化、专业化，又可减少相应的资源配置和简化相应的信息流程。

六、预算信息系统初始化准备

预算信息系统不论自行开发还是直接购买应用，操作人员在信息系统使用前都需对应用程序熟悉了解，再进行一系列的基础设置，才能达到符合实际应用管理的需求，这是信息系统应用的初始化准备。信息初始化一般有以下内容：

（一）整理基础字典

预算信息系统是网络化多端口的操作系统，涉及不同的操作人员。为规范和统一日常操作行为，需对操作人员进行限定，对输入、输出的数据格式和要求进行规范定义，这就是基础数据字典。如人员字典、科室字典、项目字典、会计科目字典等。

1. 人员字典。主要是设定操作人员及其权限，包括人员编号、姓名、所属科室，并为其设定具体的操作权限和密码等。

2. 科室字典。主要是设定科室编码、科室名称、科室属性等。

3. 项目字典。主要是设定项目编码、项目名称、项目属性，即所属会计科目和现金流量等。

4. 会计科目字典。主要是设定会计科目编码、科目名称等。

数据字典的设定要根据医院下属各科室的具体需求整理，设定完成后，各职能科室操作人员只要输入当年预算所需要的项目及金额，系统就会自动进行汇总、统计，并生成报表。

（二）初始化预算编制方案

使用预算信息系统，需要先对信息系统根据医院实际情况进行初始化设置，包括操作人员、权限、科室、会计科目等；再进行基础数据字典管理设置、预算编制方法的选择等。当系统试用后，可能会留下部分残留的数据需要归零，最后才能正式进行年度预算编报。

（三）明确预算编制方法

预算编制有多种方法，包括固定预算、增量预算、弹性预算、零基预算等。根据医院财务管理制度规定，医院预算采用零基预算法编制。在预算系统初始化设置时应选择零基预算法；同时，对基础设施建设工程，原则上要求编制三年的滚动预算。

预算信息系统设定为零基预算与滚动预算相结合，在一个年度结束后，对于日常运营的预算就要清零重新编制，但可以列示往年数据。对于滚动预算项目，可在总额度的基础上按余额显示并作修改。

（四）人员培训

在预算系统上线使用前，信息科需组织相关科室和人员进行操作培训。培训包括预算系统的介绍、数据输入输出的方法和规范数据的财务相关性等。在培训期间可开放预算系统，让参加培训的人员实际操作，尽快熟悉和了解预算信息系统功能。

第二节　信息化实施中应关注的问题

全面预算管理信息化建设是一种全新的管理手段，目前市场上没有成熟且符合医院实际需要的产品，一般都是医院自行开发或根据市场上现有产品二次开发而成。医院在信息化实施前，需要对现有的预算管理流程进行调研和梳理，不管是首次开发还是二次开发，信息化系统都要求建立在合理、正确的流程之上，且符合实际管理需求，因此，流程梳理的正确性显得尤为重要。

一、管理信息系统的业务流程

预算信息化是利用现代管理工具，将现有预算管理实施网络电子化、无纸化办公的过程。预算管理流程从年度计划下达到预算需求上报、预算需求汇总形成年度预算指标，到预算指标分解下达、预算执行、控制、分析、考核，形成一个完整的循环流程。预算信息系统的结构也依据预算循环流程而建立，预算信息化控制主要分为五个步骤，使预算的严肃性、过程控制力度与信息的及时性得以更好地体现，如图7－4所示。

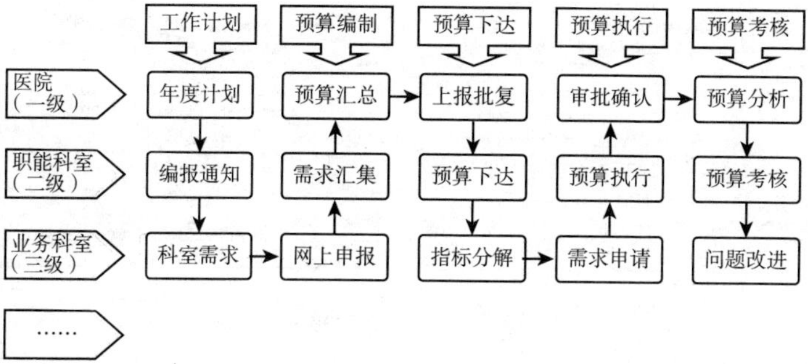

图7－4　预算信息化控制的主要步骤

（一）计划准备

医院根据发展战略规划制定年度计划及重点工作任务，量化描述具体目标；各职能科室根据医院总目标来确定职能范围内的任务，将工作计划分解落实到经管的业务科室，协助并督促业务科室落实完成任务必要的资源需求以达成工作目标。

（二）预算编制

根据预算系统的建设及预算控制和考核目标不同而有所差异：一级控制目标由各职能科室汇集资源需求后递交财务科录入；二级控制目标由归口管理职能科室收集业务科室资源需求并录入；三级控制目标依照更细化的考核目标而定。在申请资源需求前，职能科室可通过医院内部相关专业委员会对申请内容的必要性、可行性等进行讨论，达成必要的合理需求，通过网络按归口进行汇总；再通过网上预算系统申报预算。

1. 各职能科室网上申报下一年的预算，在申报过程中，可以参考上年度预算执行情况，如图7－5所示。

2. 职能科室负责人在网上审核经管科室的预算申报单，如图7－6所示。

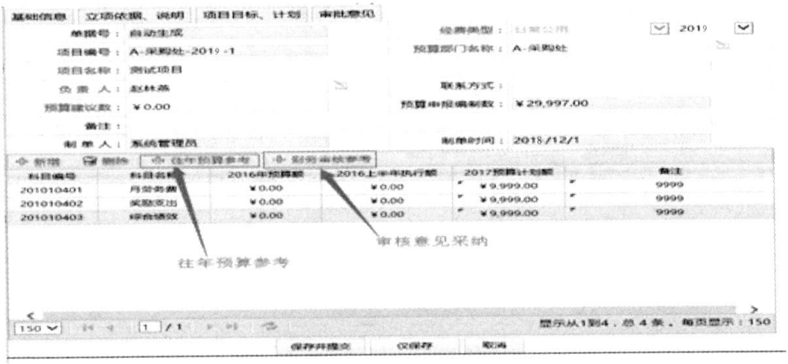

图 7－5　预算申报单

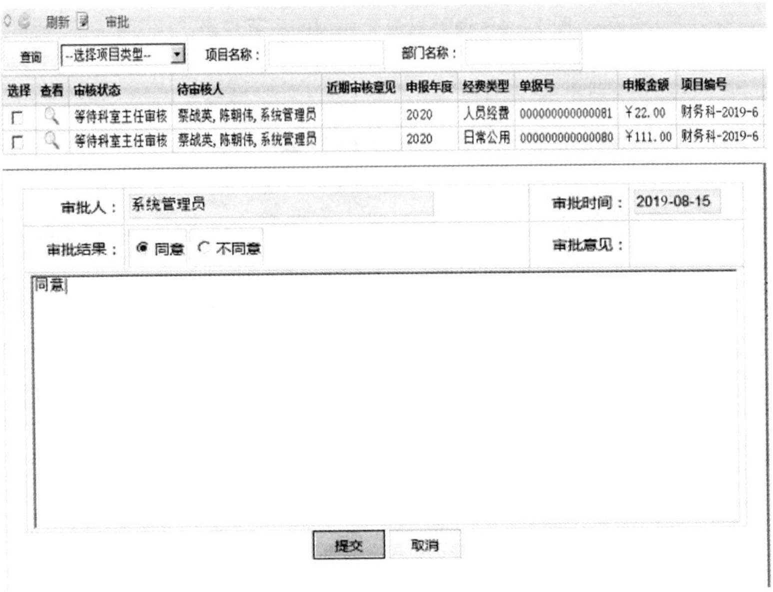

图 7－6　职能科室负责人审核

3. 分管院领导网上审批经管科室的预算申报单。系统会提示院领导分管的科室预算汇总情况，会自动把分管科室的预算申报项目明细填列，便于分管院领导审批预算，如图 7－7 所示。

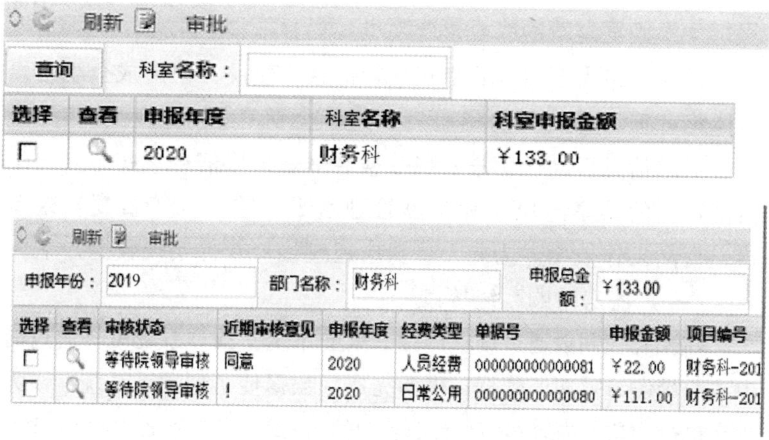

图 7－7　分管院领导审批

（三）预算下达

各职能科室将资源需求汇总形成医院总预算，由预算管理委员会讨论通过预算方案，经上级主管部门和同级财政部门批复下达。医院预算管理委员会将预算指标作为控制数分解下达，作为归口管理职能科室的预算控制总额度；职能科室可根据管理需要，对预算指标再细化分解到业务科室。

（四）预算执行

业务科室根据实际需要网上向经管职能科室提出资源需求申请；职能科室在预算控制额度内审核并冻结相应的额度，在付款确认完成后扣减该额度。如无预算指标或超出预算控制额度，则应先通过预算追加流程进行申请，批准后再执行。

（五）预算分析考核

年度终了，医院通过预算控制数和实际执行数的统计分析，直观了解各职能科室预算执行情况，包括预算项目执行、科室整体及明细项目执行等情况，用客观数据对各职能科室预算管理情况进行考核，并作为下年度预算编制的依据。

二、与其他信息系统的共享和应用

目前，绝大多数医院都在进行信息化建设，但形成全院信息一体化管理即 HERP 的相对较少，各个信息子系统一般相对独立，形成信息孤岛，无法实现数据共享。预算信息化实施是为了提高数据的共享与应用和预算管理水平，减少人工重复输录差错，提高工作效率。为此，一般应通过接口软件实现数据共享。

（一）库房采购系统接口

将预算控制数通过接口链接到采购系统；预算系统审核通过的申请数量作为采购的依据；采购完成后数据传送到预算系统，作为预算执行确认的内容；整个过程通过系统取数，减少人工操作环节。

（二）HIS 收入系统接口

通过 HIS 系统接口，将各业务科室的收入进行汇总统计，可实时了解业务科室收入预算执行情况，采取适当的资源调控。

（三）财务核算系统接口

科研经费报销，通过预算系统中的经费预算执行申请及审批，可按预算项目对应的经济核算类别，链接到财务总账系统，直接生成支出报销单，减轻财务人员重复填制凭证的工作量，提高数据共享性。

（四）成本核算系统接口

为了加强预算的控制与考核，财务人员可通过用友核算软件与成本核算系统相链接，采用定额标准与业务需要匹配编制预算。预算实际执行情况可作为调整定额的依据等。

（五）预算应用实例

医院将信息化运用于日常财务管理，可提高核算的准确性和工作效率。

1. 日常报销。科室网上填写报销单，选择报销预算项目，提交发起网上审核流程（同时冻结资金）；出纳确认支付，会计自动生成凭证。网上日常报销申请，如图 7－8 所示。

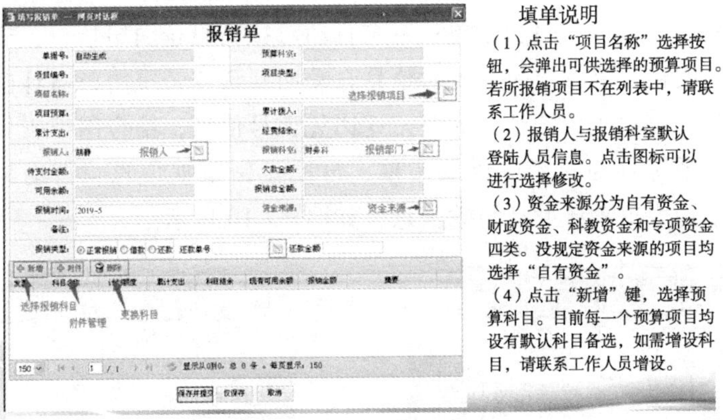

图 7－8　日常报销申请

2. 差旅费报销：填写差旅费网上报销单，选择预算项目、报销人等栏目，系统会自动计算出差人的公杂费、伙食补助，以及控制住宿、交通、会务等相关内容，如图 7－9 所示。

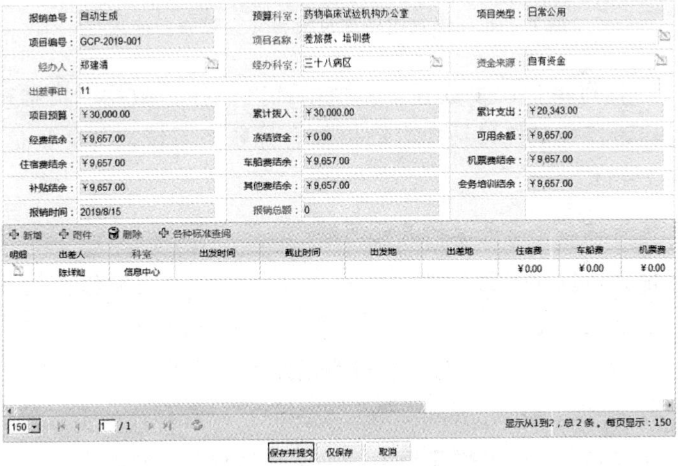

图 7－9　差旅费报销申请

3. 出纳电子支付流程与预算接口。预算系统内执行单走完流程后，形成应付款账单；系统自动对接到银行网银接口，出纳进入网银，确认支付；支付信息自动回到预算系统内，会计确认信息，自动生成凭证；同时，返回凭证号信息，结合网银支付信息，系统自动核销应付款账单、自动核销票据信息、自动与物资、药库等系统确认付款信息，如图 7－10 所示。

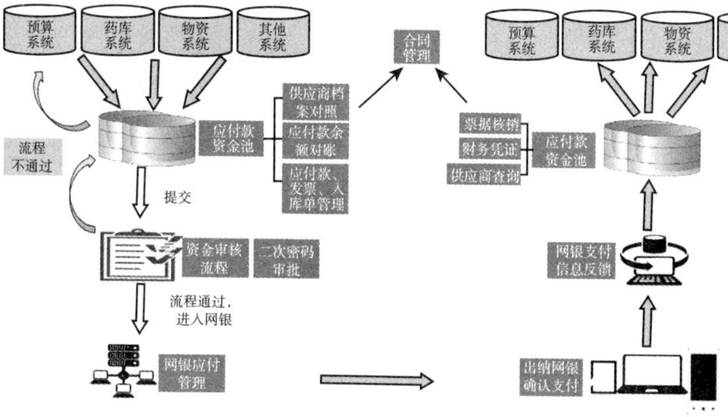

图 7－10　出纳电子支付流程与预算接口流程

4. 执行单自动生成凭证。根据预算执行单数据，出纳确认支付后，经凭证接口系统自动生成会计账务系统内的凭证信息，如图 7－11 所示。

三、实施信息化需关注的其他问题

预算信息化是医院管理的程序化体现，为提升医院管理服务。信息化实施还需关注以下方面内容：

（一）预算信息化与医院战略或愿景的关系

科学化、精细化管理是医院努力的方向与目标，是医院战略达成和愿景实现的必要手段。预算信息化控制目标直接体现医院精细化管理的程度和水平，实施预算信息化应与信息化控制目标相结合，围绕医院发展战略目标来开展。

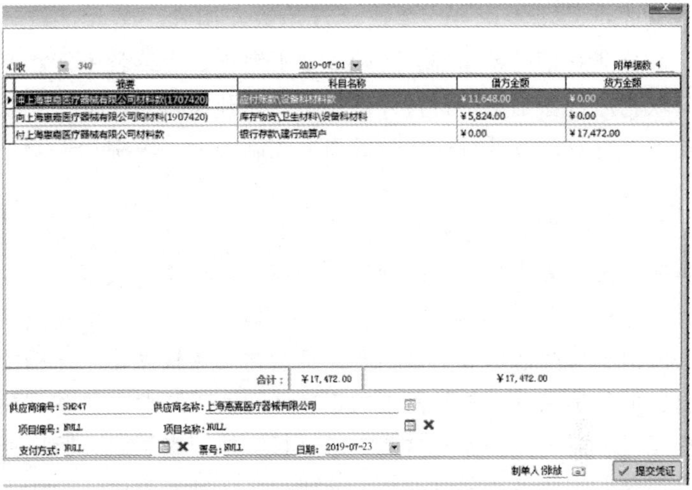

图 7－11　账务系统自动生成收入凭证

（二）信息化实施可逐步推进

信息化实施是循序渐进的过程，不太可能一步到位，员工对信息化的接受和实施过程的细节需要磨合，可根据预算控制目标逐步推进。

（三）要突出重点

医院对信息化内部控制的关键点和流程需进行重点监督，设计相应的模块进行管理，避免人为因素调控的可能性。

第三节　预算管理信息化内部控制

医院信息系统的开发和使用需要加强内部控制，包括权限设置、不相容岗位分离等，要按照内部控制的要求进行，否则就会引发内部控制风险。

一、系统开发控制

预算信息系统开发要求建立符合行业管理或医院特点的预算管理软件，需要自行或委托开发应用软件。应用系统开发需要经过系统分析、功能设计、模块设计、编程调式、验收试用等阶段。系统开发是初始基础，初始基础不完善，后续就不能相互衔接与顺利运行。不论是自行开发还是委托开发，为保证开发系统的合理、有效以及系统应用后的内部控制安全，医院均需要加强系统开发控制。

（一）预算管理系统开发

开发系统分析是开发软件的基础环节，预算需求所对应的预算管理流程怎样，有哪些功能，涉及哪些操作人员和权限，输入、输出有哪些数据等，这些要素虽然在预算软件需求文档中已提出，但为确保预算软件需求的正确性和便于开发人员掌握预算管理流程和需求，需要对这些需求进行实地调查了解，听取使用科室和内部控制管理科室的意见或建议，特别是要做好操作人员权限及不相容岗位的设计等，使设计的预算管理系统能更好地满足管理要求。

（二）预算管理系统测试

预算管理系统开发完成后，需经过测试验收环节。测试时应模拟真实操作环境，按日常预算管理流程进行。主要关注不同操作人员的权限控制、流程方向正确性、数据准确性、额度控制警示提醒、预算追加流程等。参加软件测试人员以预算相关管理人员为宜，测试人员应对各功能或项目的测试结果在验收报告上书面记录，对测试情况作出是否符合实际需求的结论，并在验收报告上签字确认。

二、预算管理系统应用控制

信息系统应用控制的目的是为了确保医院日常运营活动能纳入预算系统管理，保证业务操作的合规、合理及业务数据的真实完整。信息系统应用控制主要包括操作人员及权限控制、业务流程控制和审批控制。

（一）操作人员及权限控制

预算管理信息系统运行需要相关人员进行操作，需要输入、输出各类数据。不同操作人员之间的权限也不相同，需要按不相容岗位分离进行限制。对于操作权限，在预算管理系统开发时，可在系统中对不相容岗位进行区分和控制，但不能限制一个操作员拥有两个操作工号的可能。在实际业务应用中，系统管理人员应严格按照内部控制的要求设定操作人员及权限。

（二）业务流程控制

日常预算管理中，实际经济业务发生脱离于预算管理系统，在经济业务发生时，由操作人员输入相关数据，纳入预算管理系统中，此时经济业务流程有可能与预算管理系统分离，导致预算管理系统的数据不完整。因此，在日常经济业务发生时，相关科室和人员需要通过预算管理系统申请和审批经济业务，严格控制未纳入预算系统的业务流程，如确属计划外紧急采购，可通过追加等操作将经济业务纳入预算系统管理。

（三）审批控制

在预算信息化下，预算业务申请、审批等均须在软件系统中进行，包括审批岗位、权限和范围控制等。

1. 审批岗位控制。预算业务申请岗和审批岗为不相容岗位，在操作人员权限设置时要坚持排他性，即设置申请权限就不能设置审批权限。

2. 审批权限控制。审批权限实行逐级审批控制。如根据医院资金审批制度规定，设置不同的审批权限，超过限额的必须经过上一级审批人同意后，方可操作下一级流程。

3. 审批范围控制。医院预算项目实行归口管理，各职能科室有对应的分管院领导，相应的审批范围也限定在分管权限范围内，不能超越权限审批业务。

三、系统维护控制

系统维护是为了清除系统运行中发生的故障和错误及必要的软件版本升级等。维护人员需要对系统进行必要的修改与优化，及时对数据库进行变更等操作。

预算管理系统维护是由维护人员更改系统错误或扩充新的功能，是对系统或数据库进行操作。为避免误操作导致的数据丢失，系统维护应由专业人员承担，在系统维护前，应对数据库数据进行备份，并将维护过程中发现及修改的内容记录下来，形成系统维护报告以备查用。

四、内部审计监督

为确保预算管理系统的正常运行及经济业务流程符合内部控制的要求，医院内审室或纪检监察室应加强对预算管理系统的监督检查。内部监督检查的内容：一是所有预算及经济业务是否纳入预算管理系统。如果医院有的经济业务在预算管理系统之外，仍以传统管理模式进行，那么，预算信息管理系统数据就不完整，医院预算管理分析与汇总就需要另行汇总分析，从而加大内部控制难度。二是所有操作人员与权限是否做到不相容岗位分离。有无一人多岗或有权限相冲突，以及操作密码安全与冒用他人工号操作的情况。三是预算管理系统维护时是否按规定维护，数据库是否安全备份等。

第四节　全面预算信息化的建设标准

预算管理信息化建设需要符合医院实际，结合预算管理要求，一般由软件开发商设计信息系统操作方式和功能，但系统应包含以下内容：

一、编制运营预算

编制运营预算在传统预算管理模式下，先由各科室根据管理所需的人、财、物等资源将需求申报到经管职能科室，经管职能科室汇总后报财务科编制财务预算。在预算信息化管理环境下，如果医院预算管理目标是二级预算控制管理，业务科室的运营预算需求由职能科室汇总后输入预算管理系统；如果是三级预算控制管理，可直接由各业务科室通过预算管理信息系统登录输入，通过系统自动汇总。运营预算包括医院的收入、支出等目标计划。

（一）运营收入

分为医疗收入、财政补助收入和其他收入等。

1. 医疗收入。是医院根据年度工作计划及各科室以往的工作量及均次费用水平，在预算管理系统中输入建议工作量和控制均次费用目标，该目标值科室可与医院进行沟通调整。

2. 财政补助项目。主要由财务科根据客观情况填报。

3. 其他收入。是根据各职能科室管理的项目在线填写，如进修费收入、利息收入等。

（二）运行支出

主要是人员支出、卫生材料、折旧及其他运营费用。

1. 人员支出。由各科室在系统中申请人员聘用计划，在信息系统中根据列示目前科室拥有的人员数量、结构等及以往工作量情况，由科室填报申请人员数量及学历要求等。

2. 卫生材料、折旧及其他运营费用等科室无法决定的资源，可由经管职能科室统一在线编报。

二、编制资本预算

资本预算包括设备及基建项目。医院在编制资本预算时，需根据政府采购及医院采购相关规定，对单项限定金额以上的项目，科室需按规定填写申请表，列示此类设备现有数量或计划开展的项目及理由等内容，录入预算管理系统，经相关科室负责人签字确认后，递交职能科室汇总。

三、编制财务预算

编制财务预算是通过将运营预算货币化，按照财务核算的要求编制收支余等财务报表。收入是按各科室的工作量及均次费用水平汇总后估算医疗收入；财政补助收入是根据财务科填报的项目及申请金额计算；其他收入是根据各职能科室填写运营计划来估算。

对于财务支出预算汇总，因职能科室申请的项目与财务会计科目有差异，且职能科室对会计科目一般也不熟悉，可采用以下方法解决：一是建立数据字典，首先在字典定义中对职能科室经管的项目进行会计科目归类；二是直接在职能科室申请的运营项目中由财务科选择对应的会计科目进行汇总。

财务人员对收入、支出进行汇总后，按会计报表格式填制财务报表，可得出预算结余情况。

四、编制预算现金流量表

现金流量表预算如财务支出预算一样，参照财务支出预算计算方式，一是建立现金流量数据字典，先定义好现金流量表项目，再将职能科室申请的项目纳入相应的现金流量项目中；二是根据职能科室申请的项目，由财务人员选择对应的现金流量项目，由系统自动归集成预算现金流量表。

五、编制政府采购预算

为加强政府采购预算执行控制，可在预算管理系统中设置政府采购标识，对符合政府采购要求的相关项目加上政府采购标识，采购执行时要求输入政府采购确认书编号等控制措施，并与预算执行财务报销相关联，加大政府采购控制。

第五节　全面预算信息化具备的功能

预算管理实现信息化，可以对医院的运营管理进行有效的监控，提升医院管理水平，具体体现在五个方面。

一、构建信息化管理的理论依据

医院预算实施信息化管理是指在预算管理中引入信息化管理手段，利用信息化的优势和特点加强预算管理工作，提升预算管理水平。一方面，在信息化管理前主要依靠人工进行统计和分析，数据计算工作量大，效率低下，时效性与准确性明显不足。

预算管理是一个周而复始的循环过程，预算管理经过一段时间的发展，管理已经比较规范，管理流程比较清晰，每个步骤都有既定的方法和流程，这就为预算实施信息化提供了明确的方向和思路。信息软件是一个固化的程序集，如设定了信息处理顺序和方法就能用软件来实现。另一方面，预算管理过程涉及大量数据的统计和计算，而计算机信息处理的优势就是数据的归集与计算。目前，医院信息化发展比较迅速，各业务模块推进了信息化建设，为预算管理从这些系统抓取数据提供了机会。

二、预算管理系统涵盖的内容

预算管理过程是医院各类资源的配置与使用过程，为合理地配置医院资源，提高预算管理水平，预算管理系统应涵盖以下相关内容，如图 7 – 12 所示。

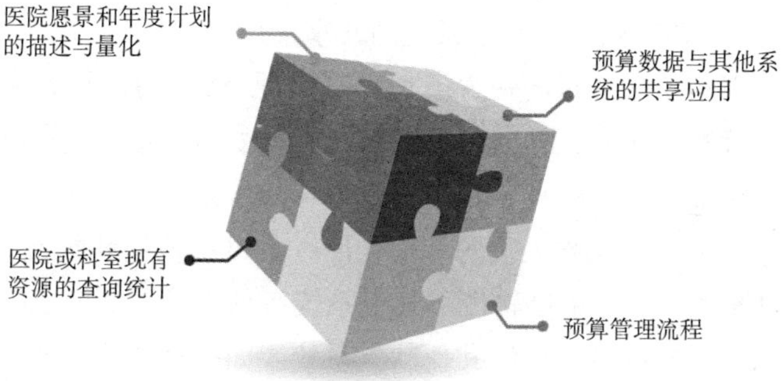

图 7 – 12 预算管理系统涵盖的内容

（一）医院愿景和年度计划的描述与量化

愿景是医院希望创造或能达到的未来景象，包括医院的发展方向、达到的规模层次等，是医院全体员工为之努力的目标。在预算管理系统中对愿景进行描述，为医院展示了美好的未来；对愿景进行量化，为医院发展提供思路和方向，使医院在资源配置上有重点地进行倾斜和支持，并通过结果的分析比较，及时纠偏，掌控向前发展的方向盘。

（二）医院或科室现有资源的查询统计

预算编制是医院和科室根据年度计划开展工作需要的资源配置过程。在资源配置前首先要了解现有资源数量、种类，开展工作需要哪些资源、数量还差多少，根据差异数再进行新增配置，这样就不会造成资源的浪费和短缺。因此，在预算管理系统中设置实际各类资源的查询和统计功能键，便于相关人员为管理层作出决策提供必要的数据资料。

（三）预算管理流程

预算管理信息化系统将传统的手工管理工作纳入信息化系统中，重点是日常的预算流程管理，包括预算申报、编制、审批、执行、考核、分析等预算管理各环节以及预算追加业务等。预算信息化可通过院内 OA 实现协同、无纸化办公。

（四）预算数据与其他系统的共享应用

预算信息化的目的是为了加强自动化管理，提升管理水平，如果管理过程中数据需要在不同系统中重复输入或输出，就失去了信息化的意义。因此，预算信息系统的数据要与其他系统实现共享应用，减轻操作人员的劳动强度，尽可能地提高数据的及时性和共享性。通过接口软件与其他系统有效整合，直接从其他端口获取数据或输出数据给其他软件系统。如查询收入预算执行情况，通过 HIS 系统接口，直接统计截止结算时点的业务收入情况，与预算数相比得出执行率；经济业务发生后通过与预算执行审批确认，直接将采集的信息转到财务系统，自动生成会计凭证等。

三、对控制项目经费实行预警

在预算信息管理系统中设置预警功能，通过预算执行时的申请与预算额度进行比较，并将结果根据事先设定的情况实现自动预警，提醒相关操作人员经济业务是否超过额度控制，以及建议采取的相应措施。

预算系统中经费控制预警一般可设定三种类型：严格额度控制、正常额度控制和宽松额度控制。根据额度控制类型不同，预警提示和处理也不尽相同。

（一）严格额度控制

严格额度控制指预算额度确定后，不能随意增加额度外的项目，如中央八项规定要求严格控制“三公经费”，医院定好额度后不能突破预算指标控制数。这类指标额度不能增加，但可减少或调剂到其他项目额度。当实际经济业务执行触及预警线后，超出部分就无法执行。

（二）正常额度控制

正常额度控制指预算指标确定后，实际执行金额不能超过额度控制数，但允许进行追加或调剂经费项目。如设备购置指标，一般政府采购预算编制中确定了每个项目的预算控制额度，如果实际采购过程中估计采购价格高于预算额度，就无法继续执行，政府采购确认书也无法批复下达，只能通过启动预算追加流程，先通过批准追加，再执行。

（三）宽松额度控制

宽松额度控制一般用于日常持续性运营内容，如水电费、材料费等根据工作量变化而变化的项目。这类额度预算指标确定后，实际执行过程中允许超出额度控制，预警可起到提示作用，但幅度不宜超过太多，可根据管理要求设定相应的浮动率，执行超出浮动率后再启动预算追加流程。

四、经费使用控制，超支履行追加审批

预算管理的重点在于预算执行的控制，预算编制得再好、再完善，如实际执行中不加以控制，就不是真正的预算管理，起不到预算管控的作用。在传统预算管理方式下，预算执行控制需要手工查找和统计。采用信息化预算管理系统后，可直接在系统中设定预算项目和内容，实际经济业务发生时在设定的预算项目内

扣减，并将累计发生数与预算控制数比较，确认是否超出预算额度数，再根据项目的内容和性质进行相应的处理。

五、实时形成报表

预算考核的关键指标之一是预算执行率，预算执行率是实际发生数与预算控制数的比率。考核预算执行率就需要统计实际发生数。在传统预算管理方式下，统计经济业务实际发生数需要事后通过财务系统、采购系统等统计，时间相应会滞后。在预算管理系统中，经济业务实际执行时，先通过预算管理系统申请执行，审批确认后转到财务系统。对于收入业务通过接口直接从 HIS 系统调取数据，这样就可以实时进行统计，并形成执行情况表，便于预算管理人员和项目负责人掌握预算执行进度，及时作出相应处理。

第六节　实现全面预算管理信息化

当前医院面临的内外部环境瞬息万变，医院运营规模不断扩大，传统预算管理越来越显得力不从心，而医院的全面预算管理存在预算编制效率低下、预算执行和控制缺失等问题。医院利用先进的信息化手段来实现全面预算管理，有利于提高预算管理的效率和质量。应将业财融合理念与先进的管理会计方法相结合，借助切合管理需要的信息化手段，以全面预算管理为主要抓手，通过优化流程再造，将医院的业务与财务事项深度融合，全面实现和发挥财务管理在医院战略实施、管理控制、资源配置、决策支持等方面的价值。

一、设计全面预算管理体系

设计符合医院管理要求的全面预算管理体系，建立覆盖全级次、全部业务的全面预算管理信息系统，以满足不同层面的管理需要。医院根据预算管理需要，设计预算管理指标时要注意区分层级和性质，针对不同层级和性质的预算单元设计不同的预算内容与指标，最终汇总形成医院立体多维的指标体系。具体预算内容包括但不限于：医院层面的收支预算、资本预算、现金流量预算、职能归口层面的项目预算和业务科室的经济指标预算（见表7－1）。

表7－1 各层级预算管理内容及特征

预算层级	预算体现形式	控制重点	控制方式	控制特点
医院层面	财务报表	收支报表、财政资金使用、现金流	报表分析，评价考核	全局性、事后性
职能归口层面	经济事项	资金使用	实时控制各业务科室经费报销	职责明确，刚性控制
业务科室层面	业务指标	业务量、均次费用、收入结构、消耗率	预警提示，实时查询	弹性控制，确保业务顺利开展

（一）一级预算——院级总预算

院级总预算，即按照医院经济业务的性质分类，将职能归口以及业务科室层面的预算执行情况进行会计加工，以财务数据方式体现医院层面的财务预算。具体而言，即通过预算管理系统维护预算项目与预算科目的归属关系、预算科目与经济科目的对应关系，将预算项目分解至经济科目，从而实现职能归口二级预算与院级总预算的衔接（见表7－2）。

表7－2 医院各类经济事项预算控制情况汇总

经济事项	预算内容	所涉及的信息系统	管控依据
人员经费发放	人力资源、财务科职能归口预算	工资劳务系统	预算项目金额
材料物资采购	资产管理科职能归口预算	物资管理系统、合同管理系统	预算项目金额，经济合同

续表

经济事项	预算内容	所涉及的信息系统	管控依据
材料物质领用	业务科室材料消耗预算	物资管理系统	材料消耗率指标
基建项目支出	基建科职能归口预算	合同管理系统	预算项目金额，经济合同
科教项目	科教科职能归口预算	科教系统	科研经费使用制度
医疗收入	业务量、均次费用、收入结构预算指标	财务收费系统	医院及业务科室收入预算目标
其他经济事项	其他	预算管理系统	预算项目金额、资金使用制度

（二）二级预算——职能归口预算

职能归口预算管理是全面预算管理的核心，预算内容包括业务收入、人员经费、材料采购、药品采购、设备购置、后勤保障、基础设施与设备维修、基本建设等。二级预算控制主要体现在执行控制上，根据预算控制有无对应的业务系统支持分为两种情况。

1. 对于已有相应信息系统进行业务管理的预算项目，通过预算系统与业务系统的对接，将预算执行控制节点嵌入业务信息系统。以卫生材料采购预算项目为例：在材料入库环节，仓库管理员根据实物与物品清单进行物资系统入库操作，在生成入库清单时，物资系统根据材料类别自动调用预算系统中采购中心对应的预算项目信息。若对应预算项目余额充足，则物资系统中入库清单能顺利保存，预算系统中相应的预算项目执行数据能实现同步更新并生成预算执行单，财务账务系统同时生成对应的会计凭证；若对应预算项目余额不足，则物资管理系统对该批物资只能以“待入库”的方式记录保存，后续的货款支付等业务均无法操作，由此实现对该项目的预算刚性控制。

当业务科室领用材料物资时，物资管理系统自动读取该业务科室预算控制指标（绝对额、相对值），从而进行预算控制与更新。

2. 对于没有信息系统进行管控的预算项目，医院预算管理系统为其提供管理工具或信息平台。如以差旅费支出为例，预算系统专门设有网上经费报销模块，在报销模块中设置包括“车船费支出”“住宿费用”“出差补助”等明细项目，以满足财务科统计和查询等审核需求，相当于为财务科提供了一个简易的信息管理系统。在经费报销流程中包含报销内容审核、报销审批流程等功能，便于财务人员利用信息流转，同步完成预算执行数据的更新和财务会计凭证的自动生成。

（三）三级预算——业务科室预算

业务科室的预算管理包括三个环节：其一，预算管理系统主动采集 HIS 系统中业务科室收入数据，实时更新业务科室业务量、均次费用、药品耗材占比等指标；其二，在预算支出环节，当业务科室领用材料时，若物资消耗率超标，系统会预警提示，但不影响物资正常领用；其三，预算经费管理系统利用数据查询平台，为业务科室提供管控数据、助力科室内部运营管理。

二、实现预算在线编报共享

实现在线编报预算，可以大大缩短预算编制时间，实现数据共享，提升工作效率。医院通过统一业务模型、关键指标、数据格式、报表要求、预算科目体系等，以业务预算为起点，业务流程为基础，将完整的业务处理逻辑思维过程搭建在信息平台上。系统提供运行所需的基本信息维护管理功能，包括组织架构管理功能设置、人员角色及权限管理功能设置、业务流程的自定义设置、系统维护等。在预算编制过程中，通过系统赋予各科室预算管理员一定的权限，预算管理员通过在系统中查询历年执行数据作为参考，编制各科室的预算表单。根据业务与财务之间的逻辑关系，采用会计语言由业务预算自动推导出预算财务报表；在预算审批环节，通过流程设置自动流转预算报表，经相关归口管理科室审核后，财务科进行综合平衡，最终完成年度预算的编制。信息系统会将整个预算编制过程和修改记录都一一留存，做到有迹可循，提升预算编制的精细化程度，使业财融合充分体现。

三、选择预算管理控制模式

全面预算管理信息化控制具有刚性控制、柔性控制、刚柔结合控制等方式。医院可结合自身的管理特点，通过预算管理系统将多维度的预算控制指标体系与灵活的管控方式相结合，实时监控预算执行情况。

（一）将预算项目金额与资金使用审批制度相结合

根据医院资金使用审批制度，设置不同人员级别和资金使用授权审批权限、针对不同性质的业务分别设置预算执行控制流程。

（二）将预算绝对额控制与相对值控制相结合

对于关键重要项目设置绝对值和相对值共同控制指标，系统能对超过设置阈值的项目提出预警，以便相关责任科室采取控制措施或进入预算追加调整程序，以免影响具体业务的执行。如针对材料领用类、固定资产采购类、员工个人报销类等采用绝对额控制；而对于人员经费类项目，采用相对指标控制，当员工工资或支付给外部人员劳务费系统中一旦生成相关数据，预算管理系统将同步更新；对于超预算部分，系统会进行提示，但不会限制其后续支出，分管院领导根据预算执行情况及医院整体业务水平进行总额控制。

（三）将预算指标值的约束限制与预警提示相结合

在预算系统中设置预警指标，明确预警范围，以实现对预算执行各个环节的监督控制。当发生超过预警上限或低于预警下限的事项，会触发预警系统并将预警信息传达给相关责任人，实时监控超标项目或超期项目，实现对业务事项全过程控制。如在采购预算执行中，当相关业务科室发出采购申请时，系统自动进行预算项目匹配，显示库存量及预算指标信息，若订单申请超出指标控制范围，系统会发出预警提示，要求退回申请，需要追加预算；若订单申请在指标控制范围内，则系统自动生成采购订单并冻结相应资金；在物资系统入库操作时，系统自动比照相关执行科室预算信息，并更新预算冻结金额；财务科完成资金支付后，预算资金解冻，职能归口预算执行金额更新；当业务科室领用材料物资时，物资管理系统自动读取该业务科室预算控制指标（绝对额、相对值），进行业务层面预算控制与更新。

（四）将信息系统的刚性控制与特殊事项授权审批控制相结合

在执行预算的过程中，当与医院运行目标相关的内外部环境发生重大变化，致使原制定的预算不适合新的环境时，医院应对原预算作出调整，并报经上级主管部门批准后执行。职能科室在对涉及全院性的预算项目调整前，需编制预算调整方案（调整预算的原因、项目、数额、措施及有关说明），撰写可行性论证分析报告，报预算管理委员会审批，经医院党委会议讨论通过后，按照医院资金审批制度执行。

预算追加与调整采用“线上为主、线上线下结合”的模式。信息系统将刚性控制与特殊事项授权审批控制相结合，设置预算追加与调整的模块和功能，确保所有信息的完整性。按照医院资金审批制度规定的相应流程和权限，完成“申请→审批→下达”全流程，并自动调整、更新财务预算报表和运营预算报表。

四、满足多维度预算分析的需要

通过全面预算管理的信息化系统，可以及时准确地获得信息反馈，满足多维度预算执行情况分析的需要。系统可以实时生成不同预算责任中心的预算执行情况表和相关评价指标报表，便于财务人员及时掌握各中心预算执行情况，灵活采用指标分析、对比和环比等方法，分析预算执行情况，实现从编制到实际发生数的取数直接通过系统完成，提高分析的及时性和准确性，为医院管理决策提供强有力的信息支撑。同时，能及时发现医院预算管理中的薄弱环节和问题，将分析结果反馈给相关职能科室，要求持续改进。

五、打造业财融合一体化平台

建立科学先进且符合医院实际的预算信息平台系统，关键是加强对预算信息化系统的集成，将其与医院的 HIS 系统、各临床医技应用系统、财务账务系统、财务收费系统、OA 办公系统、物资管理系统、药品管理系统、科研管理系统、工资劳务系统、合同管理系统、绩效管理系统等信息系统实现互联互通、数据交互，实现将预算控制由财务层面向业务层面延伸，实现基于业财融合的全面预算管理体系，如图 7－13 所示。

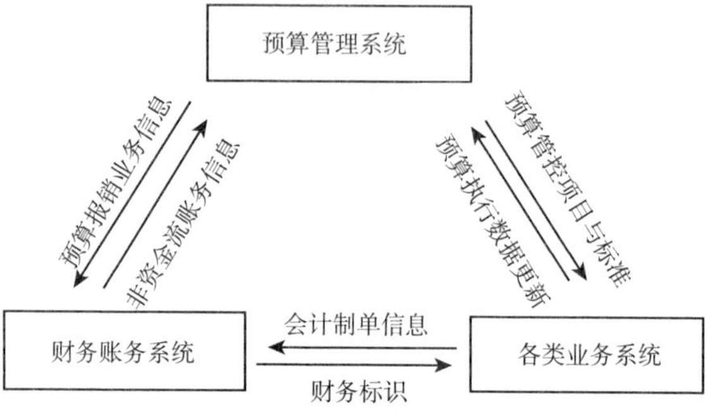

图 7－13　基于业财融合的全面预算管理体系

（一）网上经费报销功能，引入线上报销、票据核验、网银支付三大模块

1. 线上报销模块支持 PC 端、移动端（钉钉，微信公众号等）、财务报销机器人。PC 端实现线上化报销审批；移动端主要解决报销地点限制，可随处发起报销申请；财务报销机器人主要

用于协助报销人投递原始附件（类似邮箱），免去报销人需去财务科前台提交报销单及原始附件。具体流程如下：

第一步，经办人在 PC 端、移动端或财务报销机器人上填写预算执行单、拍照上传相关附件，通过线上信息流转完成审批流程。

第二步，审批通过后，通知经办人在报销机器人上打印预算执行单（二维码唯一），并附上原始单据投递相关的票据附件。

第三步，财务审核人员提取投递的票据附件，通过扫描二维码在财务报销系统中找到对应的预算执行单，完成审核工作。

第四步，出纳付款，核销预算，如图 7－14 所示。

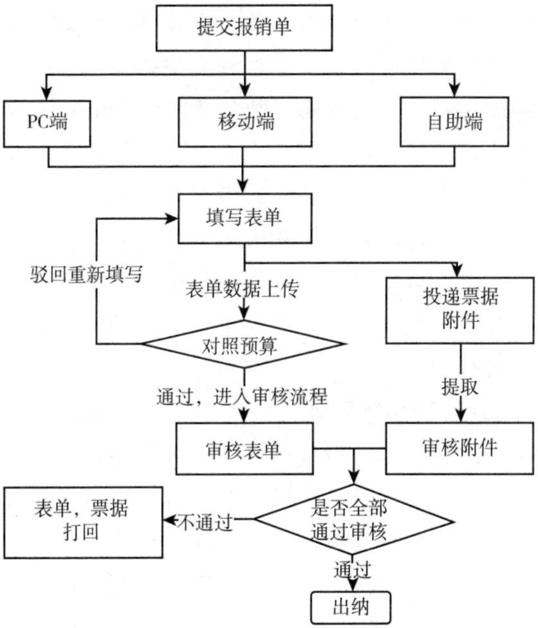

图 7－14　网上经费报销流程

2. 票据核验模块。发票校验功能从报销人填写报销单，发票校验功能（通过与税务部门接口数据传输）便于启动介入，实时监控发票状态，并及时反馈发票信息。为防止发票造假或者发票作废冲红等问题发生，当进项发票出现上述问题时，系统将进行提醒，保证发票处于实时监控状态。

3. 网银支付功能。每张付款单均会产生一个唯一识别二维码，通过扫描纸质付款单二维码，系统可自动定位其软件当中该条付款单信息，将信息添加入付款资金池中，付款资金池中全部付款信息可查询、调用，并上传其付款基础信息（支付账户名称，卡号，开户行，附加信息）至银行做网银支付。银行返回数据并存入预算系统查验。

（二）实现委托业务管理

医院预算执行通常由归口职能科室管理，但也存在某些需要委托其他科室代为执行的情况，如物资采购类项目，预算编制单位为归口管理科室，但预算实际执行为采购中心。在预算系统中嵌入委托单功能，区分不同责任中心在预算执行中的责任，进一步落实和细化预算目标。委托科室发起委托采购流程，采购中心同意接收后进入采购流程，采购入库环节委托预算指标数据集成到医院物资系统，自动对应到委托预算项目，如入库金额小于合同金额，将差额解冻返还到委托科室预算，同时自动生成预算执行单，确认执行完毕。

（三）实现合同预算管理

合同是医院和外部单位发生经济业务往来的重要依据，合同管理是医院内部控制管理的一项重要内容。医院通过抓取流程共同点，制定以预算项目为核心，以合同为桥梁，将所有业务纳入全面预算管理系统的模式。将预算管理系统与合同管理系统相衔接，从源头上实施管理，实现对合同签订、合同执行、合同结款、合同变更等的全程管控，提高预算执行效率。同时在合同管理中设置预警功能，系统会自动对所有即将到期的合同和涉及收付款等关键节点的事项进行事前预警，帮助管理者提前做好财务规划和分析决策。

1. 在合同签订阶段，嵌入相应的预算信息。待合同成立后，冻结对应预算项目的资金；待合同发起阶段性付款时，解除冻结，更新预算执行率。

2. 部分其他收支预算可以采集合同数据进行自动编制。在预算编制环节，对于有合同的收支项目，合同管理系统中对应的合同数据能够自动传递到预算管理系统，生成相应的预算数据。

3. 收入类合同，在出纳确认收到款项时填写合同收款单，选择合同名称和收款阶段，填写收款金额；同时，对接预算管理系统，通过信息传递，更新对应收入预算项目的执行数据。

4. 服务类合同，如保洁服务外包合同，合同经办人在提出付款申请时，合同管理系统须在付款单据界面添加预算项目、预算余额、经费归口科室等预算信息供经办人选择；同时，通过合同管理系统与预算管理系统的数据对接，将合同相关付款信息传递到预算系统，进行预算资金的冻结与核销；对于固定资产、物资类合同的付款申请，合同管理系统还须与资产管理系统进行关联，在资产购置申请单上关联预算项目与合同编号；具体而言，即资产管理系统通过关联预算信息进行预算执行数据的更新，通过关联合同编号更新合同付款业务履行情况，如图 7－15 所示。

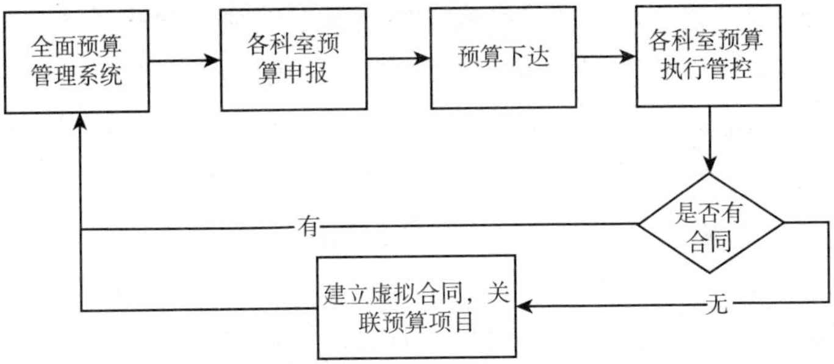

图 7－15 预算管理系统与合同管理系统衔接

虚拟合同是指在无合同的情况下，可在系统中操作增加虚拟合同，将采购单、入库单、报销单等原始单据关联虚拟合同，再将合同关联到预算项目。

（四）实现科研经费管理

加强课题研究经费项目管理，实现科研经费录入与审批、资金冻结与核销、经费使用预警等功能。

六、创新预算考核评价方法

利用全面预算管理的信息化系统，创新预算考核评价方法，建立全过程预算绩效管理链条，从而完善预算绩效考核制度，促进预算管理目标的实现。

（一）健全绩效评估制度

通过系统定期检查预算进度的执行情况，并与预算执行分析相结合，杜绝预算执行的随意性，及时纠正预算执行过程中出现的偏差，适时向分管院领导和相关科室通报预算执行考核结果，这样既能定期对预算项目投资效果作出评价和总结，又可对下一步的预算项目管理奠定良好的基础。

（二）设置合理的绩效考核指标

建立以服务质量和服务数量为核心、以岗位责任与绩效为基础的考核和激励制度，在预算系统中应明确考核主体，科学设置多维度的考核指标和评价标准，实现与医院绩效考核系统数据实时分享与应用。考核指标应当选择有代表性的，同时兼顾财务指标和非财务指标，如业务收入完成情况、收支结余率、门急诊人次增长率、床位周转率、平均住院人数、均次费用等。

（三）确立合理有效的绩效分配制度

绩效考核可以激发和调动员工积极性，增强其价值创造力，促使医院与科室、员工之间就绩效目标及如何实现绩效目标达成共识。医院要全面落实三级责任制，通过比较预算执行情况与预算目标，确定差异并分析形成差异的原因，评价各责任中心的业绩，包括预算符合率、成本控制目标以及工作效率等，并通过与科室整体绩效考核挂钩，从而落实预算评价与考核的奖惩措施，使得预算控制更具有操作性。

第七节　预算信息化未来发展方向

社会发展信息化是个大环境，预算管理顺应管理需要而产生，结合信息化发展方向，全面预算管理信息化的主要发展趋势如下。

一、APP 移动办公

随着互联网技术的不断发展，APP 移动办公已逐步成为新的一种办公方式，工作人员出差在外或在家里，通过手机 APP 就可实现数据申请、审核与审批，也可通过 APP 实时查询经济业务的流转情况，预算执行情况等。项目负责人可实时查询项目资金额度及经费使用明细情况等。随着信息技术日新月异及喜好信息化办公的 90 后工作人员的增加，预算管理软件的移动化是预算管理的必然趋势。

二、大数据处理

随着预算管理精细化的不断深入，医院可根据医疗设备的使用年限、工作量、维护情况、设备替代可能、操作人员熟练程度等，透过大量数据分析设备更新的必要性，最大限度地接近客观需要，而这些数据是无法通过常规方法进行捕捉、管理和处理的，大数据处理是预算精细化的本质需求。

三、HERP 整合

随着信息化的发展，医院职能科室和临床科室都力推信息化建设，以信息化来优化业务流程，但这些信息化建设的出发点是满足科室或项目管理需要，各个信息系统之间没有整合成一个综合平台，所有数据没有形成共享，预算管理信息化后预算指标的数据来源也只能从这些系统中通过人工统计再输入。目前，也有很多医院通过与各信息系统搭建接口来获取数据，但终究数据双向流动和共享性有限，造成信息资源的浪费。

医院信息系统将物流信息管理、HIS 信息管理、采购信息系统、财务信息系统等这些关口打通，使各系统数据互通、互联，形成综合运营系统，也就是 HERP。在综合运营系统中，预算信息管理模块通过其他模块的历史数据及工作计划需求来编制下一年度预算；预算指标通过综合平台下达到相关职能科室作为采购、运营等控制指标；采购系统根据采购指标及采购结果进行验收，并将结果通过系统转到财务平台做账；财务根据实际执行结果扣减预算额度。这样就能实现信息流闭环，减少手工传递，达到信息整合和无纸化办公的目的。所以 HERP 系统管理模式是预算管理，乃至医院信息管理的最终方向。

第八章　建立全面预算管理内控体系

预算业务控制是医院内部控制体系中业务活动层面的核心业务行为，要求医院加强预算编制、审批、执行、调整、分析、考核等环节的管理，明确预算目标，规范预算程序，及时分析预算执行情况，采取措施确保预算执行符合率达到规定要求。对预算各个环节实施事前、事中、事后全过程的控制。预算的编制、调整必须得到同级财政部门批复后方可组织实施。预算内部控制业务政策性强、程序复杂，必须进行流程梳理，抓住关键控制点，采取有针对性的控制措施，才能有效完成预算业务的内部控制工作。

第一节　预算业务控制目标和原则

预算业务控制目标指通过实施预算管理内部控制活动，保证医院运营管理合法合规、资产安全、财务报告及相关信息真实完整，提高运营效率和效果，提高预算执行率，实现预算控制的科学化、精细化管理，最终促进医院发展战略的实现。

一、预算业务内部控制存在的问题

由于医院预算管理起步时间晚，全面预算管理的观念尚待提高，因此，在实际工作中，预算管理的内部控制存在一些问题和漏洞。

（一）未建立完整的预算管理体系

医院未建立、健全预算管理组织，缺少有效的预算管理制度、预算执行与考核的具体办法，导致预算管理松散，不规范。

（二）预算编制不合理

预算编制不符合医院发展战略目标，没有为发展战略的实现服务。预算编制不完整，未将医院全部收入和支出纳入预算；预算编制不科学，造成医疗资源配置不合理，资产利用效率低下。

（三）预算执行随意性大

在预算执行过程中，没有严格按照批复的预算安排各项收支，存在无预算、超预算支出等问题。预算调整未履行规定的审批程序，使预算失去公信力和严肃性。

（四）预算执行率低

没有建立有效的预算分析和反馈机制，导致预算执行进度偏快或偏慢，预算执行率不达标；财政专项资金未专款专用，存在为完成执行率违规挪用专项资金的行为。

（五）预算考核机制不完善

预算管理缺乏有效的监督、评价机制，或预算考核内容不完整、考核过程不透明、评价结果未及时反馈、考核结果未与奖惩挂钩，导致预算评价存在不规范、不科学的问题，预算缺乏约束力。

二、预算业务内部控制的目标

为提升全面预算管理效能，保证医院收入的完整性、资产的保值增值，避免或降低各种运营风险，提高运营管理效率，预算管理业务控制需要达到以下目标。

（一）加强组织管理体系建设

建立、健全预算编制、审批、执行、决算与考核等管理制度，科学合理地设置预算管理组织体系、管理科室和岗位，建立合理的组织领导和工作机制。

（二）科学合理编制预算

预算编制应遵循“收支统管、统筹兼顾、积极稳妥、合法合规”等原则，针对不同经济事项的特点，合理选择定额预算、比例预算、标准预算、零基预算、弹性预算、概率预算等预算编制方法，做到程序规范、方法科学、编制及时、内容完整、项目细化、数据准确。对于基本建设项目和大型设备投资等，在编制预算前要进行可行性论证。

（三）合理分解预算指标

用科学的预算指标分解方法，将经法定程序批复的预算在医院内部进行指标分解，确保预算指标落实到相关职能科室，落实到各项经济活动中。

（四）强化预算执行约束力

加强预算执行全过程管理，年度预算一经批准下达，必须严格执行。医院应将预算作为各项经济活动的基本依据，形成全方位的预算执行责任体系，严禁超预算、无预算列支费用。建立有效的预算执行分析机制，及时发现预算执行偏差，采取控制措施，保证预算目标的完成。

（五）严格预算调整审批流程

医院应尽量减少预算调整，只有当事业发展计划有重大调整、政府出台相关政策，以及出现其他对预算执行产生重大影响的事项等特殊情况时，才能调整预算，并按照规定程序报批同意后方可执行。

（六）准确及时做好决算工作

为了保证下一年度预算工作的正常开展，医院应及时编报收入支出、筹资投资、财务运行指标及年度财务决算报表。确保决算数据真实、完整、准确、及时，为业务科室正确决策提供依据。

（七）加强预算绩效考核

医院应对预算执行情况进行绩效考核，制定预算管理绩效考核细则，实行“谁申请，谁负责使用，谁承担责任”和“花钱必问效，无效必问责”的全过程预算绩效管理，提高预算资金使用效益和效率。

三、预算业务内部控制原则

医院的预算业务内部控制一般应遵循如下原则，如图 8－1 所示。

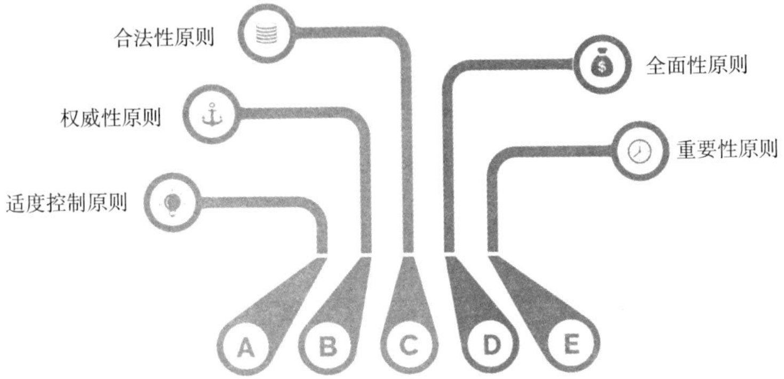

图 8－1 预算业务控制原则

（一）合法性原则

预算管理业务内部控制制度的建立必须遵照国家相关法律法规的规定，这是预算业务控制必须遵循的首要原则。

（二）权威性原则

预算业务内部控制制度一经制定，从上到下都要严格执行，并根据执行情况给予奖惩，以显示内部控制制度的权威性。对于位高权重者偶尔犯错，或者普通员工出现的小错要本着防微杜渐和一视同仁的态度正确处理。

（三）适度控制原则

预算控制的范围、程度和频度要恰到好处。控制的正效应是可以避免或及时纠正预算执行的偏差，有利于预算目标的实现。控制的副效应是可能会给被控制者带来不愉快，影响被控制者的积极性。同时，预算控制也会发生控制费用。因此，应当遵循适度控制的原则。

（四）全面性原则

预算管理内部控制应当贯穿预算决策、编制、执行、考核和监督全过程，对医院及其所属科室和员工的各种业务和事项实行全过程、全员控制，杜绝医院内部控制存在盲区。

（五）重要性原则

在实施预算控制时，对于重要的经济活动或事项，应重点关注，重点分析，并在预算报告中作出充分披露；对于次要的事项，在不影响会计信息真实性的前提下，则可适当简化，合并反映。这样，既能节约控制费用，又可以将精力用于重要事项的控制，提高控制的效果。

第二节 预算业务内部控制的内容

医院预算业务内部控制的关键点是进行全院、全员、全过程控制，包括对预算制度的控制和预算编制、执行、分析、考核等预算活动全过程的控制。预算内部控制的主要内容有以下三个方面。

一、预算制度控制

医院应当建立健全预算决策、编制、审批、执行、决算与考核等管理制度，明确预算管理组织架构设置和权限，明确各职能科室在预算管理中的职责。订立的制度主要有：预算管理制度、预算编制制度、预算调整制度、预算执行与控制制度、预算考核制度等。

医院应当合理设置预算岗位，明确相关岗位的职责、权限，建立健全预算岗位责任制，确保预算工作不相容岗位相互分离、制约、监督。确保预算管理全过程相互印证、相互监督。

二、预算内容控制

医院应对包括业务收支、资本支出等在内的业务活动进行各方面的控制，确保一切运营活动和财务活动纳入预算，按照预算管理制度的相关规定进行管理。

三、预算流程控制

预算业务包括预算编制、预算审批、预算执行等很多流程，预算流程控制就是确保整体预算流程的规范性和有效性，如图8－2所示。

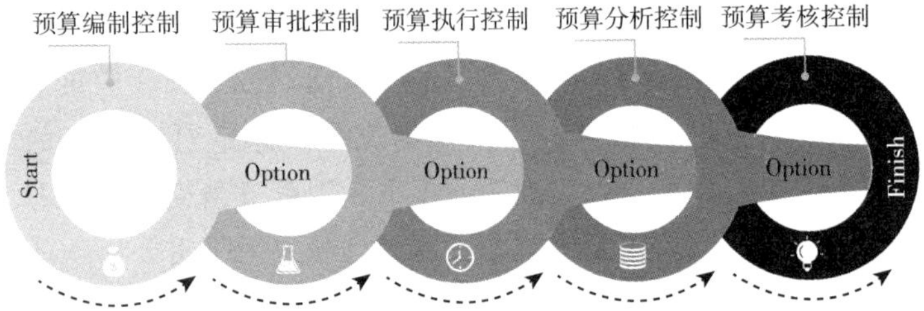

图8－2　预算流程控制

（一）预算编制控制

医院应当建立预算编制工作机制，正确把握预算编制有关政策，确保预算编制相关人员及时、全面地掌握相关规定。能根据工作计划细化预算编制，提高预算编制的科学性。最终做到预算编制工作程序规范、方法科学、编制及时、内容完整、项目细化、数据准确。

（二）预算审批控制

医院预算应报同级财政部门批准，再根据批复安排各项收支，确保预算执行的刚性。对预算调整要进行必要性分析，经预算管理委员会讨论通过，报同级财政部门审批下达后方可执行。

（三）预算执行控制

医院应根据内设科室的职责和分工，将按照法定程序批复的预算指标进行分解、审批下达，发挥预算对经济活动的管控作用。

（四）预算分析控制

医院应当建立预算执行分析制度，定期通报各职能科室预算执行情况；召开预算执行分析会议，研究解决预算执行中出现的问题，提出改进措施，提高预算执行的有效性；加强决算执行情况分析，强化决算分析结果运用，发挥预算与决算相互反映、相互促进的作用。

（五）预算考核控制

医院应当加强预算绩效考核管理，定期对预算执行情况进行考核，落实奖惩措施，督促各职能科室、员工严格执行预算。建立“预算编制有目标、预算执行有监控、预算完成有考核、考核结果有反馈、反馈结果有应用”的全过程预算绩效管理机制。

第三节 预算业务内部控制方法

为了更好地实现预算业务控制目标，按照内部控制相关理论，医院可采取以下控制方法。

一、预算管理组织控制

医院预算管理委员会应发挥组织协调预算活动的作用。预算管理办公室要具体负责预算管理工作。各预算业务归口管理科室要按照权责对等原则，对有关经济活动实行统一管理。只有各预算管理组织真正发挥作用，才能保障全面预算的实施。

二、预算工作岗位控制

根据不相容岗位相互分离的要求，合理设置预算业务内部控制关键岗位，明确划分职责权限，实施相应的分离措施，形成相互制约、相互监督的工作机制。预算管理工作不相容岗位主要有：

1. 预算编制、预算调整与预算审批。
2. 预算审批与预算执行。
3. 预算执行与预算考核。

三、授权审批控制

医院应对预算工作建立严格的授权审批制度。明确各岗位办理业务和事项的权限范围、审批程序和相关责任人，建立重大事项集体决策和会签制度。相关工作人员应当在授权范围内行使职权、办理业务，不得超越权限。对于超预算、无预算的项目，经办人员应当按照预算调整流程重新办理编制、申报、审批等手续。经办人员和审批人员均不得超越权限处理预算事项。

四、内部报告控制

医院通过编制内部报告，及时、主动地把运营过程中出现的问题、解决办法及建议通过报表和文字等形式形成预算分析报告，向管理层汇报，使其及时、全面地掌握医院的运营动态。内部报告控制的关键点是报告必须及时、真实、细致、突出重点。

五、内部审计监督控制

医院应建立健全对预算活动的内部审计制度，对预算的重要信息进行内部审计监督和公示，明确公示的相关信息内容、范围、方式及程序。

第四节　预算业务内部控制流程

医院应将预算业务事项按类别分解给相关责任科室，由其组织相关人员进行具体的业务流程梳理，查找风险点，进行内部控制设计，建立和完善管理制度。预算业务内部控制工作步骤，如图 8－3 所示。

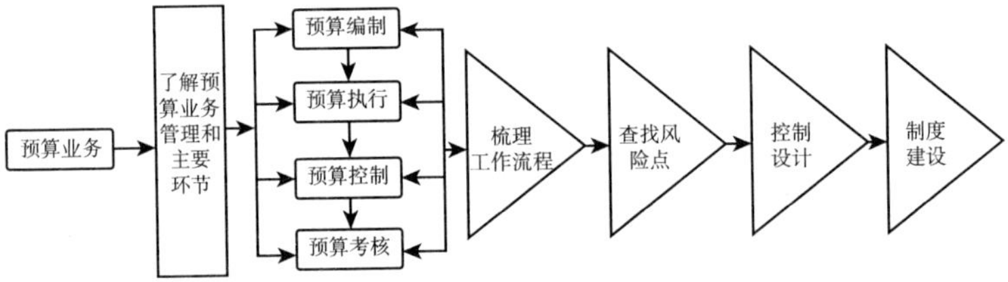

图 8－3　预算业务内部控制工作步骤

一、预算编制控制流程

预算编制是一项细致、复杂、政策性强的工作，医院只有对预算进行事前控制，才能保证编制的质量。事前控制的主要内容包括：

（一）收集整理基本数据

预算管理办公室要收集相关基本数据，以提高预算编制质量。如医院发展战略目标、各科室人员数、会计报表、病案统计报表、定额比率、工作量数据等。

（二）分析研究上年度预算执行情况

医院上年度预算执行情况，是编制本年度预算的重要依据。因此，各职能科室在申报预算前要仔细分析本科室上年度预算完成情况，以及本年度业务发展趋势，分析本科室预算差异情况和形成原因，作为本年度预算编制的参考依据。

（三）分析研究影响本年度预算的因素

各职能科室在预算申报时要考虑预算年度影响收支的因素，如新出台的物价、医保政策，科室规模的扩大或缩小，人员的变动，新项目、新技术的开展等，这些因素都会对预算造成影响。

二、预算执行控制流程

医院要全面完成预算任务，必须对预算执行进行事中控制，主要内容包括：

（一）保证收入完整性

医院要采取控制措施，将各项收入及时、足额地收缴，确保收入预算的完成，杜绝“小金库”的发生。同时，要加强对医疗服务价格和药品价格的管理，严格执行物价政策，合理收费，做到“应收则收，应收不漏”。医院要特别关注门诊和住院退费活动的控制，堵塞管理漏洞，确保收入的完整性。

（二）保证支出合规性

医院要严格执行国家财经纪律，不得擅自扩大支出范围和提高支出标准。加强预算刚性，对超预算和无预算的支出严格按照程序调整预算后方可执行。财务科要加强对经济事项真实性和完整性的审核，实时监控各职能科室的预算执行情况。

三、预算调整控制流程

预算正式下达后，一般不予调整，以保证其刚性。如果遇到国家政策、市场环境等发生重大变化或发生其他不可抗力因素时，可以调整预算，但应严格按照调整流程进行申报、审核、审批。

职能科室应提供预算调整的原因、方案等资料，经预算管理委员会审核通过后报医院党委会议审批，再报同级财政部门批准。

有条件的医院，应该实施预算信息化管理系统，将预算管理系统与 HIS 系统、ERP 系统等连接，实现资源共享。各职能科室也可以通过信息系统查询本科室预算指标完成情况，预算管理科室可以通过信息技术实时控制预算执行情况。

在预算管理软件中，还可以嵌入预算预警功能，当预算执行偏差超过一定范围时，能够自动报警，以便及时采取应对措施，确保预算符合率达标。

第五节　预算业务控制关键点

预算管理业务有许多风险点（图中标注 R），只有了解这些风险点并采取防控措施，才能确保预算管理任务的完成。医院要组织相关人员对具体的业务流程进行梳理，描绘出预算业务控制流程图，并对其进行必要的文字描述，同时，逐项分析查找业务环节中存在的风险，提出控制措施，形成预算业务控制风险矩阵。

一、预算业务控制流程

医院预算业务控制流程，如图 8－4、图 8－5、图 8－6、图 8－7所示。

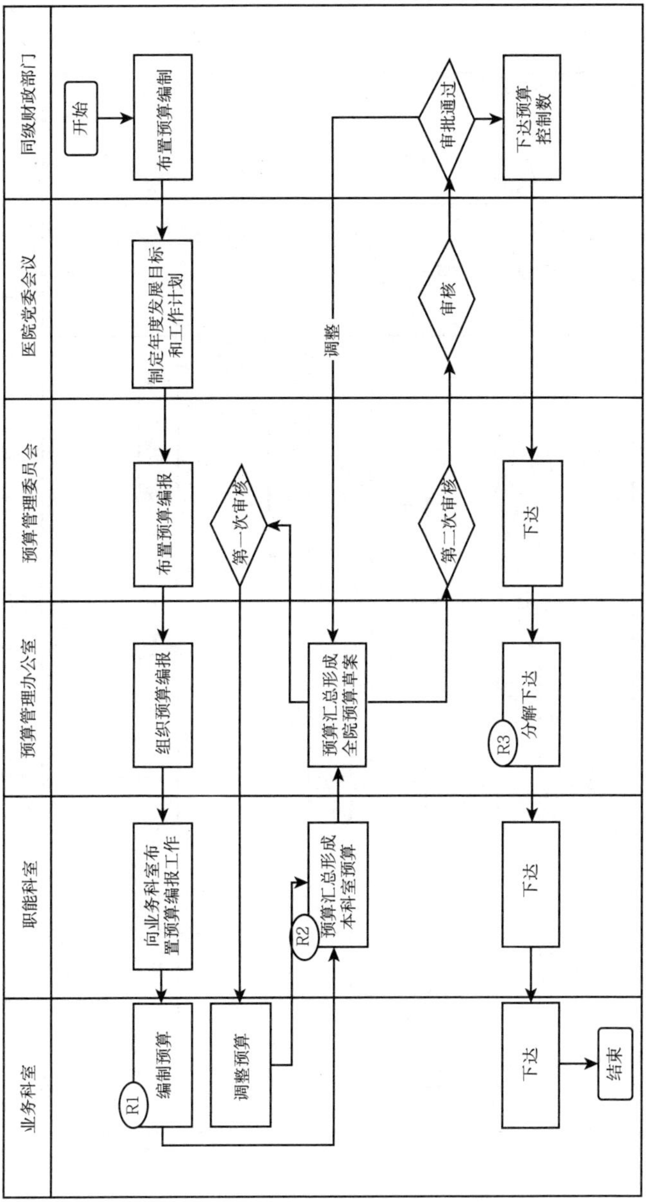

图 8－4　预算编报与下达控制流程

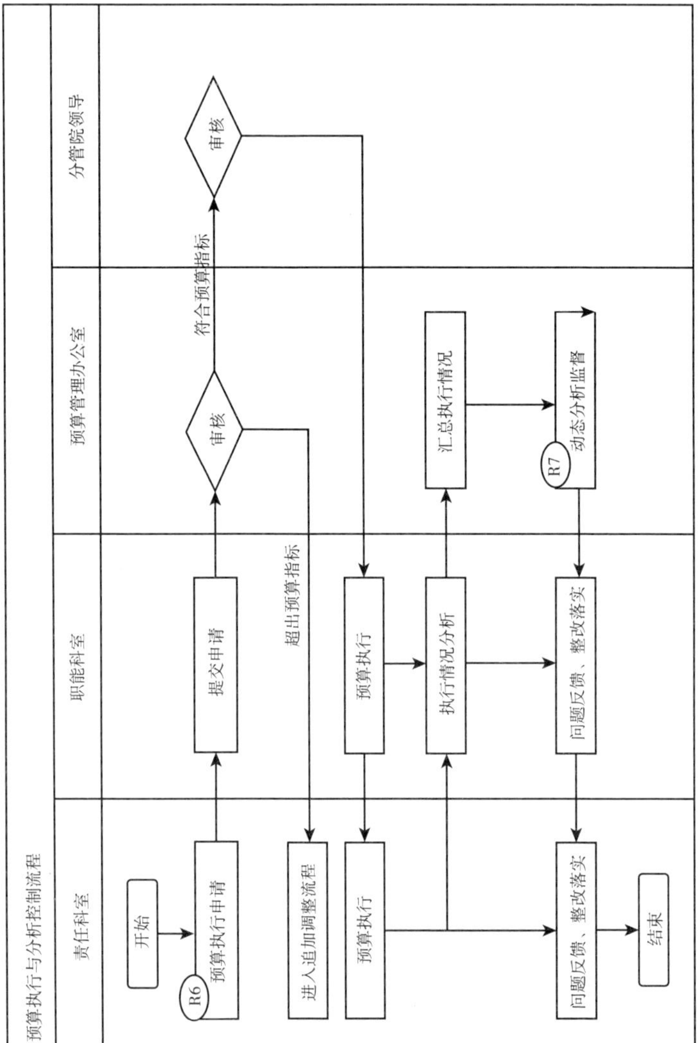

图 8－5　预算执行与分析控制流程

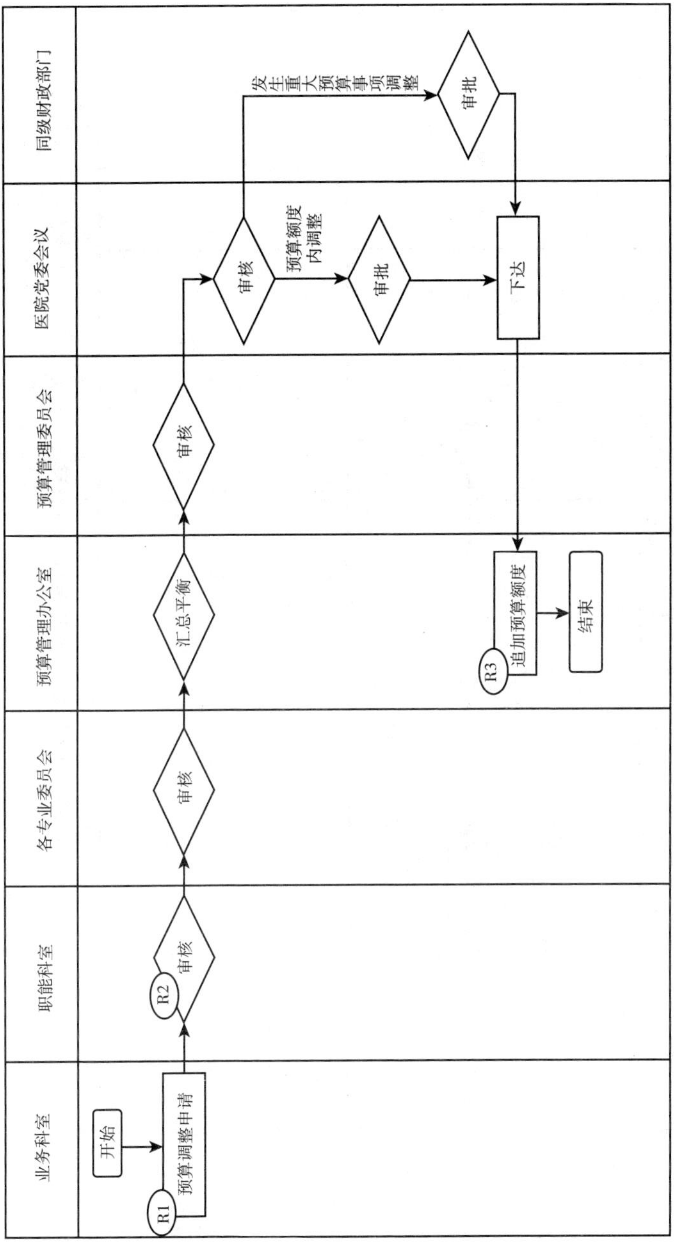

图 8－6　预算追加调整控制流程

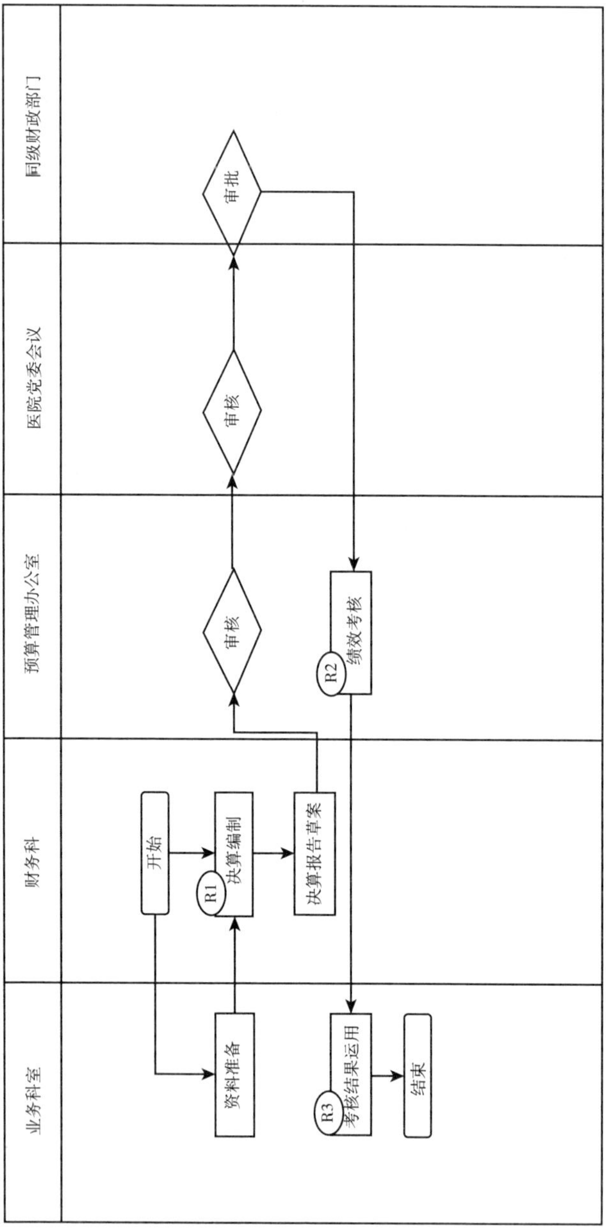

图 8－7 决算与考核控制流程

二、预算业务控制流程描述

医院预算业务控制流程描述（见表8－1、表8－2、表8－3、表8－4）。

表8－1　　预算编报与下达控制流程描述

步骤	责任部门	流程描述	输出文档
1	同级财政部门	布置年度预算编制工作	
2	医院党委会议	制定医院年度工作计划	
3	预算管理委员会	根据医院工作计划制定下年度预算目标	预算目标
4	预算管理办公室	根据预算目标提出预算编制任务、编制要求	预算编制大纲
5	职能科室	根据归口管理内容向责任科室布置编制预算工作	
6	责任科室	编制科室预算并提交到经管职能科室	
7	职能科室	预算汇总形成科室预算	科室预算
8	预算管理办公室	科室预算汇总形成医院预算草案	预算草案
9	预算管理委员会	审核预算草案，上报医院党委会议讨论	
10	医院党委会议	审批预算草案，上报主管部门	医院预算
11	同级财政部门	审批预算，下达预算控制数	预算控制数
12	预算管理委员会	批复同级财政部门下达的预算到预算管理办公室	
13	预算管理办公室	将预算控制指标分解到各科室	各科室预算指标
14	职能科室	接收并下达预算指标	
15	责任科室	接收并执行预算指标	

表8－2　　预算执行与分析控制流程描述

步骤	责任部门	流程描述	输出文档
1	责任科室	提交预算执行申请	
2	职能科室	提交申请到预算管理办公室	
3	预算管理办公室	审核申请是否符合预算指标，如符合提交分管院领导审批；如不符合退回责任科室进入预算追加调整流程	

续表

步骤	责任部门	流程描述	输出文档
4	职能科室	执行审批后预算	
5	责任科室	执行审批后预算	
6	职能科室	对科室预算执行情况分析	
7	预算管理办公室	汇总预算执行情况并进行动态分析监控	预算执行进度表、预算分析报告
8	职能科室	根据预算分析报告动态调整执行情况，整改落实	
9	责任科室	根据预算分析报告动态调整执行情况，整改落实	

表 8－3　　　　预算追加调整控制流程描述

步骤	责任部门	流程描述	输出文档
1	责任科室	提出追加调整预算申请	
2	职能科室	审核预算追加调整申请	
3	专业委员会	审核预算追加调整申请	
4	预算管理办公室	调研、汇总平衡预算调整申请，并上报医院党委会议审批	
5	医院党委会议	对一般预算调整进行审批并下达	
6	同级财政部门	对重大预算调整进行审批并下达	预算调整报告批复
7	预算管理办公室	将批准的预算调整增加预算指标并下达到科室	

表 8－4　　　　决算评价与控制流程描述

步骤	责任部门	流程描述	输出文档
1	业务科室	决算前准备：存货盘点、债权债务清理、收入支出清理等	
2	财务科室	和相关账务系统对账、调账、结账，根据同级财政部门决算编制要求编制决算	决算报告草案

续表

步骤	责任部门	流程描述	输出文档
3	预算管理委员会	审核决算报告草案	
4	医院党委会议	审核决算报告草案	
5	同级财政部门	审批决算报告草案	经批复的决算报告
6	预算管理委员会	根据决算报告对预算执行情况进行绩效考核	预算考核报告
7	业务科室	绩效考核结果运用	

三、预算业务控制风险矩阵

医院预算业务控制风险矩阵（见表8－5、表8－6、表8－7、表8－8）。

表8－5　　　　预算编制与下达控制风险矩阵

风险编号	风险描述	控制措施	执行人	控制制度
R1	预算编制过程短，时间紧，可能导致编制质量低	预算编制工作要提早启动，提前规划，要进行足够的调查、论证，提高预算编制质量	业务科室、职能科室	《全面预算管理制度》
R2	业务科室和职能科室之间缺乏有效沟通，导致预算汇总数据不科学、不合理、业务活动与其财力支持相脱节	加强医院预算编制、预算执行、资产管理、人事管理、基建管理等科室之间的沟通协调和信息共享，各业务科室应按照要求完成基础数据的填报，并在预算编审过程中根据取数时点要求对基础数据进行更新和复核，确保预算编制科室及时取得和有效运用与预算编制有关的基础数据和重要信息，有效汇总平衡预算建议数，提高预算编制的规范性和科学性	业务科室、职能科室、预算管理办公室	《全面预算管理制度》

续表

风险编号	风险描述	控制措施	执行人	控制制度
R3	医院内部预算指标分解批复不合理，可能导致内部各科室财权与事权不匹配，影响科室职责的履行和资金的使用效率；预算下达没有严格控制，导致约束力不足	预算管理委员会根据同级财政部门按照法定程序批复的预算和医院内部各业务科室提出的支出需求，明确各项业务工作的预算额度、支出方向和支出标准，将法定预算指标按照科室进行分解，直接落实到业务活动的各个环节及相关岗位 对于业务内容和支出金额比较明确或有规律可循的支出事项，可一次性下达预算指标，并在下达预算指标的同时，限定业务工作的支出标准和方向，同时可以明确资金来源和执行方式 对于内容和支出金额不明确的业务事项，如突发事件，可以结合医院的实际，预留机动财力	预算管理办公室	《全面预算管理制度》

表 8－6　　　　预算执行与分析控制风险矩阵

风险编号	风险描述	控制措施	执行人	控制制度
R1	各预算项目之间内容错位	执行申请时，必须将指标、支出事项和执行申请一一对应，必须符合指标批复时的业务范围以及财务收支余管理制度和细则的相关规定	业务科室、财务科、预算管理办公室	
R2	没有严格按照批复的预算安排各项收支，可能会影响预算的严肃性	对依照申请执行的业务事项，相关业务科室必须在明确的预算指标下提出执行申请，未经预算指标申请，并通过审批的，不得提出执行申请。如果预算执行额度超过业务科室或本岗位可执行的预算指标，业务科室应首先按照程序办理预算追加调整，增加可执行预算指标后，再提出预算执行申请	业务科室、财务科、预算管理办公室	《全面预算管理制度》《财务收支余管理制度》

续表

风险编号	风险描述	控制措施	执行人	控制制度
R3	预算执行情况没有定期进行分析，没有建立有效的沟通机制，可能导致预算执行进度偏快或偏慢	医院应建立预算执行分析机制，财务科应定期通报各科室预算执行情况，确保预算执行信息传输及时、通畅、有效。预算管理委员会定期召开预算执行分析会议，审议预算执行阶段性报告，研究解决预算执行中出现的问题，提出改进措施，提高预算执行的有效性	业务科室、财务科、预算管理委员会	《全面预算管理制度》

表 8-7　　预算追加调整控制风险矩阵

风险编号	风险描述	控制措施	执行人	控制制度
R1	预算调整不合理，或未履行预算调整审批程序，预算缺乏约束，可能产生舞弊行为或使预算流于形式	批复的预算原则上不予调整，确需调整的，应按规定程序报批。当医院事业发展有较大调整，或根据国家有关政策需要大幅增加或减少预算时，可以提出预算调整 调整预算一般由各业务科室提出书面申请，详细说明调整理由、建议方案、调整前后预算指标的比较及预算调整所带来的影响等情况	业务科室	《全面预算管理制度》
R2	预算调整审核把关不严	财务科和相关职能科室对业务科室提交的预算调整申请报告签署意见，并提交预算管理委员会审核。预算管理委员会根据预算调整事项性质或调整金额的不同，提交医院党委会议讨论通过，报送同级财政部门审批，经批准后再下达到相关科室执行	职能科室、预算管理委员会	《全面预算管理制度》

续表

风险编号	风险描述	控制措施	执行人	控制制度
R3	预算调整后没有追加预算额度	对经批准的调整预算，应当及时追加或减少申请科室的预算额度，并告知申请科室	预算管理办公室	《全面预算管理制度》

表 8-8　　决算与评价控制风险矩阵

风险编号	风险描述	控制措施	执行人	控制制度
R1	决算与预算脱节，难以及时反映预算执行情况，可能导致预算管理效率低下	加强决算管理，确保决算真实、完整、准确、及时，加强决算分析工作，强化决算分析结果运用，建立健全医院预算与决算相互反映、相互促进的机制	预算管理办公室、财务科	《全面预算管理制度》
R2	预算评价内容不完整，可能导致预算管理缺乏有效的监督	建立医院内部预算执行考核制度，按照预算计划分别制定预算管理绩效考核细则，提高预算资金的利用效益和效率	预算管理办公室	《全面预算管理制度》
R3	评价结果未得到有效利用	医院应当注重预算评价结果的运用。对于预算评价结果较好的科室，在以后年度预算分配时给予优先考虑；对于预算评价结果较差的科室，要求其进行整改，对以后年度该科室的项目立项和预算分配从严把关，切实做到有奖有罚、奖罚分明	业务科室	《全面预算管理制度》

第九章 全面预算管理文化建设

所谓医院文化，是医院价值观在其指导思想、运营理念、管理风格和行为方式上的反映，是医院在建设和发展中形成的物质文化、制度文化、行为文化和精神文化的总和，包括医院管理中的硬件与软件、外显文化与隐形文化两部分。其基本内容包括院训、院徽、院歌、医院口号、医院精神、服务理念、医院目标、发展战略等。具体来讲，是指具有本院特色的价值观念、基本理念、管理制度、行为准则、工作作风、人文环境，以及与此相适应的思维方式和行为方式的总和。

医院文化具有时代性、人文性、继承性和传播性等特点。医院文化是医院的灵魂，作为一种柔性的软实力，越来越受到人们的重视。全面预算管理文化建设是医院文化建设中不可或缺的重要组成部分，在医院发展中发挥着导向功能、凝聚功能、激励与约束功能、教化功能等重要作用。如何才能建设好医院文化，发挥全面预算管理文化的作用，使医院立于不败之地？我们认为，全面预算管理是一把手工程，需要医院精心设计、强力推动，职能科室通力合作，树立良好的全面预算管理理念等。

第一节 全面预算管理是“一把手”工程

全面预算管理是医院管理工作的重点，更是财务工作的核心。医院要深入推进全面预算管理，把全面预算管理列为“一把手”工程，抓紧、抓早、抓好落实。医院领导、各科室负责人要高度重视并积极抓好预算管理文化建设，要对预算管理文化建设进行系统思考，出思想、出思路、出对策，确定本科室文化建设的目标和内容，提出正确的管理理念，并身体力行，率先垂范，带领全体员工认真落实医院预算管理文化建设实施方案。

一、“一把手”要高度重视全面预算工作

不少医院的职能科室甚至是高层管理者普遍认为编制预算纯粹属于财务行为，甚至认为全面预算的编制只是财务科的事情。一些医院单纯为了编制预算而编制预算，预算独立于医院管理之外，成为一个封闭的系统，未能充分发挥管理职能。由此可以看出医院对全面预算管理的概念、职能等情况缺乏足够的了解和认识。因此，医院管理层特别是“一把手”要高度重视全面预算工作。

（一）组织保障

设立医院预算管理委员会及预算管理办公室，由医院“一把手”担任主任一职，为预算管理委员会工作的顺利开展提供强有力的组织保障。

（二）制度保障

结合医院实际，制定和完善预算管理相关制度。医院“一把手”应带头遵守预算管理制度，项目审批要严格履行预算审批流程，不能因预算具有不确定性而随意增减预算开支项目。

（三）人员保障

医院全体员工，特别是领导要真正参与到预算管理的全过程。预算单位“一把手”参加预算分析会并监督解决问题，主导预算考核结果，化解考核矛盾。

预算管理的战略地位决定了全面预算管理工作是“一把手”工程。“一把手”的组成不但有医院党政机关的“一把手”，还有相关中层“一把手”。医院“一把手”的重视程度决定了预算文化

的成型速度，而其中中层“一把手”的重视程度将进一步决定其负责工作的精细化和科学化程度。在共识形成的过程中，总会计师和财务科负责人责任重大，承担着规划、沟通、讲解、推动的任务。

二、分管院领导精心设计预算方案

从实际的执行情况看，大多数医院只是将全面预算管理当作计划经济的一个翻版，前期的调研工作流于形式，“闭门造车”的现象仍然存在。对医院自身的情况了解不够，阻碍了全面预算管理的实施和控制。

（一）全面预算管理存在的问题

目前，一些医院全面预算管理存在的问题主要有：

1. 全面预算管理制度不完善。一套完整的全面预算管理制度，应当包括全面预算管理总则、组织机构、预算体系、预算编制、预算控制与差异分析、预算考核与激励和附则等。

2. 预算组织体系不健全。全面预算管理组织是全面预算管理运行的基础，医院的预算组织架构是否完善是实施全面预算管理的前提条件。缺乏完善、权威的组织架构，如未设立预算管理委员会、未明确预算的有效监控和对预算的考核，全面预算管理就不可能得到有效的实施。

3. 编制预算缺乏周密的计划，执行随意性大。如预算编制不完整，没有将医院的全部收入和支出纳入预算；无预算、超预算支出，执行随意性大等。

4. 预算编制不科学，预算执行率低。预算编制不科学，造成资产配置不合理，使用效率低下；预算调整未履行必要的审批程序；预算执行率特别是财政专项预算执行率低下。

（二）正确理解全面预算管理

全面预算的本质是人 + 事 + 钱，上连医院发展战略目标，下接具体医疗业务，核心是如何配置资源。对财务资源和运营过程中资源消耗的详细计划，用货币和数字表示。

1. 预算是一种预测。是对未来一段时期内的收支情况的预计。预测不是为了也不可能改变未来，却可以帮助医院更好地认清形势，对未来的业务发展及经费开支做到早计划、早安排。

2. 预算是奋斗目标。预算包含的内容不仅是预测，还涉及有计划地、巧妙地处理所有变量，这些变量决定着医院未来努力达到某一有利地位的绩效。预算（或结余计划）可以说是控制范围最广的技术，因为它关系到整个组织，而不仅是其中几个科室。

3. 预算是一种工作计划。预算包含的信息比战略计划更具有操作性。预算细化了医院整体战略发展目标和年度运营计划。

预算内容可以简要概括为三个方面：

（1）“多少”。为实现计划目标的各种管理工作的收入（或产出）与支出（或投入）各是多少。

（2）“为什么”。为什么必须收入（或产出）这么多数量，以及为什么需要支出（或投入）这么多数量。

（3）“何时”。什么时候实现收入（或产出），以及什么时候支出（或投入），必须使得收入与支出取得平衡。

4. 预算是一种内控的手段。把各种计划压缩成一些确切的数字，以便使经管人员清楚地看到哪些资金由谁来使用，将在哪些部门使用，并涉及哪些费用开支计划、收入计划和实物表示的投入量和产出量计划。经管人员明确了这些情况后，就有可能放心地授权给下属，使之在预算的限度内去实施计划。

（三）设计好预算管理方案

正因为全面预算管理有阻力，所以需要对预算管理做好顶层设计。只有精心设计，才能确保推行成功。否则，全面预算管理工作有可能半途而废，或者流于形式。为此，我们需要深入调研，厘清预算管理思路，设计最佳方案；同时，要开展培训动员，指导编制，协助执行，配合考核。更重要的是需要全体员工深入思考，提高全面预算工作效力，设计好预算管理方案。一个好的预算管理方案应至少包括以下几个方面，如图9－1所示。

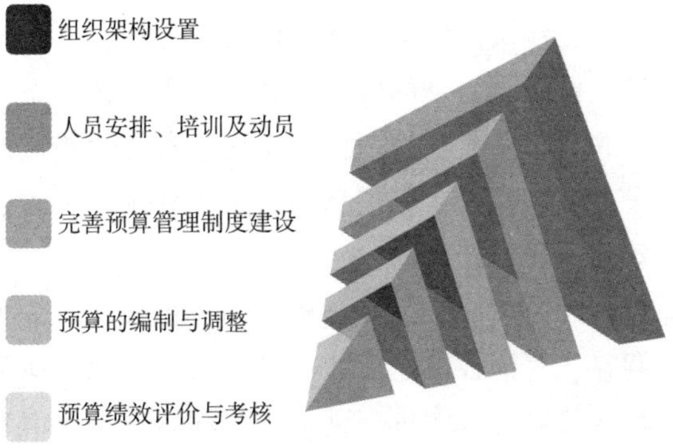

图9－1　预算管理方案

1. 组织架构设置。根据管理的特点，医院建立由预算管理委员会统一领导的组织架构，其下设置决策机构、工作机构和执行机构，具体承担预算编制、审批、执行、控制、调整、监督、核算、分析、考核及奖惩等一系列预算活动的工作。

2. 人员安排、培训及动员。应全面培养高素质专业人才并委以重任，进一步强化宣传教育工作，切实做到全员参与预算工作。

3. 完善预算管理制度建设，建立预算管理的长效机制。在医院具体的财务管理过程中，必须按照规定的制度管理执行，进行相关项目的资金支出。这样有法可依的管理机制，能够使医院的预算管理更具有科学性和准确性。

4. 预算的编制与调整。医院预算总目标的确定要结合医院战略、规模、资源及技术条件、国家政策因素等综合考量，采用定性与定量相结合和自上而下的分解方式来确定。

5. 预算绩效评价与考核。不断完善预算考核制度，包括预算编制过程考核、预算执行控制情况考核、预算核算结果考核、预算分析结论考核等。同时科学制定预算考核方法，实现对预算目标完成情况和预算组织工作的科学考核。

（四）信息化支持

全面预算管理涉及医院运营管理的各个方面，要处理大量的数据。为提高全面预算管理的效率和效果，需要建立全面预算管理信息系统，并与医院其他管理信息系统进行有效集成。借助现代信息技术，对全面预算数据信息的采集、处理、报告以及集成进行及时有效的管理和控制。

全面预算管理系统应包括：预算编制、预算执行分析、预算控制、预算调整、定额标准、业绩评价等功能模块，所需要的数据和信息通过有效融合，实现与其他平台和软件的无缝对接，降低相关工作人员的具体工作量，从而能够把精力集中于数据深入分析与控制方面；与此同时，可以将预算指标视为其他信息系统的制约条件，在第一时间发现不足与差距，及时实行控制，进而最大限度地发挥作用。

三、领导层强有力的推动作用

在全面预算管理进程中会涉及利益重新调整，管理成本会增加，需要医院管理层对全面预算管理的大力支持，更需要医院从制度方面对全面预算管理进行强有力的推动。

（一）建立完善的内部管理制度

只有建立好医院的各项规章制度，才能引导全体员工为实现医院的发展战略目标而努力，才能保障全面预算管理的有效进行。

（二）建立健全预算编制的基础信息

编制预算通常需要各类信息，医院只有完善对各种信息的收集、整理和分析，才能为提高预算编制的质量奠定基础。

（三）建立层层把关、分工负责的组织体系

要建立由各职能科室或专门的预算管理科室或内审室组成的

预算监控组织，并以人力资源科为主，各预算管理科室参与预算考核，通过各层级管理人员的强有力推动，对预算管理水平的提升发挥积极作用。

1. 着力提高管理水平。全面预算管理是对医院综合的、全面的管理，彰显预算管理对加强医院内部管理的抓手作用，真正体现医院管理以经济运营为中心、财务管理以预算为主线的现代医院管理理念。

2. 大力培养竞争能力。凡事预则立，不预则废。全面预算管理培养的正是医院“预”和“算”的能力。医院通过对投资活动、运营活动和财务活动的全面预算和控制，实现各种资源的最佳配置，激发广大员工的创新意识，增强医院活力，锻造一支懂运营、会管理、能创新的员工队伍，使医院的综合竞争能力得到提升。

3. 养成良好风气。先“预”、再“算”、后“花”，这是全面预算管理的关键所在，也是医院规范意识的体现。在推行全面预算管理过程中，要通过狠抓预算执行力，倡导勤俭节约、精打细算的良好风气，真正把外在约束变成内在动力，使控制成本、厉行节约成为医院管理的内在要求，成为培育医院先进文化的重要途径。

四、各职能科室的通力配合

医院应结合实际，建立适合自身发展的全面预算管理组织架构，根据自身业务特点和管理模式确定职责并分工，促使各职能科室协调沟通，平衡医院各方面利益，使得全面预算管理顺利运行。财务科在预算管理中处于主导地位，但预算管理涉及面广，与绩效管理、考核、激励关系密切，仅依靠财务科无法保障预算管理的成效，需要各职能科室相互配合。

五、树立全面预算管理理念

全面预算管理是一种全新的管理运行机制。一方面，它与市场机制相衔接，通过预算目标反映市场对医院的要求；另一方面，它与医院内部管理、内部组织架构及其运行机制相衔接，通过各责任中心的确定、预算目标的分解与落实、预算执行、调整、考核等，反映医院在市场竞争中的地位与市场要求的应变和措施。

（一）全面预算管理是与医院法人治理相适应的权力分层

全面预算管理通过分权、授权，对医院内部的所有经济事项进行权利划分，形成从医院党委会、预算管理委员会、预算管理办公室到基层管理者的管理体系，使医院法人治理结构更清晰，能够提高医院治理的有效性。

（二）全面预算管理是与医院发展战略相匹配的支撑保障

全面预算管理是以医院战略为出发点，对战略发展目标的量化和具体落实。预算目标的确定，一方面，体现不同类型医院的战略重点，预算模式的选择，体现医院不同时期的竞争战略。另一方面，全面预算管理将医院价值与各级组织的具体目标、岗位职责相联系，使业绩计量和业绩评价的战略导向性更强。通过对预算执行结果的分析，再评估或修正医院战略，对医院实现战略发展目标起到全方位的支持作用。

（三）全面预算管理是与日常管理过程相渗透的行为规范与标准

全面预算管理是以人为本的全员管理。它通过明确人在医院中的岗位、责任、权力、利益，将员工的作业内容、作业程序和方法、作业要求、业绩指标及考核予以规范，形成医院运营管理的行为规范与标准体系。

（四）全面预算管理是与整合医院业务流、资金流、信息流和人力资源流要求相一致的运营指标

全面预算管理是以财和物的运行方式——资金流和业务流进行事前的规划，将其按照权责范围落实到相应的责任人身上，实现三者的统一。同时将业务和数量价值整合到信息体系中，实现

经济运行和管理的高度信息共享，进而实现“四流”的高效合一。

（五）全面预算管理成为医院进行业绩评价与奖惩的重要标杆

全面预算管理是与年终总结相关的业绩评价，将预算执行结果与奖惩挂钩，为考核和评价各职能科室的运营成果及员工工作成效提供依据，成为医院进行业绩评价与奖惩的重要标杆。

由此可见，全面预算管理是医院实现发展战略目标的具体落实，是管理者对经济资源的获得与利用进行综合规划与有效控制的手段。通过预算编制与执行，合理安排医院的人、财、物、信息等资源，综合平衡临床、医技、护理、行政后勤等科室利益，将医院管理中的规划、控制等重要环节连接到一个体系内，并以预算为标准对运营管理者的业绩进行评价，使医院的日常管理事务能够有序、高效地运行，保证预期经济效益得以实现和提高。

第二节 医院预算文化的培养

预算文化是医院文化中重要的组成部分，它不是与生俱来的，需要医院管理层的引导，时间的沉淀，医院政策、制度的约束与系统的培训。

一、医院预算文化的培养对象

医院预算文化培养对象包括高层管理者、中层管理者、普通员工。医院高层要高度重视并积极抓好医院预算文化建设，中层管理者要对医院预算文化建设进行系统思考，确保本科室预算文化建设与医院发展战略目标高度融合，提出正确的预算管理理念，并身体力行，率先垂范，带领本科室员工认真落实好医院预算文化建设实施方案。

二、医院预算文化培养方法

先进的预算文化是医院持续发展的精神支柱和动力源泉，是医院内涵建设的重要组成部分。各职能科室要广泛宣传，统一认识，切实加强医院预算文化核心理念的学习和教育，努力提高员工对文化建设重要性的认识。通过广泛宣传动员，使全体员工认知认同和接受医院精神、管理理念和价值观念，并养成良好的自律意识和行为习惯。可先粗后细、由点及面，让普通员工初步认识、了解预算文化，并在日常工作中加强预算管理知识的培养，逐步增强员工参与医院预算文化建设的自觉性。

三、医院预算文化培养的作用

进一步推进预算现代化、科学化、精细化管理，把医院的发展战略和运营目标具体化、数量化，使之成为预算期内医院从事各项业务活动的指南；通过预算目标的层层分解和细化，使医院预算目标转化为各科室和员工的责任目标和工作目标；通过明确各个预算责任中心在预算期内的工作重点和方向，提供评价各科室和员工工作绩效的标准；通过医院预算文化持续的培养，促使医院预算编制的合理性、预算执行的可控性、预算评价的准确性不断提升。

第三节　发挥总会计师在预算管理中的重要作用

2010 年财政部颁发的《医院财务制度》第六条规定：“三级医院必须设置总会计师，其他医院可根据实际情况参照设置。”国务院办公厅 2017 年发布的《关于建立现代医院管理制度的指导意见》在健全财务资产管理制度条款中也指出“三级公立医院应设置总会计师岗位，统筹管理医院经济工作，其他有条件的医院结合实际推进总会计师制度建设。”2017 年年底，三部门联合出台了《关于加快推进三级公立医院建立总会计师制度的意见》，要求 2018 年年底，全国所有公立医院全面落实总会计师制度。2019 年 1 月出台的《关于加强三级公立医院绩效考核工作的意见》也明确要求规范设立总会计师。一系列的政策颁布，强化了公立医院总会计师职位的重要性及必要性，为总会计师在医院管理中发挥作用奠定了政策保障基础，如图 9 – 2 所示。

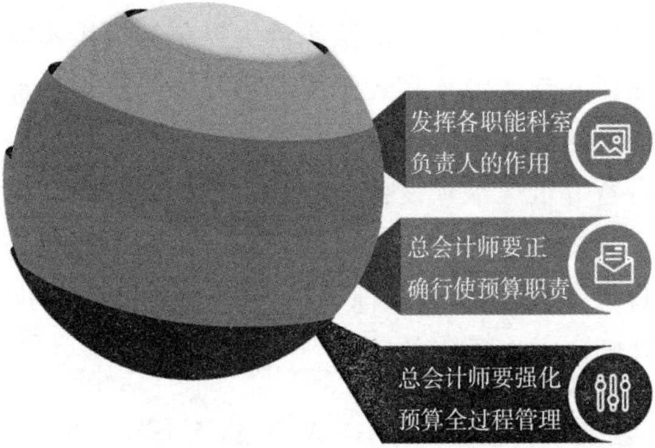

图 9 – 2 总会计师在预算管理中的重要作用

一、总会计师要正确行使预算管理职责

全面预算是以医院的战略定位为导向、以运营总体目标为基础的一种管控手段。全面预算管理旨在落实战略规划、优化资源配置，提高运营绩效，强化风险控制，推动医院战略规划实现。总会计师作为医院运营管理的主要负责人，其主要职责是协调整个预算编制流程，收集、记录和报告业绩，并将实际业绩与预算指标进行比较；设计和指导整个预算过程，但不包括实施预算。预算管理就围绕医院的战略规划和业务计划有序开展，总会计师引导各预算责任中心聚焦战略、专注执行、达成绩效。

二、总会计师要强化预算全过程管理

预算管理嵌入医院业务管理的各个领域、层次、环节，总会计师在全面预算管理中要以全员为基础，全过程为标准，全方位为要求，将医院的人、财、物全部纳入全面预算管理体系中，促进各预算责任中心围绕预算目标开展沟通与协调，统一调配内部资源，以提高资源的配置效率和使用效益。

总会计师协助院长管理医院经济和运营工作，对院长负责并承担相应的领导和管理责任。其职责主要包括组织本院贯彻执行国家有关法律法规，遵守财经纪律，加强财务管理和监督，保护国家财产安全与完整；对医院的运营管理、业务发展、基本建设以及资本运营等重大事项发挥监督和决策支撑作用。作为医院领导班子成员，总会计师直接参与各项运营决策。预算管理是医院经济和运营工作的重要组成部分，也是医院内控管理的源头部分，总会计师应予以重点关注。

第四节　全面预算是一项“人”的工程

预算管理是个系统工程，它涉及的内容很多，包括预算管理制度的制定、预算目标的确定、预算资料的收集、预算的编制、预算的审核、预算的执行与调整、预算的考核分析与反馈等，都离不开“人”，在某种意义上说，“人”的因素决定一切。

一、“人”的能动性

全面预算管理是一种高级管理工具，直接作用于“人”，是通过人去驾驭物质、使用技术的艺术，“人”的能动性起到了决定性的作用。如果一个医院具备良好的运营体系，使得所有人的能量、能力、个性和主动性都能得到充分发挥，并赋予个体行动自由去大量尝试的机会，那么这个医院的经济活力就得到最大限度的释放。

二、关键词之一就是“人”

各预算责任中心要牢固树立以人为本的思想，坚持依靠员工办医院的方针，尊重劳动、尊重知识、尊重人才、尊重创造，用美好的愿景鼓舞人，用宏伟的事业凝聚人，用一流的工作培养人，用科学的机制激励人，用优美的环境熏陶人，充分激发员工的积极性、创造性和团队精神，实现员工价值体现与医院蓬勃发展的有机统一。全面预算管理强调的是全过程管理，需要全体职工的协同努力。全面预算管理包括预算编制、审批、执行、分析、控制和考核的全过程，只有全体员工共同努力才能实现预算目标，达到降低运行成本、提高效益的目的。

三、做好全面预算工作，需要刚柔并济

对于全面预算管理而言，过度强调预算管理的刚性，容易造成“预算死角”，致使预算脱离实际。过度强调预算管理的“自由”，容易造成“预算松弛”，降低预算的权威性和执行力度。所以，预算的“刚性”与“自由”需要机动掌握。在全面预算管理过程中，一方面，医院应对预算管理组织、预算执行以及预算考核等方面保持一定的刚性，增强预算管理的执行力和约束力，确保全面预算方案的有效实施；另一方面，在预算的整体制定、预算编制、预算指标的分解以及预算适时调整等方面应保持一定程度的“自由”，实事求是，提高对预算执行过程中发生不确定因素的弹性适应能力和处理能力。

四、预算控制项目是提高和利用员工潜在力量的绝佳方法

全面预算管理是将医院预算目标予以具体化和量化，将批准下达的预算指标分解落实到各个职能科室、各个环节中去，使各预算责任中心的权、责、利相结合，促使员工挖掘潜力、提高主观能动性。全面预算管理机制关键在各个过程的管理和控制，医院能够管理的是医疗服务提供的过程而不是成本、效益本身，因而全面预算倡导过程管理，从分析提供医疗服务的成本、效益构成入手，通过控制过程来控制成本、提高效益，通过全员努力来真正实现成本的降低和效益的提高。

全面预算管理是医院全员参与的一项综合性工程，既有普遍性，又有特殊性，除了医院管理层重视、中层参与编制外，更需要全体员工的全面合作与沟通。

第十章　全面预算管理在A医院的运用

全面预算管理作为现代医院管理的重要工具，具有战略性、系统性、全员性等特点。A医院是一家集医疗、教学、科研、预防保健为一体的大型综合性医院，致力于寻求完善医院管理体系，探索建立符合国情的现代化医院管理模式。近年来，医院将全面预算管理作为经济运营管理的主线，不断提高管理水平和运营效率，从而实现可持续发展。

第一节　A医院概况

A医院总占地面积约180亩，核定床位3200张，分设A、B两个院区，共有58个临床科室，实行一体化和同质化管理。医院拥有卫生部临床重点专科、教育部重点学科及重点培育学科15个。2018年医院总收入50.45亿元，门急诊量418.76万人次，出院数量12.72万人次，平均住院天数7.65天。2019年预计医院总收入57亿元。

第二节　建立全面预算管理制度

一、总则

在医院发展战略目标指引下，A医院实施全面预算管理，建立健全预算编制、审批、执行、决算与评价等管理制度。科学、合理地设置预算管理组织架构和岗位，明确各职能科室在预算管理工作中的职责权限，实行预算编制、审批、执行、调整与评价考核等不相容岗位相互分离，强化全面预算管理的约束力。医院通过对预算管理的有效组织，及时协调和解决预算管理中出现的问题，对预算全过程实行管理，取得了显著的成效。

二、组织机构

医院全面预算管理组织架构采用医院党委会决策，预算管理委员会统一组织协调的四级管理模式，如图10－1所示。

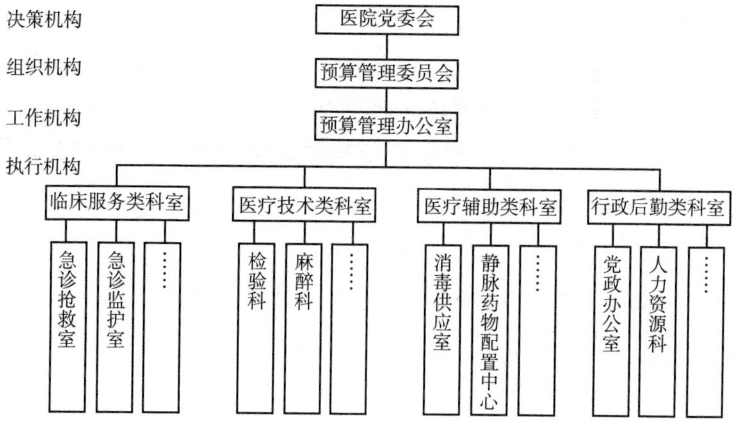

图10－1 全面预算管理组织架构

各级预算管理组织是医院全面预算管理的实施主体，在预算管理中扮演着不同的角色，发挥着不同的作用。

（一）医院党委会

医院党委会是全面预算管理的决策机构，负责审议通过医院发展战略、年度运营计划，审议批准医院的年度预算。

（二）预算管理委员会

预算管理委员会是组织领导全面预算管理的最高权力机构，具体负责预算管理的工作协调、预算指标的综合平衡预算目标的考核评定。

（三）预算管理办公室

预算管理办公室负责预算编制、协调、监控、分析、反馈和考评等工作，具体包含：解读预算新政；拟定各职能科室预算编制说明；设计、下发预算编制表格；协调、解决预算编制过程中出现的问题；组织各职能科室就预算草案进行面谈；召开预算工作组会议，审核预算草案；汇编、上报预算；分解、下达预算指标；考核、督促各职能科室完成预算目标。

（四）预算执行科室

预算执行科室包括临床、医技、医辅和行政职能科室。各职能科室在预算管理中实行不相容岗位相互分离，预算归口管理职能科室要加强与业务科室之间的沟通，负责预算执行、控制、分析等工作，并配合预算管理办公室做好医院年度预算的综合平衡、控制、分析、考核等工作。

三、预算管理层级

A医院预算管理层级清晰，权责明确，设立预算管理委员会、预算管理职能科室、预算执行科室三个层级。

（一）一级预算

一级预算管理由预算管理委员会负责，下设预算管理办公室。

（二）二级预算

二级预算管理由预算归口管理职能科室负责，具体包含党政办公室、医务科、人力资源科、门诊办公室、总务科、财务科、信息科、纪检监察室、内审室、基建科、临床工程科、保卫科、医保物价办公室等。

（三）三级预算

三级预算管理由各临床、医技、医辅和行政科室负责。

四、全面预算编制的原则

A医院编制预算遵循“收支统管、统筹兼顾、积极稳妥、合法合规”的原则，结合预算年度工作目标、医药卫生体制改革政策要求，针对不同经济事项合理选择定额预算、比例预算、标准预算、零基预算、弹性预算、概率预算等预算编制方法，做到预算管理层级清晰、程序规范、方法科学、内容完整、项目细化、数据准确。对于基本建设项目和大型设备投资等，在编制预算前进行可行性论证工作。

五、全面预算编制程序

A 医院全面预算管理实行全过程、全额、全员的管理，并执行“二上二下”预算编制程序，经过多个环节充分论证后，提交医院预算管理委员会讨论、院党委会议审议批准后报同级财政部门审批，如图 10 – 2 所示。

（一）做好预算编制前的准备工作

俗话说“磨刀不误砍柴工”，预算编制前的准备工作包括核实医院各项基本数据，分析预算执行情况和影响预算期收支的各项因素等。

1. 核实各项基本数据。真实性是预算编制的灵魂，预算管理办公室在编制预算前，遵循“核算口径一致、相关性、重要性、收支配比”等原则，核实医院人员情况、各项业务指标、预算年度业务计划和发展规划等。对比分析医院近 3 年各项基本数据，作为预算编制的基础资料（见表 10 – 1、表 10 – 2、表 10 – 3）。

2. 分析预算执行情况。通过对前期预算执行情况的分析，了解各科室的具体情况，为编制 2020 年度预算提供准确、合理的比较依据。同时，开展预算执行分析工作，查找预算执行差异形成的原因，能为预算编制提供更加科学、翔实、准确的数据及结论。

预算执行分析可采用报表、数据分析，文字说明等多种形式。A 医院预算管理办公室通过定期编制预算执行情况表，与归口管理职能科室共同查找、分析影响预算执行率的原因（见表 10 – 4）。

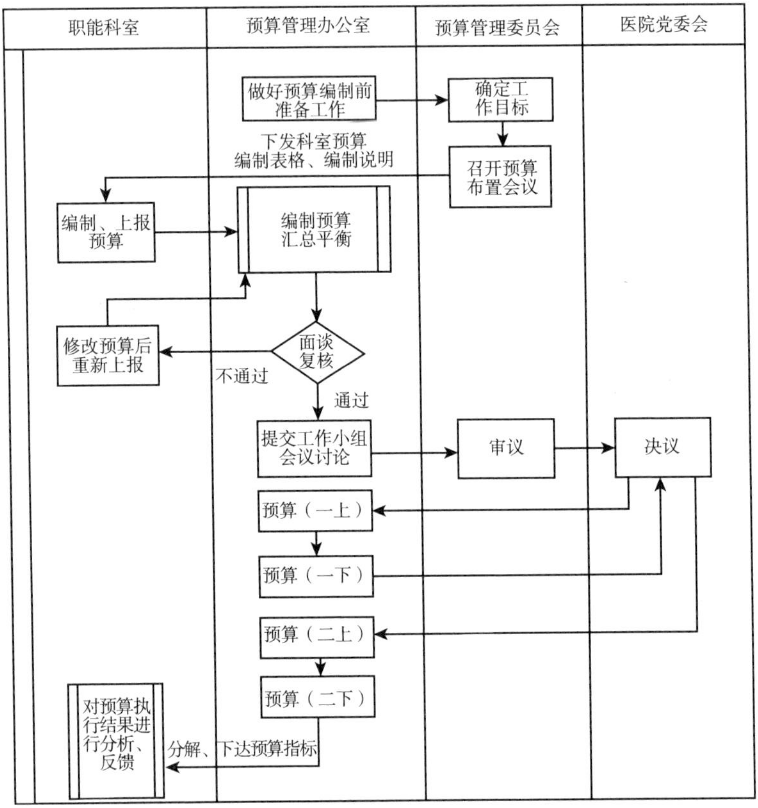

图 10－2　全面预算编制流程

表 10－1　　人员变动情况

项　　目	单位	2017 年末	2018 年末	2019 年 6 月末
1. 在编人数	人			
2. 在职职工人数	人			
编内在职人数	人			
全民职工	人			
合同工	人			

续表

项　　目	单位	2017 年末	2018 年末	2019 年 6 月末
编外职工人数	人			
院聘人员	人			
返聘人员	人			
临时工勤人员	人			
3. 离休人员数	人			
4. 退休人员数	人			

表 10 - 2　　业务指标情况

项　　目	单位	2017 年	2018 年	2019 年 1—6 月
1. 核定床位	张			
2. 期末实有床位	张			
3. 开放总床日	日			
4. 平均开放床位	张			
6. 出院者占用床日数	日			
8. 病床使用率	%			
9. 病床周转次数	次			
10. 门急诊人次	人			
11. 出院人数	人			
12. 体检人次	人			
13. 体检收入	元			

表 10 - 3　　医改考核指标执行情况

项　　目	单位	基期标准（全院）	2017 年执行	2018 年执行	2019 年 1—6 月执行
1. 实际占用总床日	日				
2. 平均住院天数	日				
3. 医疗收入（剔除中草药）	万元				

续表

项目	单位	基期标准（全院）	2017年执行	2018年执行	2019年1—6月执行
4. 药（除差价）、材、检、化收入小计	万元				
5. 四项收入占比（分子分母除差价）	%				
6. 药品收入占医疗收入（剔除中草药）比例	%				
7. 材料收入占医疗收入（剔除中草药）比例	%				

表 10－4　　预算执行情况分析　　单位：万元

项目	2018年执行	2019年预算	2019年1—6月执行			执行率%	影响预算执行原因分析
			合计	A院区	B院区		
一、业务活动、医院管理费用							
（一）人员经费							
1. 工资福利费用							
基本工资							
津贴补贴							
奖金							
伙食补助费							
绩效工资							
……							
2. 对个人及家庭的补助							
离休费							
退休费							
……							

续表

项　　目	2018 年执行	2019 年预算	2019 年 1—6 月执行			执行率%	影响预算执行原因分析
			合计	A 院区	B 院区		
（二）商品和服务费用							
1. 办公费							
2. 印刷费							
3. 咨询费							
4. 手续费							
5. 水费							
6. 电费							
……							
（三）固定资产折旧费							
（四）无形资产摊销费							
（五）计提专用基金							
二、经营费用							
三、资产处置费用							
……							

3. 分析影响预算期收支的因素。具体采用对医院外部、内部环境分析的方法。

（1）外部原因包括国家宏观经济政策、医药卫生体制改革方向等。

（2）内部原因包括医院事业发展规划，年度工作目标，临床、医技、医辅科室的技术力量（如专科结构变化）等。

（二）确定工作目标

工作目标是对医院发展战略的量化描述。为确保预算的严肃性，医院预算管理委员会应遵循合理、可行、细化、量化原则，将医院发展战略规划作为目标导向，逐步分解、确定预算年度工作目标，如图 10－3 所示。

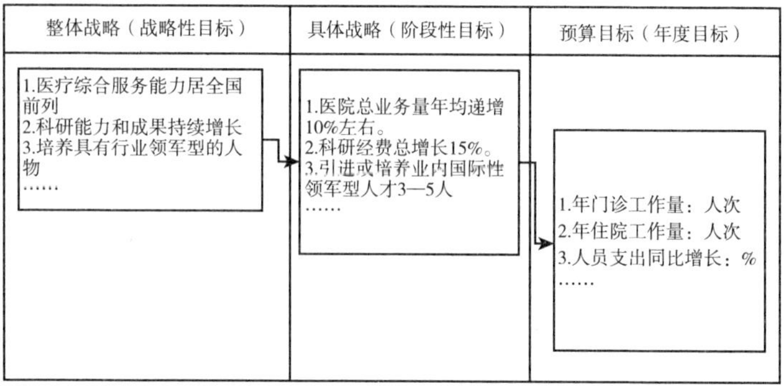

图 10－3　确定 2020 年工作目标流程

（三）召开年度预算布置会议

预算布置会议的主要议程有：解读同级财政部门当年预算新政、下发职能科室预算编报说明和预算编制表格、解答各职能科室提出的涉及预算编制问题等。参加年度预算布置会议的成员主要有预算管理委员会成员、预算归口管理职能科室负责人及预算编制人员等。

1. 解读预算编制相关政策。预算管理办公室负责解读年度预算编制相关政策规定，包括同级财政部门对预算编制的总体要求、预算改革的具体内容，明确预算上报时间等。

［案例 1］A 医院 2020 年预算编制会议

（1）2020 年预算编制总体要求。按照国家“强化绩效、早编预算、细编预算、确保执行、公开透明”的改革思路，2020 年预算管理重中之重是绩效管理，同级财政部门提出“一张蓝图绘到底”的管理思路，预算管理要紧紧围绕预算绩效目标进行。因此，2020 年医院的预算绩效管理的重点是项目绩效管理，应慎重设立绩效目标，细化绩效指标，将绩效管理工作落到实处。

（2）2020 年预算改革的主要措施。包括：

①同级财政部门要求各单位在 2019 年 6 月 30 日前完成 2020

年预算编制的布置工作。

②优化“二上二下”预算编制程序，延长“一上”编制时间，即编制完整的预算，加大标准化力度，完善相关定额；缩短“二上”编制时间，“二上”时可做细微调整。

③实施项目动态审核，保留各环节审核痕迹。

④强化预算执行，从严控制结转。每年各单位对需要结转的资金进行清理，超过两年以上的资金，财政一律收回；期限不到两年的，可暂时不做结转。

（3）各单位2020年预算编报时间安排，如图10－4所示。

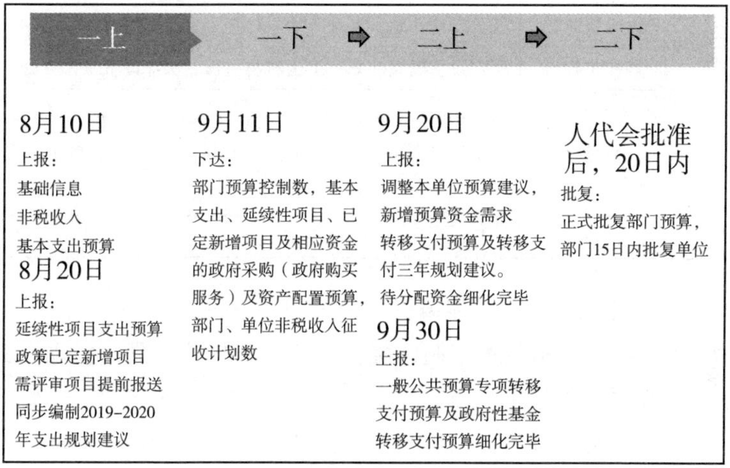

图10－4　2020年预算上报时间

2. 下发各职能科室预算编报说明。A医院预算编报说明包括：需要各职能科室互动的预算项目，需由“归口管理”职能科室统一编报的项目；各职能科室编报预算项目时需标注各项目测算依据等。

［案例2］A医院2020年预算编报说明

（1）全院各职能科室互动的预算项目有：人员新增计划、

设备购置计划、科研经费投入金额；工作量包括门急诊人次、出院人次。

（2）预算“归口管理”是医院全面预算管理的核心，它将预算管理责任落实到各职能科室，强化预算约束力。2020 年各归口管理职能科室统一编报的预算项目（见表 10－5）。

表 10－5　　各归口管理职能科室统一编报的预算项目

序号	科室	汇编项目
1	党政办公室	全院职工、各科室报刊订阅费；邮寄（快递）费；视频宣传制作费；公务用车费；公务接待费等
2	人力资源科	人员变动计划；各类人才、外籍专家聘用等
3	临床工程科	医疗设备购置计划；卫生材料支出、医疗设备维修支出
4	总务科	后勤设备购置计划；办公用品、印刷费（健康教育资料、医院感染管理手册、新职工报到资料及岗前培训手册等）、租赁费
5	…	

（3）各职能科室具体编报的预算项目及测算。

①党政办公室负责编制医院宣传、公务接待、党团活动、公务用车等项目预算。

②人力资源科负责编制全院人员变动计划（新增、离职、退休、人才引进）、外籍专家聘用等引起的工资增资计划、养老保险、职业年金等项目预算和外聘专家劳务费支出预算。

③临床工程科负责编制医疗设备新增（含政府采购）、卫生材料支出、医疗设备维修支出预算。

④总务科负责总务设备新增（含政府采购）、办公用品、印刷费、水费、电费、燃气费、洗涤费、物业管理费等支出预算。

3. 下发医院科室预算编制表格，包括预算项目、预算科目、预算金额、测算说明等。各职能科室可根据 A 医院预算年度承担的工作任务，对预算项目及金额做必要的增减。由归口管理职能科室统一编报的预算项目需标注“/”（见表10－6）。

表10－6　　2020年各职能科室预算项目汇总

科室：　　　　编报日期：　　年　　月　　日　　　　单位：万元

项目	预算科目	预算金额			测算说明
		合计	A院区	B院区	
1. 办公费					
办公用品	办公用品	/	/	/	报总务科汇总编制
报刊订阅	书报杂志费	/	/	/	报党政办公室汇总编制
2. 印刷费	印刷费	/	/	/	报总务科汇总编制
办公印刷					
医疗印刷					
3. 邮电费	邮电费				
收发室邮寄		/	/	/	报党政办公室汇总编制
短信平台使用费					
……					
4. 培训费	培训费				
5. 差旅费	差旅费				
……					

分管院领导：　　　　科室主任：　　　　编制人员：

（四）汇总预算、试算平衡

预算管理办公室人员按照科目汇总各职能科室预算，形成医院2020年预算草案。测算说明一栏应详细记录各项收入、支出预算的测算依据及计算过程。财务人员还可以事先在各预算表间加入计算公式，相互关联、自动更新，提高预算编制效率和准确性（见表10－7、表10－8、表10－9）。

表 10－7　　2020 年收入预算　　单位：万元

科目名称	2018 年执行	2019 年预计执行	2020 年预算	测算说明
本年收入合计				
一、财政拨款收入				
1. 财政基本拨款收入				
2. 财政项目拨款收入				
二、事业收入				
1. 医疗收入				
门急诊收入				
其中：药品收入				
住院收入				
其中：药品收入				
2. 科教收入				
科研收入				
教学收入				
三、上级补助收入				
四、附属单位上缴收入				
五、经营收入				
六、非同级财政拨款收入				
1. 本级横向转拨财政款				
2. 非本级财政拨款				
七、投资收益				
八、捐赠收入				
九、利息收入				
十、租金收入				
1. 固定资产				
2. 无形资产				
3. 其他				

续表

科目名称	2018年执行	2019年预计执行	2020年预算	测算说明
十一、其他收入				
1. 培训收入				
2. 住宿收入				
3. 食堂收入				
4. 停车收入				
5. 其他				

复核人员： 编制人员：

表10-8 2020年费用预算 单位：万元

科目名称	2018年执行	2019年预计执行	2020年预算	测算说明
本年费用合计				
一、业务活动、单位管理费用				
（一）人员经费				
1. 工资福利费用				
（1）基本工资				
其中：岗位工资				
薪级工资				
（2）津贴补贴				
其中：医疗卫生津贴				
卫生防疫津贴				
护龄补贴				
（3）奖金				
（4）伙食补助费				
（5）绩效工资				
其中：基础性绩效工资				
奖励性绩效工资				

续表

科目名称	2018年执行	2019年预计执行	2020年预算	测算说明
（6）机关事业单位基本养老保险缴费				
（7）职业年金缴费				
（8）职工基本医疗保险费				
（9）其他社会保障缴费				
其中：失业保险				
工伤生育保险				
残疾人就业保障金				
其他保险				
（10）住房公积金				
（11）医疗费				
其中：职工医疗费				
离退休医疗费				
子女统筹				
（12）提租补贴				
（13）购房补助				
（14）其他工资福利费用				
其中：临时人员费用				
其他				
2. 对个人和家庭的补助费用				
（1）离休费				
（2）退休费				
（3）退职（役）费				
（4）抚恤金				
（5）生活补助				
（6）救济费				
（7）医疗费补助				

续表

科目名称	2018 年执行	2019 年预计执行	2020 年预算	测算说明
（8）助学金				
（9）其他对个人和家庭的补助费用				
（二）商品和服务费用				
1. 办公费				
其中：办公用品				
书报杂志费				
其他				
2. 印刷费				
3. 咨询费				
4. 手续费				
5. 水费				
6. 电费				
7. 邮电费				
8. 取暖费				
9. 物业管理费				
其中：保安费				
保洁和服务费				
绿化费				
其他				
10. 差旅费				
11. 因公出国（境）费用				
12. 维修（护）费				
其中：房屋维修				
设备维修				
网络维护费				
13. 租赁费				

续表

科目名称	2018 年执行	2019 年预计执行	2020 年预算	测算说明
14. 会议费				
15. 培训费				
16. 公务接待费				
17. 专用材料费				
其中：卫生材料费				
药品费				
低值易耗品				
其他材料支出				
18. 被装购置费				
19. 专用燃料费				
20. 劳务费				
21. 委托业务费				
22. 工会经费				
23. 福利费				
24. 公务用车运行维护费				
其中：维修费				
燃料费				
其他				
25. 其他交通费用				
其中：维修费				
燃料费				
其他				
26. 税金及附加费用				
27. 其他商品和服务支出				
其中：燃气燃料费				
洗涤费				

续表

科目名称	2018年执行	2019年预计执行	2020年预算	测算说明
提取坏账准备				
其他				
（三）固定资产折旧费				
（四）无形资产摊销费				
（五）计提专用基金				
（六）科教经费				
（七）财政项目拨款				
二、经营费用				
三、资产处置费用				
（一）库存物品				
（二）固定资产				
（三）无形资产				
（四）其他应收款				
（五）在建工程				
四、上缴上级费用				
五、对附属单位补助费用				
六、所得税费用				
七、其他费用				
（一）利息费用				
（二）坏账损失				
（三）罚没支出				
（四）现金资产捐赠				
（五）培训支出				
（六）食堂支出				
（七）其他				

复核人员： 编制人员：

表 10－9　　2020 年收入、费用预算汇总　　单位：万元

科目名称	2018 年执行	2019 年预计执行	增（降）幅度（%）	2020 年预算	增（降）幅度（%）
一、本年收入					
（一）财政拨款收入					
（二）事业收入					
其中：医疗收入					
科教收入					
（三）上级补助收入					
（四）附属单位上缴收入					
（五）经营收入					
（六）非同级财政拨款收入					
（七）投资收益					
（八）捐赠收入					
（九）利息收入					
（十）租金收入					
（十一）其他收入					
二、本年费用					
（一）业务活动、单位管理费用					
（二）经营费用					
（三）资产处置费用					
（四）上缴上级费用					
（五）对附属单位补助费用					
（六）所得税费用					
（七）其他费用					
三、本年盈余					
其中：财政项目盈余					

续表

科目名称	2018年执行	2019年预计执行	增（降）幅度（%）	2020年预算	增（降）幅度（%）
医疗盈余					
科教盈余					
四、本年工作量					
（一）门急诊人次					
（二）出院人次					
五、重要指标					
（一）门急诊均次费用					
（二）出院均次费用					
（三）百元医疗收入药品消耗					
（四）百元医疗收入卫生材料消耗					

复核人员：　　　　编制人员：

（五）预算面谈

为了保证预算编制的合理性和准确性，也为了验证各职能科室预算编报数据的合理性，A医院由总会计师牵头，组织财务科长、各职能科室主任和预算管理办公室人员参加，以面谈的形式对各归口管理职能科室以前年度新增项目或增减金额项目逐项审核预算金额的明细组成，考虑建设项目完工后送第三方审计需要的时间，验证预算列支时间。对于面谈后需要修正的预算，由各职能科室编制人员修改后，提交科室主任、分管院领导审批，再次上报预算管理办公室。

1. 面谈前的准备工作。为做好预算面谈工作，预算管理办公室人员对近两年来医院各项目预算执行情况进行分析，寻找影响预算执行率的原因。

［案例3］在总务科上报2020年经费预算后，财务人员结合

总务科归口管理项目预算执行情况，重点分析上年预算执行中出现的异常项目，查找影响预算执行率的原因（见表10－10）。

表10－10　　总务科归口管理预算项目执行情况　　单位：万元

序号	项目	2018年执行	2019年预算	2019年1—6月执行			执行率%	原因分析
				合计	A院区	B院区		
1	电费	4138.78	4278.90	1987.68	…	…	46.45	
2	水费	654.40	698.20	352.60	…	…	50.50	
3	燃气费	1508.22	1668.00	740.92	…	…	44.42	
4	物业管理费	6452.70	8729.10	2493.60	…	…	28.57	保洁费执行进度
	保安费	659.92	814.70	349.78	…	…	42.93	
	绿化费	46.78	64.50	27.62	…	…	42.82	
	保洁费	5278.94	7487.50	1952.73	…	…	26.08	1—6月执行1952.73万元，系为1—3月全院保洁费，4—6月因尚在审批中，未预提相关费用。
	其他费用	467.06	362.40	163.47	…	…	45.11	
5	洗涤费	683.60	780.00	324.86	…	…	41.65	
	……				…	…		

复核人员：　　　　编制人员：

2. 确定面谈内容。根据科室上报的预算及编制说明，预算管理办公室人员重点关注2020年新增加的支出项目、相关指标等，预先将需要面谈的内容及金额以醒目的方式做标识。

3. 审核预算编制的合理性。预算管理办公室人员应具体分析预算项目支出的必要性，投入与产出是否匹配，项目绩效目标可实现程度等。常用审核预算的指标有：门急诊人次增幅、出院人次增幅、体检人次增幅、体检收入增幅、医疗收入增幅、百元医疗收入卫生材料消耗、百元医疗收入药品消耗、人均医疗收入、每门诊人次收入（不含体检）、每住院人次收入、人员经费支出占医疗支出的比例、公用经费支出占医疗支出的比例、管理费用占医疗支出的比例等。

4. 重新核定相关数据。根据与职能科室面谈讨论结果，综合考虑多方面因素之后，预算管理办公室人员重新核定相关数据，以确保预算数据的真实性、准确性。

［案例 4］以 A 医院物业管理费预算面谈复核为例，预算管理办公室人员根据对历年物业管理费执行率的分析，罗列出面谈内容：①保安费预算是否关注了保安、物业合同到期日以及预计新招标价格；②保洁费预算，是否考虑临时事件新增该费用支出，是否考虑合同及预算期内国家政策要求上调当地人员最低工资和社会保险金标准；③医疗废弃物处置费预算，是否按合同约定以医院各月实际占用总床日计算，预算期内是否有可能上调医疗废弃物处置收费标准等（见表 10－11）。

表 10－11　　2020 年物业管理费支出预算审核　　单位：万元

科目名称	科室编报预算	修正预算	面谈、修正记录
1. 保安费	923.00	916.60	HQ－1816，将于 2020 年 7 月到期 全院平均每月支出 73.80 万元 ×7 月（HQ－1816，合同期 2019 年 8 月至 2020 年 7 月）＋平均每月支出 76 万元 ×5 月（全院 2020 年 8 月至 2021 年 7 月新保安合同招标价 912 万元/年）＋突发事件及医疗纠纷等保安加班所需费用 20 万元
2. 保洁费	8433.20	8333.20	

续表

科目名称	科室编报预算	修正预算	面谈、修正记录
物业保洁费	7946.82	7846.82	2020年全院物业保洁费7450万元（结合2019年物业保洁经济合同HQ－1819等、预计2018年物业保洁费执行7390.20万元）＋全院2020年最低工资及社保上调0.02万元/人/月×2019年6月全院实有保洁人员1123人×12月＋2020年医院复评等物业加班及奖励112.30万元（标准：250元/天×1123人×评审期4天）＋预留15万元
其他保洁费	486.38	486.38	垃圾清运、外墙清洗等 原则上根据2018年招标合同不予增加预算
3. 绿化费	68.00	69.00	原则上根据现有绿化合同金额招标64万元（HQ－1835，不予新增）＋2020年医院复评全院花箱更换鲜花、草坪等新增绿化费5万元
4. 其他费	327.04	316.00	2.8元/天×预计2020年全院平均开放床位3090张×365天（2019年6月A院区平均开放床位1940张，B院区平均开放床位1105张）
合计	9751.24	9634.80	

复核人员：　　　　　　编制人员：

职能科室预算编制人员应根据双方面谈审核后确定的列入预算的项目及金额，修改相关预算金额并重新打印后交科主任、分管院领导分别签字确认，再上报医院预算管理办公室。

（六）预算工作小组会议讨论

根据面谈双方审议确定的项目预算金额，相关职能科室需要重新修改原有的预算。预算管理办公室召开预算工作小组会议，逐项讨论在预算汇总中标有醒目标识的预算项目，包括新增项目、支出比上年增降幅度较大的项目、百元医疗收入卫生材料消耗、药品收入占医疗收入的比例等重要指标。

［案例 5］A 医院 2020 年卫生材料费用、药品费用复核

根据国办发〔2015〕38 号《国务院办公厅关于城市公立医院综合改革试点的指导意见》要求，三级医院的药品收入占医疗收入比例应≤30%；百元医疗收入消耗卫生材料应≤20 元。预算管理办公室人员选取“百元医疗收入卫生材料消耗”和“百元医疗收入药品消耗”两项指标，结合医院 2018 年、2019 年 1—6 月实际执行情况，审核 2020 年卫生材料支出和药品支出预算，并提交预算工作小组会议讨论（见表 10－12、表 10－13）。

表 10－12　　2020 年卫生材料支出、药品费预算复核

项　目	单位	2018 年执行数	2019 年 1—6 月执行数	2019 年预计执行数	2020 年预算数	测算说明
1. 医疗收入	万元	442307.34	240221.69	486715.00	515920.53	
其中：药品收入	万元	152387.44	81822.41	167186.60	161268.00	
2. 卫生材料费	万元	119776.82	66084.99	13895.30	139577.58	临床工程科：138500 总务科：267.58 血液科：810
3. 药品费	万元	152286.42	81795.49	167186.60	161268.00	药剂科测算
4. 百元医疗收入卫生材料消耗	元	27.08	27.51	27.51	27.05	
5. 百元医疗收入药品消耗	元	34.43	34.05	34.35	31.26	

复核人员：　　　　编制人员：

表 10－13　　提交医院预算工作组会议讨论事项　　单位：万元

序号	科目名称	预算金额	测算说明
1	人员经费		
	……		
2	卫生材料费	139556.50	医疗收入 515920.53 万元 ×2020 年百元医疗收入卫生材料消耗 27.05 元
3	药品费	161268.00	医疗收入 515920.53 万元 ×2020 年百元医疗收入药品消耗 31.26 元（2018 年 1—6 月药占比执行数 33.74%）
4	……		

复核人员：　　　　编制人员：

（七）预算管理委员会审议

医院预算管理委员会召开会议，审议预算工作小组提交的下一年度医院预算草案，在参会人员经过审议达成基本一致意见后，由总会计师上报医院党委会讨论并决议。

（八）医院党委会决议

总会计师在提交医院党委会决议前，需跟各位分管院领导沟通会议讨论的具体内容，如分管院领导需要提供佐证资料和测算需求的，总会计师要提前准备；如分管院领导需知事项的来龙去脉，总会计师要了解清楚后汇报情况。总之，要让分管院领导对讨论的议题有充分的了解。院党委会逐项审议预算草案，形成修改意见或审批通过医院下一年度预算草案。

（九）预算上报

根据医院党委会审批决议，医院预算管理办公室人员更改预算，撰写预算编制说明，提交分管院领导签字后，上报上级主管部门，即预算（一上）。

根据同级财政部门预算（一下）批复，医院预算管理办公室人员再次审核预算，确认后提交医院党委会决议后，上报上级主管部门，即预算（二上）。

（十）预算批复下达和分解

预算管理委员会根据同级财政部门按照法定程序批复的医院下一年度预算，下达到预算管理办公室。由预算管理办公室人员根据各职能科室承担的年度工作计划和核准的预算，将预算指标按照科室进行分解，形成预算分解批复文稿，经预算管理委员会审批后将预算指标直接落实到业务活动的各个环节及相关岗位。

预算管理委员会在下达预算指标时，对于业务内容和支出金额明确或有规律可循的支出项目，可一次性下达预算指标，同时明确业务工作的支出标准、资金来源和执行方式等；而对于业务内容和支出金额不明确的支出项目，如突发事件，可以结合医院的实际和财力的可能，预留不可预见经费。

（十一）预算执行、分析与反馈

年度预算一经同级财政部门批准并下达，医院必须严格执行。各职能科室应严格执行项目预算和定额管理，将预算作为各项经济活动的基本依据，不得擅自扩大开支范围、提高开支标准和超额使用资金。若因客观条件变化，如医院事业发展计划有重大调整、政府出台相关政策，以及存在其他事项将对预算执行产生重大影响时，职能科室需分析预算超支原因，并提出书面调整报告，经医院党委会批准后，在预留的经费中追加预算，并下达执行。

预算管理办公室人员要实时监控年度预算执行情况，定期对预算执行进度进行分析，采用多视角的预算分析方法，发现预算管理的薄弱环节和存在的问题，提出改进措施或意见，并将分析结果反馈给相关职能科室，要求限时整改。

第三节　A 医院 2020 年预算编制实例

根据同级财政部门 2020 年预算编报要求，A 医院预算管理委员会于 2019 年 7 月 5 日召开预算布置会议。经过充分论证，医院将预算草案提交预算管理委员会审议、院党委会研究通过，向上级主管部门上报预算。

一、A 医院 2020 年收入预算

A 医院收入预算包括财政拨款收入、医疗收入、科教收入、上级补助收入、附属单位上缴收入、经营收入、非同级财政拨款收入、投资收益、捐赠收入、利息收入、租金收入和其他收入等。

预算管理办公室人员定期分析医院收入预算执行情况，通过对历年预算执行情况，以及同行业、同规模、同类型医院上年度收入情况分析和比较，预测 A 医院发展趋势，结合医院事业发展计划等编制 A 医院 2020 年收入预算。

（一）财政拨款收入

财政拨款收入是指按照部门预算隶属关系，医院从同级财政部门取得的各类财政拨款，包括财政基本拨款收入和财政项目拨款收入。医院财务科根据财政拨款类型，确定采用定额预算、零基预算等方法编制 2020 年财政拨款收入预算。

1. 财政基本拨款收入包括离休人员经费、事业单位医疗补助、其他基本补助等。

（1）定额预算：医院离休人员经费、事业单位医疗补助收入（见表 10－14）。

表 10－14　　2020 年财政基本拨款收入预算

编报日期：2019 年 7 月 20 日

项　目	单位	2017 年执行	2018 年执行	2019 年预计执行	2020 年预算
1. 离休人员定额补助	万元	54.34	68.40	64.80	64.80
其中：离休人数	人	19	19	18	18
定额补助标准	万元/人	2.86	3.60	3.60	3.60

续表

项　　目	单位	2017 年执行	2018 年执行	2019 年预计执行	2020 年预算
2. 退休人员定额补助	万元	1601.60	0	0	0
其中：退休人数	人	560	570	586	596
定额补助标准	万元/人	2.86	0	0	0
3. 事业单位医疗补助	万元/人	1276.00	1276.00	1276.00	1276.00

编制说明：2018 年医院退休人员归口社保管理，同级财政部门取消退休人员定额补助。

复核人员：　　　　编制人员：

（2）零基预算：其他基本补助收入。包括同级财政返还医院上缴国库的国有资产出租收入、对外投资收益等。以医院上缴国库的房租收入为例，财务科根据房屋出租情况，测算上缴财政的房租收入（见表 10－15）。

表 10－15　　2020 年上缴财政房租收入预算

科室：财务科　　编报日期：2019 年 7 月 20 日　　单位：万元

序号	承租单位	地址	面积	合同期限	租金	预算税后收入
1	康复药店	…	$120m^2$	20180401—20200331	60.00	49.44
2	康复贸易公司	…	$80m^2$	20180401—20200331	40.00	32.96
3	…	…	…	…	…	…
	合计				453.22	373.45

复核人员：　　　　编制人员：

2. 财政项目拨款收入包括同级财政拨入的基本建设、设备购置、重点学科发展、公共卫生任务等的专项补助。A 医院职能科室负责审核其“归口管理”的财政项目申报书，包括立项依据、项目简介、绩效目标、实施计划、项目资金安排、支出明细预算及编制依据是否完整与合理等。

A 医院在编制 2020 年财政专项预算时，除了做好项目申报书填写、项目资金安排、支出明细预算工作外，还对新增专项资金预算设定绩效目标，通过计算绩效指标结果，衡量项目绩效成果，对项目完成情况进行绩效评价。

［案例 6］ A 医院 2020 年公共卫生补助—城乡妇女免费筛查专项补助

A 医院项目组在编报该项目预算时，根据项目实施计划，遵循“凸显重点、量化细化、合理可测”原则，细化测算项目资金，据此设定绩效目标，年终按指标整理项目成果，比对是否达到目标值，并计划 2020 年底选择自评打分及自述评价等方式完成 2020 年筛查专项绩效评价工作（见表 10－16）。

表 10－16　　2020 年城乡妇女免费筛查专项补助预算

科室：医务科　　编报日期：2019 年 7 月 20 日

项目	测算说明	预计人数	预计天数	标准（元/人/天）	预算金额（万元）
1. 培训	乳腺疾病临床诊断技能培训补助	250	2	400	20.00
	乳腺癌超声检查培训补助	197	2	400	15.76
	乳腺癌钼靶摄片培训补助	150	2	400	12.00
	乳腺癌组织病理学阅片培训补助	200	2	400	16.00
2. 差旅	工作人员来往筛查项目点、专家下乡指导及参加相关学术会议相关差旅补助				1.24
	合计				65.00

分管院领导：　　科室主任：　　编制人员：

预算管理办公室汇总 2020 年财政拨款收入预算（见表 10－17）。

表10－17　　2020年财政拨款收入预算

科室：财务科　　编报日期：2019年7月20日　　单位：万元

项　目	预算金额	测算说明
财政拨款收入	6599.25	基本补助＋项目补助
（一）财政基本拨款收入	2914.25	
1. 离退休补助	64.80	2019年6月末，离休18人×定额补助每人3.60万元
2. 事业单位医疗补助	1276.00	定额补助
3. 其他基本补助	1573.45	同级财政返还房屋出租收入373.45万元；投资收益1200万元
（二）财政项目拨款收入	3685.00	
1. 公共卫生补助	60.00	各质控中心专项拨款60万元
2. 住院医生规范化培训	2100.00	住院医生700人×国家补助每人3万元/年
3. 卫生高层次人才培训	40.00	卫生高层次人才5人×国家补助每人8万元/年
……	……	……

分管院领导：　　复核人员：　　编制人员：

（二）医疗收入

医疗收入是医院收入的主体。预算管理办公室在对A医院近几年医疗收入执行情况进行全面分析、预计本年度医疗收入执行情况后，编制医疗收入预算方案。以预计的全年门急诊人次和每门急诊人次费用估算门诊收入；以预计的全年出院人次和每出院人次费用估算住院收入。

1. 2019年度预计完成医疗收入情况。预算管理办公室在核实A医院近年来工作量、医疗收入增长等基本数据后，先设置医疗收入预计执行的计算公式，再计算出医院2019年预计完成门急诊收入、住院收入测算表（见表10－18、表10－19、表10－20）。

表 10－18　近年来完成医疗收入、工作量情况

项　目	单位	2017 年执行	2018 年执行	增（降）幅度（%）	2018 年1—6 月执行	2019 年1—6 月执行	增（降）幅度（%）
医疗收入	万元	398405.94	442307.34	11.02	220003.69	240221.69	9.19
（一）门诊收入	万元	137518.85	146938.89	6.85	73435.72	77438.34	7.76
1. 门急诊人次	人次	3502020	3779729	7.93	1886676	2014970	6.80
2. 门急诊均次费用	元	350.25	347.92	-0.66	348.31	348.55	0.07
3. 体检收入	万元	14860.75	15434.00	3.86	7720.91	8900	15.28
4. 体检人次	人次	384690	396720	3.13	187846	190349	1.33
（二）住院收入	万元	260887.09	295368.45	13.22	146567.97	161086.24	9.90
1. 出院人次	人次	105169	114125	8.52	56730	62187	9.62
2. 出院均次费用	元	24806.46	25881.24	4.33	25836.06	25903.52	0.26

复核人员：　　　　编制人员：

表10-19　　2019年度预计完成门急诊收入测算

项　　目	单位	计算公式	值
2018年度门急诊人次	人次	A	3779729
2019年1—6月门急诊人次	人次	B	2014970
2019年1—6月门急诊人次增长比例	%		6.80
预计2019年门急诊人次增长比例	%	C	9.34
预计2019年门急诊人次	人次	D=A×(1+C)	4132861
预计2019年7—12月门急诊人次	人次	E=D-B	2117785
门急诊均次费用（2019年1—6月）	元	F	348.55
预计2019年7—12月门急诊收入	万元	G=F×E/10000	73815.42
2019年1—6月门急诊收入（不含体检）	万元	H	70235.45
预计2019年门急诊收入（不含体检）	万元	I=G+H	144050.87
预计2019年体检收入	万元	J	16000
预计2019年门急诊收入（含体检）	万元	K=I+J	160050.87

复核人员：　　　　　　　　编制人员：

表10-20　　2019年度预计完成住院收入测算

项　　目	单位	计算公式	值
2018年度出院人次	人次	A	114125
2019年1—6月出院人次	人次	B	62187
2019年1—6月出院人次增长比例	%		9.62
预计2019年出院人次增长比例	%	C	10.50
预计2019年出院人次	人次	D=A×(1+C)	126108
预计2019年7—12月出院人次	人次	E=D-B	63921
出院均次费用（2019年1—6月）	元	F	25903.52
预计2019年7—12月住院收入	万元	G=F×E/10000	165577.89
2019年1—6月住院收入	万元	H	161086.24
预计2019年度住院收入	万元	I=G+H	326664.13

复核人员：　　　　　　　　编制人员：

2. 测算2020年医疗收入。财务科核实医务科和门诊办公室提交的2020年医疗收入测算方案，经确认无误后提交院党委会研究并通过（见表10－21、表10－22）。

表10－21　　2020年工作量增长、均次费用测算

方案	门急诊人次增长（%）	出院人次增长（%）	每门急诊人次收入（不含体检）（元）	每出院人次收入（元）
1	8	10	348.85	24815.20
2	8	10	350.85	25015.20

表10－22　　2020年医疗收入测算

科室：财务科　　编报日期：2019年7月20日

项目		单位	2017年执行	2018年执行		2019年预计执行		2020年预算	
			值	值	增（降）幅度（%）	值	增（降）幅度（%）	值	增（降）幅度（%）
门诊	门急诊人次	人次	3502020	3779729	7.93	4132861	9.34	4463490	8.00
	每门急诊人次收入（不含体检）	元	350.25	347.92	－0.66	348.55	0.18	348.85	0
	体检收入	万元	14860.75	15434.00	3.86	16000.00	3.67	16000.00	0
	体检人次	人次	384690	396720	3.13	398400	0.42	400000	0.40
	小计	万元	137518.85	146938.89	6.85	160050.87	8.92	171708.87	7.28
住院	出院人次	人次	105169	114125	8.52	126108	10.50	138710.00	10.00
	每出院人次收入	元	24806.46	25881.24	4.33	25903.52	0.09	24815.20	－4.20
	小计	万元	260887.09	295368.45	13.22	326664.13	10.60	344211.66	5.37
合计		万元	398405.94	442307.34	11.02	486715.00	10.04	515920.53	6.00

分管院领导：　　复核人员：　　编制人员：

经医院党委会讨论决定，A医院2020年医疗收入预算515920.53万元。预算管理办公室进一步细化2020年医疗收入预算，包括药品收入、卫生材料收入、医疗收入明细预算（见表10－23、表10－24）。

表10－23　近年完成药品和卫生材料收入情况

科室：财务科　　编报日期：2019年7月20日　　单位：万元

项　目	单位	计算公式	2017年执行	2018年执行	2019年1—6月执行
医疗收入	万元	A	398405.94	442307.34	240221.69
其中：门诊收入	万元	a1	137518.85	146938.89	79135.45
住院收入	万元	a2	260887.09	295368.45	161086.24
1. 药品收入	万元	B	137489.89	152387.44	81822.41
其中：门诊药品收入	万元	b1	56795.29	59789.43	32223.96
住院药品收入	万元	b2	80694.60	92598.01	49598.45
药品收入占医疗收入比例	%	＝B/A	34.51%	34.45%	34.06%
其中：门诊药品收入占比	%	＝b1/a1	41.30%	40.69%	40.72%
住院药品收入占比	%	＝b2/a2	30.93%	31.35%	30.79%
2. 卫生材料收入	万元	C	91991.93	100403.77	52512.46
卫生材料收入占医疗收入比例	%	＝C/A	23.09	22.70	21.86
3. 医疗收入（不含药品和卫生材料）	万元	＝A－B－C	168924.12	189516.13	105886.82

复核人员：　　编制人员：

表10－24　2020年药品和卫生材料收入测算

科室：财务科　　编报日期：2019年7月20日　　单位：万元

项　目	单位	计算公式	预算金额
医疗收入	万元	A	515920.53
1. 药品收入	万元	B＝A×b	161268.00

续表

项　　目	单位	计算公式	预算金额
药品收入占医疗收入比例	%	b	31.26%
2. 卫生材料收入	万元	C = A × c	115936.10
卫生材料收入占医疗收入比例	%	c	22.70%
3. 医疗收入（不含药品和卫生材料）	万元	= A − B − C	238716.43

复核人员：　　　　编制人员：

3. 设定各预算表间取数公式。预算管理办公室在事业收入预算表间设定公式，使其起到相互关联、自动更新的作用（见表 10 − 18 至表 10 − 24）。

4. 验算住院收入预算。预算管理办公室根据医院上年实际开放床位、病床使用率、平均住院日等指标，结合每出院人次收入，验算完成 2020 年出院人次和实现住院收入预期目标的可行性（见表 10 − 25）。

表 10 − 25　　2020 年住院收入预算验证

科室：财务科　　编报日期：2019 年 7 月 20 日

院区	开放床位（张）	病床使用率（%）	平均住院日（天）	出院人次
A 院区	1890	97	7.50	89220（= 1890 × 365 × 97% ÷ 7.5）
B 院区	1130	92	7.80	48647（= 1130 × 365 × 92% ÷ 7.8）
出院人次合计				137867（= 89220 + 48863）
出院人次预算（方案 A）				138710
差异				843（= 138710 − 137867）
预计影响收入（万元）				2090.64（= 出院均次费用 2.48 × 843）

复核人员：　　　　编制人员：

（三）科教收入

科教收入是医院开展科研教学活动实现的收入，包括科研收入和教学收入。《关于医院执行政府会计制度——行政事业单位会计科目和报表的补充规定》（财会〔2019〕24号）中明确指出："医院以合同完成进度确认科教收入，应当根据业务实质，选择适当的方法，合理确定合同完成进度。"

科教科应根据医院开展科研及其辅助活动明细、收入来源、预计合同完成进度等预测2020年度科教收入（见表10－26）。

表10－26　　2020年科教收入预算

科室：科教科　　编报日期：2019年7月20日　　单位：万元

项　　目	预算科目	预算金额	测算说明
科教收入	科教收入	230.00	
1. 科研收入	科研收入	201.50	
其中：非同级财政拨款		0.00	无
其他科研项目收入		201.50	附科研项目明细预算表
2. 教学收入	教学收入	28.50	
其中：非同级财政拨款		0.00	无
其他教学项目收入		28.50	外校实习生教习收入

分管院领导：　　复核人员：　　编制人员：

（四）上级补助收入

上级补助收入是医院从主管部门和上级单位取得的非财政拨款收入。在日常管理中，医院应根据发放补助单位、补助项目等进行明细预算。A医院2020年度没有上级补助收入项目预算。

（五）附属单位上缴收入

附属单位上缴收入是医院取得下属独立核算部门按照主管部门的有关规定上缴的收入。在日常管理中，医院应根据下属单位、缴款项目等进行明细预算。A医院2020年度没有下属部门上缴收入项目预算。

（六）经营收入

经营收入是医院在专业业务活动及其辅助活动之外开展非独立核算经营活动取得的收入。在日常管理中，医院应根据经营活动类别、项目和收入来源等进行明细预算。A 医院 2020 年度专业业务活动之外没有经营收入预算。

（七）非同级财政拨款收入

非同级财政拨款收入是医院从非同级政府财政部门取得的经费拨款。在日常管理中，医院根据本级横向转拨财政款、非本级财政拨款和收入来源等进行明细预算。根据 A 医院所属 B 院区市级财政拨款，A 医院 2020 年非同级财政拨款收入预算 2500 万元。

（八）投资收益

投资收益是医院股权投资和债券投资所实现的收益或发生的损失。在日常管理中，医院应根据投资的种类等进行明细预算。A 医院投资收益按财政规定，年末上缴国库，次年纳入财政基本拨款收入。在下属单位根据会计报表预测 2019 年度经营收入、成本费用及利润的基础上，A 医院 2020 年投资收益预算为 1200 万元。

（九）捐赠收入

捐赠收入是医院接受其他单位或者个人捐赠取得的收入。医院应根据捐赠资产的用途和捐赠单位等进行明细预算。A 医院 2020 年度无捐赠收入预算。

（十）利息收入

利息收入是医院取得的银行存款利息收入。财务科根据 2020 年到期定期存款和活期存款，以及上级主管部门通过集中招标确定的存款种类对应的银行中标利率，测算 2020 年利息收入（见表 10－27）。

表 10－27　　2020 年利息收入预算

科室：财务科　　编报日期：2019 年 7 月 20 日　　单位：万元

项　　目	预算金额	测算说明
利息收入	1848.50	财务科测算
1. 定期存款利息收入	1728.50	2020 年到期的公款存放本金 × 中标利率
2. 活期存款利息收入	120.00	活期存款余额 × 协定利率 1.15%

复核人员：　　编制人员：

（十一）租金收入

租金收入是核算医院经批准出租国有资产取得并按规定纳入预算管理的租金收入。医院应根据出租国有资产的类别和收入来源进行明细预算。A 医院国有资产出租收入上缴国库，纳入财政基本拨款收入，2020 年无租金收入预算。

（十二）其他收入

其他收入是医院取得的除财政拨款收入、事业收入、上级补助收入、附属单位上缴收入、经营收入、非同级财政拨款收入、投资收益、捐赠收入、利息收入和租金收入以外的各项收入。A 医院相关职能科室根据“归口管理”原则，编制 2020 年度其他收入预算，上报医院预算管理办公室汇总（见表 10－28）。

表 10－28　　2020 年其他收入预算

科室：财务科　　编报日期：2019 年 7 月 20 日　　单位：万元

项　　目	预算金额	测算说明
1. 培训收入	438.50	
其中：进修收入	262.00	医务科：医务、护理进修
继续教育学习班收入	145.80	科教科：临床继续教育学习班
护理基地培训收入	30.70	护理部：全省护理部 6 个专科基地培训
2. 住宿收入	120.00	总务科：进修住宿，标准：每人 500 元/月

续表

项　　目	预算金额	测算说明
3. 废品收入	12.00	总务科：废品回收（合同 HQ18－33）
4. 食堂收入	4156.25	总务科： 1. 职工食堂收入预算 1916.25 万元：日均 4200 人用餐，人均消费 12.50 元/人（按预算当期早中晚人均消费计算） 2. 营养食堂收入预算 2240 万元：核定床位 3200 张，2020 年预计出院病人 13.87 万人次，平均住院天数 7.65 天，近 3 年住院病人日均用餐率 52.78%，人均 40 元/天
5. 停车收入	1040.00	保卫科：院内职工停车＋院外车辆临时停车
…	…	…
合计	7077.54	

复核人员：　　　　　　编制人员：

（十三）医院收入预算汇总、试算平衡

预算管理办公室人员根据经济科目汇编医院收入预算，在测算说明一栏详细记录各项收入预算的编制依据及计算过程（见表 10－29）。

表 10－29　　2020 年收入预算　　单位：万元

科目名称	2018 年执行	2019 年预计执行	2020 年预算	测算说明
本年收入合计	457495.50	504335.51	534175.82	
一、财政拨款收入	5613.49	6634.76	6599.25	
1. 财政基本拨款收入	2621.85	2790.80	2914.25	
其中：离休人员经费	68.40	64.80	64.80	截至 2019 年 6 月，医院离休人员 18 人 × 定额补助每人 3.6 万元/年

续表

科目名称	2018 年执行	2019 年预计执行	2020 年预算	测算说明
事业单位医疗	1276.00	1276.00	1276.00	定额补助
其他基本补助	1277.45	1450.00	1573.45	同级财政返还： 房屋出租收入 373.45 万元 投资收益 1200 万元
2. 财政项目拨款收入	2991.64	3843.96	3685.00	
其中：公共卫生专项	63.00	60.00	60.00	医院各质控中心专项补助
住院医生规范化培训	1860.00	1950.00	2100.00	2020 年住院医生规培 700 人 × 国家补助每人 3 万元/年
卫生高层次人才培训	32.00	40.00	40.00	2020 年卫生高层次人才 5 人 × 国家补助每人 8 万元/年
……	……	……	……	……
二、事业收入	442473.01	486900.75	516150.53	
1. 医疗收入	442307.34	486715.00	515920.53	见表 10－22
其中：药品收入	152387.44	167186.60	161268.00	药品收入占医疗收入比例 31.26%
（1）门急诊收入	146938.89	160050.87	171708.87	预计 2020 年门急诊人次 4463490 万（同比 2019 年预计执行增长 8%）× 每门急诊人次收入（不含体检）348.85 元＋体检收入 16000 万元

续表

科目名称	2018 年执行	2019 年预计执行	2020 年预算	测算说明
（2）住院收入	295368.45	326664.13	344211.66	预计 2020 年出院人次 138710（同比 2019 年预计执行增长 10%）×每出院人次收入 24815.20 元
2. 科教收入	165.67	185.75	230.00	
科研收入	147.45	165.37	201.50	科研课题拨款收入
其中：非同级财政拨款				无
教学收入	18.22	20.38	28.50	外校实习生教学收入
其中：非同级财政拨款				无
三、上级补助收入				无
四、附属单位上缴收入				无
五、经营收入				无
六、非同级财政拨款收入	2500.00	2500.00	2500.00	
1. 本级横向转拨财政款				
2. 非本级财政拨款	2500.00	2500.00	2500.00	B 院区市级财政拨款
七、投资收益				无
八、捐赠收入				无
九、利息收入	1128.50	1463.00	1848.50	银行存款利息收入
十、租金收入				无
十一、其他收入	5780.50	6837.00	7077.54	见表 10－28
1. 培训收入	173.80	380.86	438.50	
其中：进修收入	148.00	236.85	262.00	

续表

科目名称	2018年执行	2019年预计执行	2020年预算	测算说明
继续教育学习班收入	0	117.51	145.80	
护理基地培训收入	25.80	26.50	30.70	
2. 住宿收入	82.77	106.58	120.00	
3. 食堂收入	3518.42	3800.23	4156.25	
4. 其他	2005.51	2549.33	2362.79	

复核人员：　　　　编制人员：

二、A医院2020年费用预算

费用是医院开展医疗活动、进行医院管理及其辅助活动所发生的各项支出，包括业务活动费用、管理费用、经营费用、资产处置费用、上缴上级费用、对附属单位补助费用、其他费用等。

医院应根据重要性原则和财力可能合理安排费用支出，要优先保证基本性支出，再安排项目支出；要先重点、急需项目，后一般项目，有效减少不必要的消耗，杜绝浪费。

（一）业务活动费用、单位管理费用

业务活动费用、单位管理费用是核算医院为实现其职能目标，依法履职或开展专业活动及其辅助活动所发生的各项费用，包括人员经费、商品和服务费用、固定资产折旧费、无形资产摊销费、计提专用基金等。

1. 人员经费。包括工资福利费用、对个人和家庭的补助费用，其中：临床服务、医疗技术和医疗辅助类科室人员经费在业务活动费用中核算；行政后勤类科室人员经费在单位管理费用中核算。人力资源科按照项目编制2020年度医院人员经费预算。

（1）基本工资、津贴补贴、伙食补助费、基础性绩效工资。人力资源科采用标准预算法，结合预算年度人员增减变动计划、职称晋升、薪酬费用增长计划等编制人员经费预算（见表 10－30、表 10－31、表 10－32）。

表 10－30　　2019 年 6 月在职职工工资明细情况

科室：人力资源科　　编报日期：2019 年 7 月 20 日

部门	人数	单位	岗位工资	薪级工资	医疗卫生津贴	护龄补贴	伙食补助费	生活补贴	岗位补贴
A 院区	2844	万元	200.93	103.98	28.44	0.56	85.32	48.18	36.89
人均标准		元	706.50	365.61	100.00	1.97	300.00	169.41	129.71
B 院区	602	万元	35.18	13.96	6.02	0.07	18.06	13.84	11.11
人均标准		元	584.39	231.89	100.00	1.16	300.00	229.90	184.55

复核人员：　　　　编制人员：

表 10－31　　2020 年 A 院区人员变动计划

科室：人力资源科　　编报日期：2019 年 7 月 20 日　　单位：人

人员类别	2018 年末	2019 年 6 月末	2019 年 7—12 月预计		2020 年 8 月预计新增	测算说明
			新增	离职		
1. 在职职工	2978	3446	350	70	400	
其中：博士	…	…	…	…	…	
硕士	…	…	…	…	…	
本科	…	…	…	…	…	
2. 临聘人员	540	570	20	10	15	
3. 离退休人员	588	604			10	
其中：退休	570	586			10	
离休	19	18				
4. 退休返聘	50	56			3	

分管院领导：　　　　科室主任：　　　　编制人员：

表10-32　　2020年A院区人员经费测算

科室：人力资源科　　编报日期：2019年7月20日　　　　单位：万元

科目名称	预算金额	人均标准（元/月）	2019年			2020年	
			6月末在职	8月新增	8月预计离职	8月计划招收	6月到期退休
计算公式	=A+B-C+D-E		A	B	C	D	E
在职职工人数			2844	350	70	400	10
1. 基本工资	4226.04	1072.11	3658.90	450.29	90.06	214.42	7.51
岗位工资	2784.88	706.50	2411.15	296.73	59.35	141.30	4.95
薪级工资	1441.16	365.61	1247.75	153.56	30.71	73.12	2.56
2. 津贴补贴	401.94	101.97	348.00	42.83	8.57	20.39	0.71
医疗卫生津贴	394.18	100.00	341.28	42.00	8.40	20.00	0.70
教护龄津贴	7.76	1.97	6.72	0.83	0.17	0.39	0.01
3. 伙食补助费	1182.54	300.00	1023.84	126.00	25.20	60.00	2.10
4. 绩效工资							
基础性绩效工资	1179.05	299.12	1020.83	125.63	25.13	59.82	2.10
生活补贴	667.77	169.41	578.16	71.15	14.23	33.88	1.19
岗位补贴	511.28	129.71	442.67	54.48	10.90	25.94	0.91

分管院领导：　　　　科室主任：　　　　编制人员：

（2）奖励性绩效工资。医院在绩效管理过程中对人员薪酬开支额度的权衡和取舍。人力资源科以医院近年来的实际执行数据为基础，参考同类型、同规模医院绩效工资水平，结合2020年度工作计划，预测绩效工资总额，并细化分解绩效工资明细项目。

①做好绩效工资总额测算。包括核实近3年绩效工资支出数据，对医院内外部环境进行分析。

财务人员通过分析医院近3年来人均绩效工资、绩效工资总额占医疗收入（不含药品和卫生材料）比例变动趋势，以及与A医院规模相当的6家三级甲等综合性医院近3年绩效工资支出水平与所完成工作量和实现收入的比例关系，采用纵向和横向的比较方法，为医院预测绩效工资开支总额提供参考依据。财务人员还可以采取问卷调查、座谈会等形式，了解员工对目前绩效工资发放水平的满意度，将员工意见或建议作为医院预测年度绩效工资增长目标的考虑因素。

②制定绩效工资总额测算方案。编制绩效工资总额测算方案，既可选取相对值指标，如“绩效工资总额占医疗收入（不含卫生材料）的比例”也可选取“人均绩效工资”。

财务人员综合考虑医院预算年度发展计划和政策性影响因素，选取合理可行的目标值，制定绩效工资总额预算方案（见表10－33、表10－34）。

表10－33　　绩效工资总额预算方案

科室：财务科　　编报日期：2019年7月20日　　单位：万元

测算方法	基础值	预计绩效工资总额	预计人均绩效工资
1. 方案A（相对值）			
2. 方案B（相对值）			
3. 方案C（相对值）			

复核人员：　　编制人员：

表10－34　　2020年绩效工资总额测算

科室：人力资源科　　编报日期：2019年7月20日　　单位：万元

项　目	单位	计算公式	预算金额
1. 医疗收入	万元	A	515920.53
其中：药品收入	万元	B	161268.00
卫生材料收入	万元	C	115936.10
医疗收入（不含药品和卫生材料）	万元	D＝A－B－C	238716.43
2. 绩效工资占医疗收入比例	%	E	41.71
3. 绩效工资总额预算	万元	＝D×E	99568.62

分管院领导：　　科室主任：　　编制人员：

③细化绩效工资预算。绩效工资分配应坚持“效率优先、兼顾公平”的原则，合理确定各绩效工资明细项目开支额度，着力体现医务人员技术劳务价值，重点向临床和业务骨干、关键岗位和有突出贡献的人员倾斜。建立动态调整机制，以合理确定人员收入水平。财务科分析医院近两年绩效工资明细项目执行情况，将其作为分解绩效工资预算总额的基础数据（见表10－35）。

表10－35　　2017—2018年绩效工资明细项目支出情况

科室：财务科　　编报日期：2019年7月20日　　单位：万元

项　　目	2017年执行	占比%	2018年执行	占比%	平均占比%
绩效工资	65364.05	100	78526.03	100	100
1. 基础性绩效	1174.75	1.79	1285.41	1.64	1.71
2. 奖励性绩效	64189.30	98.21	77240.62	98.36	98.29
其中：月奖金	30659.73	46.91	34625.02	44.09	45.37
节日费	…	…	…	…	…
年终奖	…	…	…	…	…
…	…	…	…	…	…

复核人员：　　编制人员：

以测算“月奖金”为例，财务科分析医院近两年各月奖金实际执行情况，计算月度奖金占当月医疗收入（不含药品、卫生材料）的比例，计算年度内每个月奖金占医疗收入（不含药品、卫生材料）的比例，编制2020年月奖金预算总额（见表10－36、表10－37）。

表 10 - 36　　2017—2018 年月奖金执行情况

科室：人力资源科　编报日期：2019 年 7 月 20 日　单位：万元

月份	2017 年执行			2018 年执行			平均占比%	增降幅度%
	月奖金	医疗收入（不含药品和卫生材料）	占比%	月奖金	医疗收入（不含药品和卫生材料）	占比%		
1 月	2423.52	13491.05	17.96	2591.22	14410.05	17.98	17.97	0.10
2 月	1802.66	10065.83	17.91	1935.41	10795.22	17.93	17.92	0.11
3 月	2869.15	15982.96	17.95	3123.72	17380.48	17.97	17.96	0.12
…	…	…	…	…	…	…	…	…
12 月	3176.62	17538.57	18.11	3489.16	19231.47	18.14	18.13	0.17
合计	30659.73	168924.12	18.15	34625.02	189516.13	18.27	18.16	0.12

复核人员：　　编制人员：

表 10 - 37　　2020 年绩效工资项目明细

科室：财务科　编报日期：2019 年 7 月 20 日　单位：万元

项　目	计算公式	预算金额	测算说明
绩效工资	A	99568.62	医疗收入（不含药品、卫生材料）238716.43 × 41.71%
1. 基础性绩效工资	A1	1629.50	A、B 院区合计
2. 奖励性绩效工资	= A - A1	97939.12	
其中：月奖金	A2	44162.54	医疗收入（不含药品、卫生材料）238716.43 × 18.50%
年终奖	A3	…	…
…		…	…

注：2019 年预计月度奖金占医疗收入（不含药品、卫生材料）比例 18.50%（2018 年实际执行为 18.27%）。

分管院领导：　　科室主任：　　编制人员：

④持续监测。在预算执行过程中，财务科需对绩效工资执行情况进行追踪监测，及时发现、修正各项目实际执行与预算目标

的偏离程度。

对于实际执行中偏离绩效目标的明细项目，财务科在分析原因后在绩效工资预算总额内进行项目调整。属于合理支出且需要弥补缺口的，首先考虑将预留金额用于弥补缺口，提交医院党委会决议后执行，从而有效控制本年度绩效工资的实际支出水平，合理控制人力资源成本，保持医院稳定健康的发展（见表 10－38、表 10－39）。

表 10－38　　2019 年 1—5 月份绩效工资发放情况

科室：财务科　　编报日期：2019 年 7 月 20 日　　单位：万元

项　　目	预算总额	1—5 月份已发金额	剩余可用金额	说明
绩效工资	92226.00	13607.94	78618.06	
1. 基础性绩效工资	1480.00	565.92	914.08	
2. 奖励性绩效工资	90746.00	22562.17	68183.83	
其中：月奖金	39062.00	16275.00	22787.00	
年终奖	…	…	…	
…	…	…	…	

复核人员：　　编制人员：

表 10－39　　2019 年 6 月份奖金发放测算

科室：财务科　　日期：2020 年 7 月 20 日　　单位：万元

项　　目	计算公式	预算总额	测算说明
1. 医疗收入（不含药品、卫生材料）			
全年预算	A	211720.00	
1—6 月实际完成	A1	105890.20	
7—12 月预计完成	A－A1	105829.80	
2. 月度奖金			
全年预算	B	39062.00	

续表

项　　目	计算公式	预算总额	测算说明
1—5 月实际发放月奖金	B1	16275.00	累计月度奖金占医疗收入（不含药品、卫生材料）比例 18.40%
6—12 月可用月奖金额度	B－B1	22787.00	
3. 6 月份奖金执行测算			
6 月医疗收入（不含药品、卫生材料）	C	18914.26	
6 月份月度奖金发放总额	D	3467.93	6 月份月奖金占医疗收入（不含药品、卫生材料）比例 18.34%

科室主任：　　　　复核人员：　　　　编制人员：

（3）社会保障缴费。包括机关事业单位基本养老保险缴费、职业年金缴费、职工基本医疗保险费、其他社会保障缴费等。以“基本养老保险缴费、职业年金缴费”为例，人力资源科根据医院人员编制类别，按项目编制 2020 年预算（见表 10－40）。

表 10－40　　2020 年养老保险、职业年金预算

科室：人力资源科　　编报日期：2019 年 7 月 20 日　　单位：万元

院区	人员编制	养老保险 20%	职业年金 8%	测算说明
A 院区	省级	13999.65	5599.86	2018 年度人均薪酬×缴纳比例×实有人数
B 院区	市级	898.20	359.28	人均标准 7500 元/人/月×实有人数×12 月
合计		14897.85	5959.14	

分管院领导：　　　　科室主任：　　　　编制人员：

预算管理办公室人员在复核医院 2020 年基本养老保险缴费、

职业年金缴费预算时，注意到人力资源科选取医院 2018 年度人均薪酬为缴纳基数，包括临时性发放的科研奖励、劳务等支出；未结合国家政策中关于缴纳基数的上限规定；未关注 B 院区 2019 年度市级编制人员拟转为省级编制人数。人力资源科根据复核意见，修正预算：A 院区剔除缴纳基数中临时性收入（参照 2019 年 4 月同类型医院职工临时性收入 4 万/年），比对是否超出国家政策规定缴纳基数的上限；B 院区拟在 2019 年末转编人员，与 A 院区同口径计算。

（4）伙食补助费。包括医院员工餐补贴、夜班费、误餐费、专职驾驶员出差伙食补贴等。人力资源科按项目明细编制 2020 年伙食补助费预算（见表 10 -41）。

表 10 -41　　2020 年伙食补助费预算

科室：人力资源科　　日期：2019 年 7 月 20 日　　单位：万元

项　目	预算金额	测算说明
职工餐补贴	1444. 32	标准每月 300 元/人 × 预计月补贴人数 4012 × 12 个月
夜班费	1610. 40	2019 年 1—6 月平均 127. 53 万元/月 × 12 月 + 2020 年预留 80 万元
科室加班误餐费	4. 32	2019 年 1—6 月平均 0. 36 万元/月 × 12 月
驾驶员出差伙食补贴	2. 76	2019 年 1—6 月平均 0. 23 万元/月 × 12 月
合计	3061. 80	

分管院领导：　　科室主任：　　编制人员：

（5）职工医疗费。包括医院员工体检费和超过核定费用后的医药费报销，客户服务中心按项目明细编制 2020 年职工医疗费预算（见表 10 -42）。

表 10－42　　2020 年职工医疗费预算

科室：门诊部办公室　　编报日期：2019 年 7 月 20 日　　单位：万元

项　目	预算金额	测算说明
1. 职工体检	476.60	
健康体检	417.63	高级职称：1343.64 元/人 ×750 人 普通职工：900 元/人 ×3450 人 2020 年新增体检项目检查预计 6.36 万元
执业医师体检	4.73	新增住院医生规范化培训、轮转医生体检费 236.3 元/人 ×200 人
放射特殊体检	13.20	新上岗体检：1199.85 元/人 ×60 人 单独染色体检验：300 元/人 ×200 人
针刺伤	5.80	药物干预，定期复查相关项目及就诊卡、病历本费用
高风险岗位传染病筛查	35.00	包括肝炎病毒、丙肝、艾滋病病毒、梅毒筛查和各类疫苗接种费用
特殊岗位听力测定	0.24	锅炉工、客户服务中心接听电话人员听力筛查 40 元/人 ×60 人
2. 医药费报销	1165.00	
在职职工医药费	495.00	2018 年执行 489.77 万元
离退休职工医药费	470.00	2018 年执行 460.56 万元
本院子女统筹	200.00	2018 年执行 196.83 万元，根据客户服务中心已备案二孩情况，预计 2020 年预算增长医药费报销 3 万元

分管院领导：　　科室主任：　　编制人员：

（6）其他对个人和家庭的补助费用。包括子女保育费、职工探亲路费等，预算管理办公室人员按明细项目汇总编制各职能科室上报预算（见表 10－43）。

表10－43　　2020年其他对个人和家庭的补助费用　　单位：万元

项　　目	预算金额	测算说明
1. 子女保育费	25.50	工会：2018年执行24.43万元；2019年1—6月执行5.12万元，2020年根据门诊办公室已备案二孩情况预算25.50万元
2. 探亲路费	12.00	人力资源科：2018年执行10.41万元；2019年1—6月执行9.88万元
3. 职工营养费	0.80	门诊部办公室：2018年执行0.52万元
合计	38.30	

复核人员：　　　　　　编制人员：

2. 商品和服务费用。包括医院办公费、印刷费、咨询费、手续费、水费、电费、邮电费、物业管理费、专用材料费等。根据预算“归口管理”要求，A医院各职能科室根据工作计划编制其“归口管理”项目的2020年预算，预算管理办公室按明细项目汇编各职能科室上报预算。

(1) 党政办公室。归口管理医院宣传、公务接待、公务用车等，根据2020年各科室工作计划，按项目、经费来源编制商品和服务费用预算（见表10－44、表10－45）。

表10－44　　2020年行政科室预算

科室：党政办公室　　编报日期：2019年7月20日　　单位：万元

项　　目	预算科目	预算金额			测算说明
		合计	A院区	B院区	
1. 办公费					
办公用品	办公用品	/	/	/	总务科统一预算
书报杂志费					
其中：科室报刊	书报杂志费	59.50	35.50	24.00	附各科室报刊订阅预算申请

续表

项　目	预算科目	预算金额			测算说明
		合计	A 院区	B 院区	
员工报刊	福利费	181.80	159.48	22.32	全院（含在职、离退休、临聘人员）5050 人×360 元/人
2. 印刷费	印刷费	/	/	/	报总务科，预算 25.25 万元
其中：院刊		/	/	/	每期印刷 0.25 万元×20 期
文化丛书		/	/	/	出版费 25 万元（合同 HQ－1870）
3. 邮电费	邮电费	11.78	10.58	1.20	
收发室邮寄		8.16	7.20	0.96	A 院区 0.6 万元/月 B 院区 0.08 万元/月
短信平台费		1.36	1.36		协议 0.04 元/条×预计 34 万条
4. 差旅费	差旅费	3.00	3.00		其中：对口支援人员差旅支出 1.8 万元
5. 租赁费	租赁费	46.50	46.50	/	重要会议或活动租用大巴费用 1.5 万元 两院区往来公交班车租赁费用 45 万元
6. 培训费					
90 天以下出国	出国费	/	/	/	国际交流办公室统一预算
国内培训	培训费	4.00	3.00	1.00	参加国内培训费用
7. 公务接待费	公务接待费	148.20			附各科室公务接待预算申请

续表

项　　目	预算科目	预算金额			测算说明
		合计	A院区	B院区	
8. 公务用车费用	公务用车费	16.45	9.45	7.00	附公务用车费用明细预算表
9. 团委活动	其他商品和服务费用	7.08	7.08		全院团员708人×100元/人

分管院领导：　　　　科室主任：　　　　编制人员：

表10-45　　　2020年公务用车费用预算

科室：党政办公室　　　编报日期：2019年7月20日　　　单位：万元

院区	车辆型号	购置日期	车牌号	行驶里程	燃料费	维修费	保险费	ETC费用	其他费用	合计
A	救护车	2004年10月	…	7900	2.00	2.00	0.60	0.15	0.20	4.95
	广州本田	2008年7月	…	25000	2.00	1.00	0.80	0.40	0.30	4.50
	小计				4.00	3.00	1.40	0.55	0.50	9.45
B	救护车	2006年7月	…	20000	3.00	2.50	0.80	0.20	0.50	7.00
合计					7.00	5.50	2.20	0.75	1.00	16.45

分管院领导：　　　　科室主任：　　　　编制人员：

（2）人力资源科。归口管理医院人力资源投入，按项目编制医院2020年人员经费支出预算，同时根据各科室工作计划编制2020年商品和服务费用预算（见表10-46）。

（3）医务科。归口管理医疗质量和医疗安全，定期开展全院医务人员业务培训和技术考核、负责医疗质量管理与医疗纠纷处理、外院医务人员进修管理等。根据各科室工作计划编制2020年商品和服务费用预算（见表10-47）。

表 10－46　　医院 2020 年行政科室预算

科室：人力资源科　　编报日期：2019 年 7 月 20 日　　单位：万元

项　目	预算科目	预算金额			测算说明
		合计	A 院区	B 院区	
1. 办公费					
办公用品	办公用品	/	/	/	总务科统一预算
书报杂志费	书报杂志费	/	/	/	报党政办公室统一预算
2. 印刷费	印刷费	/	/	/	报总务科，新职工指南印刷费、岗前培训手册印刷费、新职工报到资料等
3. 培训费	培训费	3.00	2.00	1.00	科室外出学术活动
4. 退休员工欢送	其他商品和服务费用	1.00			退休欢送，标准 0.1 万元/人 × 预计 2020 年退休 10 人

分管院领导：　　科室主任：　　编制人员：

表 10－47　　2020 年行政科室预算

科室：医务科　　编报日期：2019 年 7 月 20 日　　单位：万元

项　目	预算科目	预算金额			测算说明
		合计	A 院区	B 院区	
1. 办公费					
办公用品	办公用品	/	/	/	总务科统一预算
书报杂志费	书报杂志费	/	/	/	报党政办公室统一预算
2. 邮寄费	邮寄费	0.05	0.05		医疗相关文书快递费
3. 培训费	培训费	3.00	2.00	1.00	科室外出学术活动
4. 医务人员业务培训		4.60	2.80	1.80	
外院 BLS. ACLS 导师	劳务费	3.00	2.00	1.00	外院专家，专题讲座 2000 元 ×15 次

续表

项　目	预算科目	预算金额			测算说明
		合计	A院区	B院区	
法律法规专家讲座	劳务费	0.40	0.20	0.20	外院专家，专题讲座2000元×2次
实用临床专题讲座	劳务费	1.20	0.60	0.60	外院专家，专题讲座500元×24次
5. 医务进修					医院2018年7月至2019年6月医务进修共计1527人次
科室带教费	奖励性绩效	60.00	35.00	25.00	本院医生科室带教津贴
进修医生专题培训	奖励性绩效	7.50	5.00	2.50	本院医生讲课费
进修医生补贴	劳务费	620.00	380.00	240.00	生活补贴
优秀奖励	劳务费	6.96	4.32	2.64	季度之星评比，全院58个临床科室×300元/人×4次
其他费用	其他商品和服务费用	8.40	5.40	3.00	其他医务进修费用
6. 医疗纠纷					
医疗纠纷赔偿	医疗风险基金	350.00	350.00		医院近两年纠纷赔偿逐年下降
医疗损害鉴定费	其他商品和服务费用	2.50	1.50	1.00	
法院诉讼受理费	其他商品和服务费用	3.00	2.00	1.00	
7. 红十字会专项捐赠	其他费用	80.00			省红十字会专项捐赠

分管院领导：　　　　科室主任：　　　　编制人员：

（4）科教科。归口管理医院科研、教学，包括科研项目经费使用、科研奖励、外出学术活动经费、论文版面费、研究生助学津贴、图书馆（书籍新增）等。根据科室工作计划编制2020年商品和服务费用预算（见表10－48）。

表10－48　　2020年行政科室预算

科室：科教科　　编报日期：2019年7月20日　　单位：万元

项　目	预算科目	预算金额			测算说明
		合计	A院区	B院区	
一、科研					
1. 科研费用					
科研配套	卫生材料费	2502.00	/	/	2020年科研配套经费5560万元，其中：国家基金2780万元，国家重点研发计划牵头项目400万元（4个）、省重点研发300万元（预计6项），预计使用率45%（参考历年数据）
2. 论文版面费	版面费	300.00	180.00	120.00	
3. 科技奖励	奖励性绩效	300.00	200.00	100.00	包括成果奖励、专利等
4. 项目评审	其他商品和服务费用	15.00	10.00	5.00	国家自然基金、重大专项等专家评审费
5. 科研论文数据检索费	其他商品和服务费用	0.60	0.30	0.30	2018年执行0.45万元
二、教学					
1. 教学费用					
各类教学会议	会议费	18.00	9.00	9.00	医学教育等专题会议6场×3万元/场
带教老师费用					

续表

项　目	预算科目	预算金额			测算说明
		合计	A 院区	B 院区	
年度优秀带教奖励	奖励性绩效	5.00	3.00	2.00	本院优秀导师 1000 元/人 ×50 人
临床技能培训	劳务费	3.00	1.80	1.20	医学院优秀学生奖 600 元/人 ×50 人
教学管理交流	培训费	4.00	2.00	2.00	教学管理人员继续教育 4000 元/人 ×10 人
研究生助学费	劳务费	258.50	168.50	90.00	2018 年 7 月至 2019 年 6 月实际支出 235 万元，预计 2020 年医院新增转化医学院统招硕士、博士研究生增加 10%
住院医生生活补助	劳务费	1260.00			2020 年住院医生 700 人 × 1500 元/人/月 × 12
2. 学术活动支出					
外出学术活动	培训费	397.35	267.35	130.00	全院外出学术活动额度 540.60 万元，预计增长 5%，经费使用率 70%
学术活动授课	劳务费	15.00	10.00	5.00	外院专家，各类全院性学术活动授课费
…		…	…	…	…

分管院领导：　　　　科室主任：　　　　编制人员：

（5）护理部。归口管理医院护理工作，根据各护理单元工作计划编制 2020 年商品和服务费用预算（见表 10－49）。

表 10－49　　　　2020 年行政科室预算

科室：护理部　　　编报日期：2019 年 7 月 20 日　　　单位：万元

项　目	预算科目	预算金额			测算说明
		合计	A 院区	B 院区	
1. 护理质量奖励	奖励性绩效	60.00	42.00	18.00	5 万元/月/全院
2. 护士长管理培训班	劳务费	4.80	3.60	1.20	院外老师授课费用 2000 元/人次 预计 6 位老师，授课 4 次
3. 新护士岗前培训					
培训资料	印刷费	/	/	/	报党政办公室统一预算，岗前培训资料 150 元×240 人
授课老师劳务	奖励性绩效	1.80	1.20	0.60	本院职工，理论授课费 10000 元；操作技术培训费 8000 元
4. AHA 培训	劳务费	2.00	1.2	0.80	100 期，2 位导师/期，100 元/人次
5. 护理配套科研奖励	奖励性绩效	6.00	4.20	1.80	论文一级期刊（含论著）：500 元/项；核心 300 元/项等
6. 5.12 护士节活动	其他商品和服务费用	78.00	52.00	26.00	护士共计 2600 人，活动费 300 元/人
7. 实习生中秋活动	其他商品和服务费用	0.42	0.28	0.14	护理实习生 420 人 预计 10 元/人×420 人
8. 专业书籍购买	其他商品和服务费用	20.00	14.00	6.00	技能比赛、培训购书：护理质量、专科护理相关书籍

分管院领导：　　　科室主任：　　　编制人员：

（6）网络医学中心。归口管理医院远程会诊、远程教学等，根据科室工作计划编制2020年商品和服务费用预算（见表10－50）。

表10－50　　　　2020年行政科室预算

科室：网络医学中心　　　编报日期：2019年7月20日　　　单位：万元

项　　目	预算科目	预算金额			测算说明
		合计	A院区	B院区	
1. 办公费					
办公用品		/	/	/	总务科统一预算
书报杂志费—科室报刊	书报杂志费	0.20	0.20		报党政办公室统一预算
2. 国内远程会诊					
远程会诊专家劳务费	劳务费	10.00	全院一体化		
远程继续教育	培训费	6.00	4.00	2.00	
3. 国际远程会诊					参照2018年7月—2019年6月医院国际远程会诊实际支出情况预算
会诊资料快递费	邮寄费	1.30	全院一体化		病案资料等
国际远程会诊专家劳务	劳务费	37.30	全院一体化		

分管院领导：　　　　　科室主任：　　　　　编制人员：

（7）药剂科。归口管理医院药品、试剂等，按项目和经费来源编制2020年药品费用预算（见表10－51）。

（8）临床工程科。归口管理医院医疗仪器设备、耗材、化验材料等的采购，以及医疗仪器设备的日常管理和维修工作。根据科室承担的工作和经费开支，编制2020年商品和服务费用预算（见表10－52）。

表 10－51　　2020 年药品收入支出预算

科室：药剂科　　编报日期：2019 年 7 月 20 日　　单位：万元

项　目	预算金额			测算说明
	合计	A 院区	B 院区	
1. 药品收入	161268.00			见表 10－24
2. 药品费用	161268.00	115488.00	45780.00	2019 年 1—6 月平均药品费用×12 月
3. 检验试剂				

分管院领导：　　科室主任：　　编制人员：

表 10－52　　2020 年行政科室预算

科室：临床工程科　　编报日期：2019 年 7 月 20 日　　单位：万元

项　目	预算科目	预算金额			测算说明
		合计	A 院区	B 院区	
1. 医疗设备购置	固定资产	15000.00	10000.00	5000.00	另行编制医院专项经费预算 附医疗设备购置明细预算
2. 专用材料费	卫生材料费	138500.00	全院一体化		2018 年 7 月至 2019 年 6 月全院卫生材料实际消耗 12.68 亿元，结合医院 2020 年工作目标，预计 2020 年全院卫生材料支出增长 9%
放射材料	放射材料	3500.00	/		
化验材料	化验材料	23000.00	/		
其他（医材）	其他卫生材料费	112000.00	/		
3. 低值易耗品	低值易耗品	550.00	全院一体化		
4. 维修（护）费	维修（护）费	2050.00	1450.00	600.00	
（1）保修项目		1450.00	1050.00	400.00	
其中：CT		480.00	280.00	200.00	A 院区 40 排 CT 保修价格较高
磁共振		550.00	350.00	200.00	A 院区 4 台、B 院区 2 台
…		…	…	…	

续表

项　　目	预算科目	预算金额			测算说明
		合计	A 院区	B 院区	
(2) 维修项目		600.00	400.00	200.00	
其中：手术设备		200.00	120.00	80.00	结合科室搬迁计划，全院各类手术工作量预测
病区设备		400.00	280.00	120.00	

分管院领导：　　　　科室主任：　　　　编制人员：

(9) 总务科。归口管理医院总务设备、办公用品、印刷品、水费、电费、燃气燃料、洗涤、氧气费等物资的采购和管理，根据科室承担的工作和项目经费的管控要求，编制 2020 年商品和服务费用预算（见表 10－53 至表 10－56）。

表 10－53　　　　2020 年行政科室预算

科室：总务科　　　编报日期：2019 年 7 月 20 日　　　单位：万元

项　　目	预算科目	预算金额			测算说明
		合计	A 院区	B 院区	
1. 后勤设备购置	固定资产	1300.00	800.00	500.00	另行编制医院专项经费预算 附总务设备购置明细预算表
2. 医用气体	卫生材料费	380.00	250.00	130.00	附水电气明细预算表
3. 办公费	办公费	543.00	353.00	190.00	
其中：办公用品		428.00	268.00	160.00	各科室领用纸张、耗材、办公用品等
书报杂志		/	/	/	报党政办公室统一预算

续表

项　　目	预算科目	预算金额			测算说明
		合计	A 院区	B 院区	
其他		115.00	85.00	30.00	全院广告标识制作费、刻章费、配钥匙、横幅制作费等
4. 印刷费	印刷费	211.50	126.50	85.00	
其中：办公印刷		101.50	61.50	40.00	总务科：制度、职责等印刷 20 万元 党政办公室：医院丛书出版 25 万元 人力资源科：新员工岗前培训手册等 35 万元 ……
医疗印刷		110.00	65.00	45.00	2019 年全院预计 86.75 万元，2020 年医院评审、纸张类原材料涨价
5. 水费	水费	729.90	419.90	310.00	附水电气预算明细
6. 电费	电费	4642.00	2952.00	1690.00	附水电气明细预算表
7. 邮电费	邮电费	/	/	/	党政办公室统一预算
8. 物业管理费	物业管理费	9634.80	6702.80	2932.00	附物业管理费明细预算表
9. 维修（护）费	维修（护）费	1854.20	1030.00	824.20	附维修（护）费明细预算表

续表

项　目	预算科目	预算金额			测算说明
		合计	A院区	B院区	
房屋维修		636.00	350.00	286.00	
设备维修		1218.20	680.00	538.20	
10. 租赁费	租赁费	123.00	80.00	43.00	附租赁费明细预算表
11. 低值易耗品	低值易耗品	1216.00	850.00	366.00	附低值易耗品预算明细表
12. 洗涤费	洗涤费	980.00	680.00	300.00	全院病区、门诊、手术室、国际保健中心所有被服洗涤费 合同编号：HQ－1836
13. 咨询费	其他商品和服务费用	30.00	30.00		审计、评估
14. 食堂支出	其他费用	4138.48	2709.82	1428.66	附食堂收支预算表

分管院领导：　　　　科室主任：　　　　编制人员：

表10－54　　2020年总务设备购置预算

科室：总务科　　　　编报日期：2019年7月20日　　　　单位：万元

项　目	2017年执行	2018年执行	2019年1—6月执行	使用年限超10年在用资产	2020年预算	测算说明
1. 电子产品及通信设备	135.06	128.77	25.79	131.91	200.00	门禁、监控系统等
2. 电气设备	142.15	125.98	131.86	460.12	160.00	空调、冰箱、开水器等

续表

项　目	2017 年执行	2018 年执行	2019 年 1—6 月执行	使用年限超 10 年在用资产	2020 年预算	测算说明
3. 专用设备	390.28	480.10	15.79	160.28	450.00	交换器、空压机等
4. 仪器仪表及量具		3.25		11.82	10.00	减压阀、流量表等
5. 家具	74.95	90.87	114.09	1009.11	400.00	住院病区搬迁，超过使用年限家具报废、更新
其中：单价大于 1000 元	62.88	78.66	110.59	630.89	320.00	
单价小于 1000 元	12.07	12.21	3.50	378.22	80.00	
6. 其他设备	90.60	191.59	174.80	1209.41	80.00	
合计	833.04	1020.56	462.33	2982.65	1300.00	

分管院领导：　　　　　　科室主任：　　　　　　编制人员：

表 10－55　　　　2020 年 A 院区维修（护）费预算

科室：总务科　　　　编报日期：2019 年 7 月 20 日　　　　单位：万元

项　目	2017 年执行	2018 年执行	2019 年 1—6 月执行	2020 年预算	测算说明
1. 维修材料（消耗品）	223.24	284.55	142.88	300.00	灯具电线、水暖五金、护栏等
2. 设备维修和保修项目	429.60	759.54	325.64	680.00	

续表

项　　目	2017 年执行	2018 年执行	2019 年 1—6 月执行	2020 年预算	测算说明
门诊楼宇配套弱电			5.00	10.00	每季度一次（HQ1722 - 6）
急诊楼顶风冷热泵机组更换				60.00	含原有两套机组设备拆除及新机组安装施工费用：预计招标价 30 万元/套×2
冷水机组日常维保				20.00	约克机组维保 15.50 万元 特灵机组维保 3.5 万元 部分耗材配件更换费用 1 万元
…	…	…	…	…	
3. 房屋维修	231.85	363.91	100.13	350.00	
零星维修项目	200.53	313.73	85.60	300.00	5 万元以下零星维修，参照 2018 年度合同，其中：泥木工装饰类 250 万元，机电管线安装类 50 万元
不可预见费用	31.32	50.18	14.53	50.00	参照 2018 年批复预算，原则上不增加

分管院领导：　　　　　　科室主任：　　　　　　编制人员：

（10）国际交流办公室。归口管理医院派出人员出国交流、外宾来访、国际合作等工作的经费管理，根据科室承担的工作，编制 2020 年商品和服务费用预算（见表 10 - 57）。

表 10－56

2020 年 A 院区水电气经费开支预算

科室：总务科　　编报日期：2019 年 7 月 20 日　　单位：万元

项目	预算科目	型号	单位	2017 年执行	2018 年执行	增降幅度（%）	2019 年 1—6 月执行	增降幅度（%）	2020 年预算	测算说明
1. 水费	水费	耗用量	万立方	74.76	85.11	13.84	43.92	3.34	95.00	2019 年 2 月水价上调至 4.42 元/立方米；根据 A 院区 2017 年、2018 年水耗用量测算
		单价	元	4.28	4.42	3.27	4.42	0	4.42	
		金额	万元	319.97	376.18	17.57	194.13	3.34	419.90	
2. 电费	电费	耗用量	万度	2825.87	2980.60	5.48	1537.30	3.17	3600.00	未考虑涨价因素
		单价	元	0.86	0.82	－4.65	0.82	0	0.82	
		金额	万元	2430.25	2444.09	0.57	1260.58	3.17	2952.00	
3. 燃气费	燃气费	耗用量	万立方	183.32	220.84	－3.53	131.24	10.20	250	2019 年 2 月天然气单价下调至 3.40 元/立方米
		单价	元	4.64	3.70	－25.40	3.40	－8.10	3.40	
		金额	万元	850.60	817.11	－3.94	446.22	9.37	850.00	
4. 医气	卫生材料费			186.56	210.74	12.96	96.82	1.28	250.00	
其中：液氧		耗用量	立方	1198.10	1435.00	19.78	736.00	18.50	1600.00	A 院区液氧合同单价 1290 元/立方米，按 2019 年 7 月新招标单价 1300 元/立方米估算；
		单价	元	1040.00	1040.00	0	1290.00	24.03	1300.00	
		金额	万元	124.60	149.24	19.78	94.95	27.24	208.00	

续表

项目	预算科目	型号	单位	2017 年执行	2018 年执行	增降幅度（%）	2019 年 1—6 月执行	增降幅度（%）	2020 年预算	测算说明
40L 医用氧		耗用量	瓶	3928	4400	11.95	1479	-29.57	2200	预计 2019 年 12 月病区改造后，液氧耗用量增加，40L 使用量下降；按 2019 年 7 月新招标单价 25.50 元/瓶估算
		单价	元	19.80	19.80	0	25.73	29.94	25.50	
		金额	万元	7.78	8.71	11.95	3.81	-8.48	5.61	
…		…	…	…	…	…	…	…	…	

分管院领导：　　　　科室主任：　　　　编制人员：

表 10－57　　2020 年行政科室预算

科室：国际交流办公室　　编报日期：2019 年 7 月 20 日　　单位：万元

项　　目	预算科目	预算金额			测算说明
		合计	A 院区	B 院区	
1. 学术交流					国外专家、留学生
外籍专家交通食宿费	公务接待费用	40.00	30.00	10.00	外籍专家机票和食宿 2 万元/人次 ×20 人次
国外留学生补贴		10.00	8.00	2.00	50 人 ×0.2 万元/人
2. 出国进修					
90 天以下	因公出国（境）费用	19.50	19.50		卫计委组团：机票 1.2 万元/人，培训费 2.7 万元/人，预计 5 人
90 天以下	生活补助	8.31	8.31		卫计委组团：生活津贴费 0.0187 万元/天（800 美元/月）× 89 天/人，预计 5 人
90 天以上	培训费	51.75	51.75		机票 1.2 万元/人，培训费 0.525 万元（750 美元）/人，预计 30 人
90 天以上	生活补助	50.40	50.40		生活津贴费 0.56 万元（800 美元）/月 ×3 月/人，预计 30 人
3. 人才培养					
Fellow 培训专家辅导	其他商品和服务费用	150.00			住院医师和 Fellow 培训专家授课培训和项目咨询费等 150 万元）
4. 评审口译	劳务费	51.20	51.20		医院 JCI 口译 0.8 万元/人/天 ×8 人 ×8 天
…		…	…	…	…

分管院领导：　　科室主任：　　编制人员：

（11）IT中心。归口管理医院信息系统、网络建设等经费，根据科室承担的工作和医院预计经费投入，编制2020年商品和服务费用预算（见表10－58）。

表10－58　　2020年行政科室预算

科室：IT中心　　编报日期：2019年7月20日　　单位：万元

项　目	预算科目	预算金额			测算说明
		合计	A院区	B院区	
1. 设备采购					报临床工程科统一预算
网络设备更新升级	固定资产	600.00	600.00		采购2台核心、2台数据中心汇聚、22台楼宇汇聚、130台接入交换机核心—汇聚（数据中心、门诊、急诊）采用40G；汇聚—接入采用10G
服务器、存储及配件更新扩容	固定资产	120.00	120.00		虚拟化服务器更新和存储扩容等
数据备份设备更新升级	固定资产	75.00		75.00	数据库、虚拟机、院区异地备份
两院区计算机、网络维修配件和耗材	维修（护）费—设备维修	150.00	一体化		全院IT日常维护所需计算机、网络相关维修、配件和耗材费用
2. 设备维护					报总务科统一预算
全院精密空调设备维保费	维修（护）费—设备维修	150.00	90.00	60.00	全院IT中心机房精密空调维保费用（协议HQ1709－2）
A院区光纤改造	维修（护）费—网络维护费	150.00	150.00		A院区所有楼宇光纤、接入层机房光纤全部升级到OM4标准，支持40G的传输

续表

项　　目	预算科目	预算金额			测算说明
		合计	A 院区	B 院区	
信息科机房 UPS 设备维保服务	维修（护）费—设备维修	10.50	一体化		全院 IT 中心机房 UPS 设备维保费用（协议 HQ1722－1）
3. 软件开发及实施	无形资产	1300	一体化		纳入专项经费预算 HIMSS EMRAM 七级、卫健委电子病历、智慧医疗、集成平台、数据中心、BI、人工智能、其他软件项目 另行编制采购和开发软件项目明细预算，列入专项经费预算
4. 信息服务费	维修（护）费—网络维护费	652.00	一体化		Oracle 数据库、LIS 软件、PACS 软件、医生 EMR 软件、HIS、综合管理平台软件、医院感染监测管理软件、药物咨询及用药安全监测软件等维护服务费 附软件项目维护服务费明细预算
5. 邮电费	邮电费				
电信（语音）		92.00	70.00	22.00	
电信短信费用		4.00			
宽带线路租用费		28.50	20.50	8.00	A 院区 50M 远程会诊 5 万元，300M 公网 15.5 万元；B 院区 150M 公网 8 万元
电信线路租用费		9.50	5.00	4.50	全院银联、省医保、市医保等专线，附电信专线明细预算

分管院领导：　　　　科室主任：　　　　编制人员：

3. 固定资产折旧费、无形资产摊销费。财务人员应根据固定资产、无形资产的性质，对除图书以外的固定资产在预计使用年限内采用年限平均法计提固定资产折旧费用、无形资产摊销费用。A 医院财务科通过计算固定资产平均折旧率和无形资产平均摊销率，并根据医院固定资产新增计划，测算 2020 年固定资产折旧费、无形资产摊销费（见表 10－59）。

$$\text{平均折旧率}=\frac{\text{固定资产折旧额}}{\text{平均固定资产}},\text{平均摊销率}=\frac{\text{无形资产摊销额}}{\text{平均无形资产}}$$

表 10－59　　2020 年固定资产折旧、无形资产摊销预算

科室：财务科　　编报日期：2019 年 7 月 20 日　　单位：万元

项目	2018 年执行	2019 年 1—6 月执行	2019 年预计执行	2020 年预算	测算说明
固定资产折旧费	13549. 42	6013. 28	14042. 32	15729. 96	2019 年 6 月固定资产折旧费用 1230. 5 万元 ×12 月 + 2020 年预计新增 17400 万元 × 平均折旧率 5. 54%
无形资产摊销费	221. 62	132. 68	235. 46	310. 04	2019 年 6 月无形资产摊销费用 24. 70 万元 ×12 月 + 2020 年预计新增 200 万元 × 平均摊销率 6. 82%

分管院领导：　　科室主任：　　编制人员：

4. 计提专用基金。医务科在编制 2020 年医疗风险基金预算时，注意到 2018 年末医疗风险基金结余超过当年医疗收入 3‰，故 2020 年预提医疗风险基金≤医疗风险基金年末结余数－年初结余数 + 预计发生医疗事故赔偿，预提医疗风险基金 367. 62 万元（见表 10－60）。

表 10－60　　2020 年提取医疗风险基金预算

科室：医务科　　编报日期：2019 年 7 月 20 日　　单位：万元

项　目	计算公式	金额
2019 年预计医疗收入	A	486715.00
2019 年末结余医疗风险基金	B＝A×3‰	1460.14
2020 年预算医疗收入	C	515920.53
2020 年末结余医疗风险基金	D＝C×3‰	1547.76
2020 年预计发生医疗事故赔偿减少医疗风险基金	E	280.00
2020 年预计提取医疗风险基金	＝D－B＋E	367.62

分管院领导：　　科室主任：　　编制人员：

（二）经营费用

经营费用是指医院在专业业务活动及其辅助活动之外开展非独立核算经营活动发生的各项费用。A 医院 2020 年无经营费用预算。

（三）资产处置费用

资产处置费用是医院经批准处置资产时发生的费用，包括转销的被处置资产价值，以及在处置过程中发生的相关费用，或者处置收入小于相关费用形成的净支出。临床工程科根据 2020 年预计报废固定资产明细项目，按其报废净值预计 2020 年资产处置净支出。

（四）上缴上级费用

上缴上级费用是医院按照同级财政部门和上级主管部门的规定上缴上级单位款项发生的费用。A 医院 2020 年无上缴上级费用预算。

（五）对附属单位补助费用

对附属单位补助费用是医院用财政拨款收入以外的收入对附属单位补助发生的费用。A 医院 2020 年无对附属单位补助费用预算。

（六）其他费用

其他费用是医院除业务活动费用、单位管理费用、经营费用、资产处置费用、上缴上级费用、附属单位补助费用、所得税费用以外的各项费用，包括利息费用、坏账准备、罚没支出、现金资产捐赠支出，以及相关税费、运输费等。A医院各职能科室根据其“归口管理”原则，编制2020年各项其他费用预算，上报医院预算管理办公室汇总（见表10－61）。

表10－61　　2020年其他费用预算

编报日期：2019年7月20日　　单位：万元

项　目	金额	测算说明
1. 坏账准备	1502.60	附坏账准备测算明细表
2. 现金资产捐赠费用	80.00	医务科：省红十字会捐赠80万元
3. 非同级财政拨款费用	1280.00	B院区2020年非同级财政拨款预算2500万元，其中：基本补助拨款预算1220万元，项目补助拨款预算1280万元
4. 食堂支出	4138.48	表10－53
5. 学习班培训支出	480.00	临床继续教育学习班支出
6. 其他	1000	…
合计	8481.08	

复核人员：　　编制人员：

（七）医院费用预算汇总、试算平衡

预算管理办公室人员根据经济科目，汇编医院费用预算，在测算说明一栏详细记录各项费用的编制依据及测算过程（见表10－62）。

表 10－62

2020 年费用预算

编报日期：2019 年 7 月 20 日　　单位：万元

科目名称	2018 年执行	2019 年预计执行	2020 年预算	测算说明
本年费用合计	453882.72	497543.51	525120.00	
一、业务活动、单位管理费用	448297.53	490852.38	516638.92	
（一）人员经费	125809.25	143556.30	154436.02	见各项人员经费测算表
1. 工资福利费用	123706.71	145487.45	152083.07	
（1）基本工资	4763.66	5480.74	5930.42	
其中：岗位工资	3354.00	3870.60	4280.78	
薪级工资	1409.66	1610.14	1649.64	
（2）津贴补贴	389.46	425.60	486.55	
其中：医疗卫生津贴	380.71	416.30	476.55	
卫生防疫津贴	0	0	0	
护龄补贴	8.75	9.30	10.00	
（3）奖金	0	0	0	
（4）伙食补助费	2730.46	3037.79	3061.80	

续表

科目名称	2018年执行	2019年预计执行	2020年预算	测算说明
（5）绩效工资	78526.03	92085.30	99568.62	
基础性绩效工资	1285.41	1490.60	1629.50	
其中：生活补贴	734.60	851.80	965.35	
岗位补贴	550.81	638.8	664.15	
奖励性绩效工资	77240.62	90594.70	97939.12	
（6）机关事业单位基本养老保险缴费	9781.94	12248.16	14897.85	
（7）职业年金缴费	3486.21	4703.12	5959.14	
（8）职工基本医疗保险费	2717.12	3006.32	3220.32	
（9）其他社会保障缴费	747.12	700.62	692.36	
（10）住房公积金	7410.14	8613.17	10543.88	
（11）医疗费	880.33	910.37	971.60	
其中：职工医疗费	880.33	910.37	971.60	在职职工体检476.60万元；医药费495万元
（12）提租补贴	57.02	79.33	85.00	

续表

科目名称	2018 年执行	2019 年预计执行	2020 年预算	测算说明
（13）购房补助	860.88	1026.44	1755.82	
（14）其他工资福利费用	11296.34	13545.49	15429.71	
其中：临时人员费用	10096.97	12985.77	14805.50	
其他	1199.37	559.72	624.21	
2. 对个人和家庭的补助费用	2102.54	2268.85	2352.95	
（1）离休费	186.76	199.15	184.20	2018 年 6 月离休工资 8527.77 元/人×18 人×12 月
（2）退休费	402.20	0	0	2018 年 2 月医院退休人员归口社保管理，2018 年 3 月起医院退休人员补贴调整至“生活补助”科目核算
（3）退职（役）费	0	0	0	
（4）抚恤金	53.38	85.05	80.00	……
（5）生活补助	769.92	1290.38	1380.45	……
（6）救济费	0	0	0	

续表

科目名称	2018 年执行	2019 年预计执行	2020 年预算	测算说明
（7）医疗费补助	657.39	658.22	670.00	表 10-42
其中：离退休医疗费	460.56	458.22	470.00	
子女统筹	196.83	200.00	200.00	
（8）助学金	0	0	0	
（9）其他对个人和家庭的补助费用	32.89	36.05	38.30	表 10-43
（二）商品和服务费用	304945.30	328695.85	341844.48	
1. 办公费	510.06	541.51	602.50	
其中：办公用品	380.98	399.78	428.00	表 10-53
书报杂志费	40.62	48.75	59.50	表 10-44
其他	88.46	92.98	115.00	表 10-53
2. 印刷费	117.09	150.00	211.50	表 10-53
3. 咨询费	0	0	0	
4. 手续费	5.16	6.56	8.20	
5. 水费	654.40	689.26	729.90	表 10-53

续表

科目名称	2018年执行	2019年预计执行	2020年预算	测算说明
6. 电费	4138.78	4298.88	4642.00	表10－53
7. 邮电费	120.88	130.96	147.13	党政办11.78万元 医务科0.05万元 网络医学中心1.30万元 IT中心134.00万元
8. 取暖费	0	0	0	
9. 物业管理费	6452.70	7679.48	9634.80	表10－53
其中：保安费	659.92	776.14	916.60	
保洁和服务费	5278.94	6592.07	8333.20	
绿化费	46.78	21.00	69.00	
其他	467.06	290.26	316.00	
10. 差旅费	162.25	68.55	52.50	党政办公室3万元 质量管理办公室2.5万元 医务部22万元 科教科25万元（2019年起医院外出学术活动列支“培训费”）

续表

科目名称	2018 年执行	2019 年预计执行	2020 年预算	测算说明
11. 因公出国（境）费用	88.76	120.47	145.46	国际交流办公室：短期出国进修 145.46 万元
12. 维修（护）费	5281.63	5857.93	8006.20	
其中：房屋维修	2074.20	2245.33	3636.00	总务科零星维修 636 万元； 基建科房屋维修 3000 万元（附工程预算明细表）
设备维修	2890.55	3144.05	3568.20	总务科设备维修 1218.20 万元； 临床工程科设备维修 2050 万元； IT 中心设备维修 300 万元
网络维护费	316.88	468.55	802.00	表 10－58
13. 租赁费	88.66	102.85	123.00	表 10－53
14. 会议费	5.04	6.20	8.50	国际交流办公室：海峡两岸院长论坛会议费 8.50 万元

续表

科目名称	2018 年执行	2019 年预计执行	2020 年预算	测算说明
15. 培训费	213.17	234.68	580.50	党政办 4.00 万元 医务科 3.00 万元 科教科 401.35 万元 ……
16. 公务接待费	95.62	80.68	148.20	表 10－44
17. 专用材料费	273100.42	292306.10	302712.90	表 10－51，表 10－52，表10－53
18. 被装购置费	0	0	0	
19. 专用燃料费	0	0	0	
20. 劳务费	1616.87	1860.46	2328.06	科教科 1536.50 万元 医务科 731.56 万元
21. 委托业务费	728.41	802.36	950.00	
22. 工会经费	369.42	488.23	566.40	2020 年预计：4720 元/人 × 2% × 人数

续表

科目名称	2018 年执行	2019 年预计执行	2020 年预算	测算说明
23. 福利费	4572.18	5202.75	0	2020 年新政府会计制度不再计提福利费
24. 公务用车运行维护费	29.55	24.20	16.45	表 10 - 45
25. 其他交通费用	48.62	56.43	88.60	
26. 税金及附加费用	118.90	120.85	140.60	
27. 其他商品和服务支出	6326.73	7866.46	10001.08	
其中：燃气燃料费	1137.83	1231.15	1402.00	
洗涤费	683.60	780.20	980.00	
其他	4505.30	5855.11	7619.08	
（三）固定资产折旧费	13549.42	14042.32	15729.96	2019 年 6 月折旧额 1230.5 万元 × 12 月 + 2020 年预计新增 17400 万元 × 平均折旧率 5.54%

续表

科目名称	2018 年执行	2019 年预计执行	2020 年预算	测算说明
（四）无形资产摊销费	221.62	235.46	310.04	2019 年 6 月摊销额 24.70 万元 ×12 月 +2020 年预计新增 200 万元 × 平均摊销率 6.82%
（五）计提专用基金	883.17	562.29	367.62	
（六）科教经费	155.91	163.76	265.80	
（七）财政项目拨款	2732.86	3596.40	3685	
二、经营费用				
三、资产处置费用				
（一）库存物品				
（二）固定资产				
（三）无形资产				
（四）其他应收款				
（五）在建工程				

续表

科目名称	2018 年执行	2019 年预计执行	2020 年预算	测算说明
四、上缴上级费用				
五、对附属单位补助费用				
六、所得税费用				
七、其他费用	5585.19	6691.13	8481.08	
（一）利息费用				
（二）坏账损失	1232.67	1188.81	1502.60	
（三）罚没支出				
（四）现金资产捐赠	80	80	80	医务科红十字会专项捐赠
（五）培训支出	435.20	468.20	480.00	表 10－61
（六）食堂支出	3280.55	3685.62	4138.48	表 10－53
（七）其他	556.77		1280.00	

复核人员：　　　　编制人员：

三、A 医院 2020 年专项经费预算

医院专项经费支出预算，主要包括设备购置、基建、零星维修、网络信息化等项目预算，反映医院预算年度资源配置计划，是医院资本性支出预算。专项支出金额较大，对预算期工作内容和预算执行率有很大的影响。因此，做好医院专项经费支出预算，对医院实现发展战略目标意义重大。

（一）专项经费支出预算总额控制

A 医院临床工程科、总务科、IT 中心编报其“归口管理”项目的专项经费支出预算，上报预算管理办公室（见表 10－63）。

表 10－63　　2020 年专项经费支出预算

编报日期：2019 年 7 月 20 日　　单位：万元

项　目	金额	测算说明
一、固定资产购置	17138	
1. 医疗设备	15000	A 院区 10000 万元；B 院区 5000 万元 2018 年预算 12000 万元，实际执行 8570 万元 2019 年预算 15000 万元，截至 6 月末已完成政府采购 7756.63 万元
2. 网络设备	795	全院网络设备更新升级 600 万元 全院服务器、电脑、存储及配件更新扩容 120 万元 全院数据备份设备更新升级 75 万元
3. 总务设备	1300	
其中：一般设备	1050	附总务设备购置明细预算表
保卫监控系统设备	250	2020 年监控系统升级，设备更新
4. 图书	43	图书馆中英文期刊（预计中文期刊 180 种，外文期刊 20 种）
二、工程项目	9000	
1. A 院区手术室改造工程	300	手术室设备升级更换及装修整体升级，面积约 3000 平方米

续表

项　　目	金额	测算说明
2. B 院区直线加速器建设工程	2500	省发改委立项，自筹经费，项目总预算 3000 万元，已完成审批手续 2020 年计划执行 80%，预算 2500 万元，面积约 2400 平方米
3. 其他	1625	
三、网络信息化项目	1300	
1. 各项软件开发	1200	HIMSS EMRAM 七级、卫计委电子病历七级、智慧医疗等项目开发实施费用
2. 光纤改造	100	全院光纤升级到 OM4 标准，支持 40G 的传输
合计	22863	

复核人员：　　　　　　编制人员：

（二）专项经费支出预算分解

经院党委会议审议批准，2020 年 A 医院专项经费购置医疗设备预算 15000 万元。根据 2020 年预算上报要求，医院临床、医技、医辅及行政科室资产专管员，可在 2019 年 8 月 1 日至 9 月 10 日期间登陆医院设备管理系统，在线申报科室设备采购年度预算，并上传设备采购论证表。申报结束后，临床工程科和总务科汇总提交医院设备管理委员会讨论，并提交院党委会议讨论后编制 2020 年设备政府采购明细预算表。

[案例 7] A 医院手术室申报高清腹腔镜采购预算

A 医院手术室资产专管员登陆医院 OA，在线填报设备购置预算，并上传单价 10 万元以上设备购置申请论证表，提交临床工程科审核（见表 10 - 64）。

表 10－64　设备（10 万元以上）购置申请论证表

<table>
<tr><td>申请科室</td><td>手术室</td><td colspan="2">申请人：张××</td><td>填报日期：2019 年 8 月 10 日</td></tr>
<tr><td>设备名称</td><td>数量</td><td>规格型号</td><td>推荐招标设备进口厂家</td><td rowspan="2">估价（人民币）：
50 万元×2 台</td></tr>
<tr><td>高清腹腔镜</td><td>2</td><td></td><td>Storz（中泰）</td></tr>
<tr><td colspan="5">医院现有同类型设备 2 台。每台设备的使用情况（使用率，完好率，经济效益等）：
目前已购置两套高清 Storz 腹腔镜，该设备图像显示 1080p 全高清影像，结合医院近年微创手术发展情况，为提升医院微创外科学品质和知名度，以病案室近两年手术类统计数据为基础，申请新增 2 套高清腹腔镜，以满足医院手术量要求</td></tr>
<tr><td colspan="5">申购设备在医疗、教学、科研工作中的作用：
设备应用于微创手术，腔镜下的妇科手术、肝胆外科手术、甲状腺手术等。可在微创环境下，高清晰显示组织器官、血管神经的解剖结构，有效保证手术安全性</td></tr>
<tr><td colspan="5">申购设备的使用年限、经济效益预测：
1. 使用年限：8 年；
2. 月工作量：　　　　检测数（人次数）估算：
3. 年维修（保修等），年消耗费用估计：　　元</td></tr>
<tr><td colspan="5">所需配套条件：
1. 房屋、水、电等条件：满足
2. 零配件、消耗品能否保证供应：满足
3. 排污、放射等问题的解决：无
4. 有何特殊要求：无</td></tr>
<tr><td colspan="5">使用科室人员配备、培训情况，能否保证设备正常运行：
各项硬件条件均满足，有专业外科医生、护士、设备工程师团队辅助。手术室提出购买申请，符合实际要求</td></tr>
<tr><td colspan="5">所推荐仪器设备技术、经济比较（建议二家以上）：临床工程科公开招标采购</td></tr>
<tr><td colspan="5">收费项目名称及收费价格（涉及）：不涉及</td></tr>
<tr><td colspan="5">科室负责人签字：</td></tr>
<tr><td rowspan="4">审批意见</td><td colspan="4">临床工程科意见：
考虑腔镜手术的成熟及手术量的增长，目前医院部分腔镜设备老旧，建议购买 2 套主机
签字：　年　月　日</td></tr>
<tr><td colspan="4">财务科意见：
纳入 2019 年设备专项经费采购预算
签字：　年　月　日</td></tr>
<tr><td colspan="4">设备管理委员会意见：2019 年 8 月 20 日设备管理委员会讨论通过
签字：　年　月　日</td></tr>
<tr><td colspan="4">审批意见：2019 年 8 月 21 日党委会议讨论通过
签字：　年　月　日</td></tr>
</table>

注：每项需详细填写，未列入年度计划的大型设备，原则上不予临时采购审批。

经院党委会议审批通过的医疗设备购置计划，才能被列入设备购置专项经费控制额度中。临床工程科编制“重大经济事项审批表”，作为编报省级政府采购（政府集中）预算执行确认书的依据（见表10－65）。

表10－65　　　　重大经济事项审批表

提交科室：临床工程科　　　编报日期：2019年10月10日

序号	项目名称	数量	需求科室	是否有预算	预算（万元）	经费来源	备注
1	高清腹腔镜主机	2	A院区手术室	有	100	医院经费	2019年9月20日设备管理委员会讨论通过
2	手术导航系统	1	B院区骨科	有	250	国家临床重点专科专项经费	2019年9月20日设备管理委员会讨论通过
3							
经管职能科室意见	签字：　年　月　日						
分管院领导意见	签字：　年　月　日						
设备管理委员会意见	签字：　年　月　日						
党委会议决议	签字：　年　月　日						

第四节　A 医院 2020 年度预算编制说明

一、医院基本情况

A 医院是一所具有鲜明专科特色的现代化研究型综合性医院，下设 A、B 院区，全院核定床位 3200 张，截至 2019 年 6 月末，全院实际开放床位 2923 张。2019 年 1—6 月，门急诊人次 201.50 万人次，出院人数 6.22 万人次，平均住院天数 7.20 日，在职职工人数 5796 人。

二、预计 2019 年医院预算执行情况

2019 年预算总收入 500202.85 万元，全年预计完成总收入 504335.51 万元，预计执行率 100.83%；预算总支出 494402.85 万元，全年预计执行总支出 497543.51 万元，预计执行率 100.64%，执行率在 ±5% 范围内。

三、2020 年医院工作目标

根据近五年发展规划，2020 年医院将继续提升现代化管理水平，增强医疗、管理、研究等各方面的综合实力，提高社会效益和经济效益；继续推进智慧医疗，加强社区、农村卫生医疗服务、医疗资源下沉和健康教育工作；坚持科技强院，深化学科建设，协调发展重点学科、公共服务体系及配套基础设施。

四、2020 年预算（一上）编制情况

结合 2020 年工作目标及发展计划，A 医院主要采用零基预算及综合预算方法编制 2020 年预算。经医院党委会议审议批准，上报同级财政部门的 2020 年（一上）预算的具体内容有：

（一）收入预算

2020 年预算总收入 534175.82 万元，其中：财政补助收入 6599.25 万元、医疗收入 515920.53 万元、科教项目收入 230.00 万元、其他收入 11426.04 万元。

1. 财政补助收入。2020 年预算收入 6599.25 万元，其中：基本支出补助 2914.25 万元，项目支出补助 3685.00 万元。

（1）基本支出补助：离休经费拨款预算 64.80 万元，按财政定额补助离休人员每人 3.6 万元/年测算。医保经费拨款预算 1276 万元，按 2019 年批复预算数编报。日常公用经费支出预算 1573.45 万元，其中：上缴国库出租房收入 373.45 万元，医院下属公司上交投资收益 1200 万元。

（2）项目支出补助：专项补助预算 3685 万元，根据财政、卫健部门下达的经费项目，2020 年（一上）预算数暂按 2019 年批复预算数编报。

2. 医疗收入。2020 年预算收入 515920.53 万元，其中：药品预算收入 161268.00 万元，占医疗收入比例 31.26%。预计 2020 年门急诊人次 446.35 万，预计增长 8%；体检收入 16000 万元；出院人次 13.87 万，预计增长 10%。根据省卫健委下达综合目标考核责任制的要求，预计 2020 年每门诊人次费用 348.85 元，每出院人次费用 24815.20 元，增长控制在 5% 以内。

3. 非同级财政拨款收入。2020 年预算收入 2500 万元，为 B 院区市财政拨款。

4. 利息收入。2020 年预算收入 1848.50 万元，根据医院活期、定期存款及上级主管部门集中招标确定的中标利率测算。

5. 其他收入。2020 年预算收入 7077.54 万元，其中：食堂预算收入 4156.25 万元；停车预算收入 1040.00 万元；医务、护理及科教继续教育学习班等培训预算收入 438.50 万元，根据医院归口管理职能科室测算编报。

（二）支出预算

2020 年医院支出预算根据当前项目实际支出水平，结合 2019 年医院人事变动、工作目标和发展需要综合考虑编制。总费用预算 525120.00 万元。其中：

1. 人员经费预算 154436.02 万元，占总费用预算的 29.41%。明细如下：

（1）基本工资和津贴补贴预算分别为 5930.42 万元和 486.55 万元，根据医院 2019 年 6 月工资支出水平及人事新增、减少计划测算。

（2）绩效工资预算 99568.62 万元，同比 2019 年预计执行增幅 8.13%，预计占医疗收入（不含药品、卫生材料）比例 41.71%。

（3）社会保险缴费预算 16781.94 万元，具体根据社保缴纳标准及人数测算。

（4）伙食补助费预算 3061.8 万元，其中：职工餐补贴预算 1444.32 万元，标准每人 300 元/月，夜班费 1610.40 万元。

（5）其他工资福利支出预算 15429.71 万元，考虑 2020 年临聘人员增加及每年都在提高的薪资和福利待遇等情况进行测算。

2. 商品和服务费用预算 341844.48 万元，占预算总支出的 65.10%。根据医院 2020 年发展计划、总量控制及厉行节约等多因素编制。

（1）办公费预算 602.50 万元，包括办公用品、科室订阅书报杂志及其他必需的各类办公费用。

（2）印刷费预算 211.5 万元，包括医疗资料、院内感染宣传手册、健康教育资料、医院核心及关键制度、新职工报到资料及岗前培训手册等印刷费用。

（3）手续费预算 8.20 万元，根据目前支付银行手续费水平测算。

（4）水费预算 729.90 万元，电费预算 4642.00 万元，根据近几年来医院实际水电费使用情况，并考虑水电费调价因素测算。

（5）物业管理费预算 9634.80 万元，包括全院保安费、物业保洁、绿化及医疗废弃物处置等费用，具体根据经济合同，结合病区管理需要等因素测算。

（6）专用材料费预算 302712.90 万元，其中药品费 161268.00 万元，卫生材料费 139556.50 万元，低值易耗品 1766 万元，预计百元医疗收入药品消耗 31.43 元，百元医疗收入卫生材料消耗 27.05 元。

3. 固定资产折旧费预算 15729.96 万元，无形资产摊销费预算 310.04 万元。具体根据 2019 年上半年平均折旧率、平均摊销率及医院新增资产计划测算。

4. 计提专用基金（医疗风险基金）预算 367.62 万元，由医务科测算编报。

（三）结余及分配

2020 年预计结余 9055.82 万元，预计全额转入事业基金，用于医院事业发展。

特此说明！

A 医院预算管理办公室

2019 年 8 月 31 日

主要参考文献

1. 金玲，池文瑛，蔡战英，等．医院内部控制体系设计及应用［M］. 北京：中国财政经济出版社，2018.

2. 魏晋才．医院绩效管理（第2版）［M］. 北京：人民卫生出版社，2017.

3. 王志宇．全面预算管理［M］. 天津：南开大学出版社，2017.

4. 由宝剑，蔡志宏，赖明福．医院全面预算管理理论·实践·信息化［M］. 陕西：西安电子科技大学出版社，2017.

5. 国家卫生计生委财务司．医院经济管理创新［M］. 北京：人民卫生出版社，2016.

6. 王竹泉，祝兵，孙莹，等．预算与绩效管理［M］. 北京：中国财政经济出版社，2016.

7. 杨英．全面预算管理全流程实战指南［M］. 北京：人民邮电出版社，2016.

8. 林新奇．绩效管理（第三版）［M］. 辽宁：东北财经大学出版社，2016.

9. 冯巧根．全面预算管理［M］. 北京：中国人民大学出版社，2015.

10. 徐元元，田立启，侯常敏，等．医院全面预算管理［M］. 北京：企业管理出版社，2014.

11. 财政部会计资格评审中心．高级会计实务［M］. 北京：

经济科学出版社，2013.

12. 周文，张庆龙．行政事业单位内部控制规范讲解［M］．北京：立信会计出版社，2013.

13. 林秀香．预算管理［M］．辽宁：东北财经大学出版社，2013.

14. 龚巧莉．全面预算管理：案例与实务指引［M］．北京：机械工业出版社，2012.

15. 张长胜．企业全面预算管理教程［M］．北京：北京大学出版社，2012.

16. 李明．全面预算管理［M］．北京：中信出版社，2011.

17. 赵仲杰．新全面预算管理实务与操作［M］．云南：云南大学出版社，2010.

18. 肖青．医院财务管理［M］．北京：中国人民大学出版社，2006.

19. 史习民．全面预算管理［M］．北京：立信会计出版社，2004.

20. 陈国庆，黄志，秦金三城．全面预算管理［M］．北京：经济科学出版社，2003.

21. 张冬青．医院预算存在的问题及解决方案［J］．经济师，2018（2）.

22. 林翠珑．医改新形势下做好医院预算管理的思考［J］．中国总会计师，2017（8）.

23. 李丽敏，李超，郑海莹．医院预算管理的探索与实践［J］．现代医院，2017，17（1）.

24. 李雪梅．公立医院预算管理中的重点节点研究［J］．行政事业资产与财务，2017（13）.

25. 黄胜，洪学智，王冠华，等．公立医院预算管理内部控制建设：基于 COSO 框架的分析［J］．中国卫生经济，2017（2）.

26. 欧阳环宇．试论提高医院预算管理水平的策略［J］．经济视野，2017（19）．

27. 高一红，陈希，周皎，李娟，王晏晏，施佳俊．大型公立医院整合预算管理平台构建的探索［J］．中国卫生资源，2017（3）．

28. 陈玉翔．如何加强医院预算的细化及其执行［J］．中国总会计师，2014（2）．

29. 王妍．基于新制度的S医院全面预算管理研究［D］．［硕士学位论文］．吉林大学，2013，10．

30. 王琴芳．医院全面预算管理信息体系研究［D］．［硕士学位论文］．电子科技大学，2013，6．

31. 郭慧金．基于信息与沟通视角的公立医院全面预算管理研究——以新疆某医院为例［D］．［硕士学位论文］．新疆财经大学，2013，5．

32. 林云肖，方霞波．公立医院实施全面预算管理的影响因素探讨［J］．中国卫生经济，2013，11．

33. 王舜娟，李春．公立医院全面预算管理模式探析［J］．中国卫生经济，2012，5．

34. 李方一．Y专科医院全面预算管理的研究［D］．［硕士学位论文］．大连理工大学，2011，11．

35. 戴智敏．大型医院加强预算管理的重点与难点分析［J］．现代医院，2010（10）．

36. 李丽．医院全面预算管理流程及成本控制的关键点［J］．中国卫生经济，2010，2．

37. 王晓霞．管理控制系统的基本框架研究［D］．［硕士学位论文］．兰州理工大学，2010，4．

38. 由宝剑．论现代医院全面预算管理信息化建设［J］．医疗卫生装备，2008，8．

39. 陆乐．A医院管理控制系统浅析［D］．［硕士学位论文］．

上海交通大学，2008，1.

40. 杨方其．公立医院全面预算管理应用研究［D］．［硕士学位论文］．北京中医药大学，2007，6.

41. 臧素洁．医院全面预算管理研究［D］．［硕士学位论文］．山东大学，2006，9.

后　记

今天，无论是国家顶层设计，还是医院自身发展，都将全面预算管理作为财务工作的核心。

根据多年的医院财务工作经验，笔者发现，在实践中由于理念、人才等各方面的限制，医院全面预算管理还有很长一段路要走。其中很重要的一点就是面对繁琐的预算工作，广大预算管理人员缺乏系统全面的认知，在碰到具体问题时往往不知如何操作。

为此，笔者萌生出了编撰一本医院全面预算管理书籍的想法，但苦于能力和精力有限，始终未能实现。直到我遇到同样关注医院预算管理并对其有较深研究的赵卫群、胡格平、蔡战英等同行，大家观点相同，意见一致。于是，我们四人合作，由我牵头，开启了编书之路。期间，得到了身边很多财务工作者的支持和帮助。书稿从2018年年初开始计划，到2019年9月定稿，历时20个月共600多个日夜，经过无数次修改、完善，终于与读者见面。

《医院全面预算管理操作指南：图解与案例》能付梓成册，离不开很多贵人的帮助。在此，我代表参编人员诚挚地感谢北京国家会计学院教授、博士生导师张庆龙为本书作序；感谢王洁、田立启和操礼庆总会计师对本书的充分肯定和热情推荐；感谢中国财政经济出版社樊清玉老师在出版过程中给予的帮助和指导；感谢裘锴炜绘制插图，戴笑蕴、余薇和施慧芳对书稿的辅助工作。本书的出版，是对曾经给予我和团队帮助支持的所有人士的最好报答。

本书汲取和引用了国内许多专家、学者的研究成果，我们尽可能在书中做了说明和注释，在此谨向被引文献的著（作）者表示衷心的感谢！由于作者知识和经验的局限，加之时间紧张，难免存在疏漏和谬误，敬请读者批评指正！

金　玲
2019年9月于杭州